本书得到安徽财经大学著作出版基金资助

本书系《农村公共物品制度外供给的法律分析》（2005JQW052）、《我省城市公用事业的改革与政府规制研究》（ACJD0806ZD）、《农村非营利组织公共责任法律制度研究》（08JC820001）成果之一

中国经济法研究所

经济法前沿文库

陶广峰 总主编

公共物品供给法律制度研究

Gonggong Wupin Gongji Falv Zhidu Yanjiu

杨仕兵 著

中国检察出版社

图书在版编目（CIP）数据

公共物品供给法律制度研究/杨仕兵著．—北京：中国检察出版社，2009.6
ISBN 978－7－5102－0092－2

Ⅰ．公…　Ⅱ．杨…　Ⅲ．分配(经济)－供给制－法律－研究　Ⅳ．D912.290.4

中国版本图书馆CIP数据核字（2009）第087300号

公共物品供给法律制度研究

杨仕兵　著

出 版 人：袁其国
出版发行：中国检察出版社
社　　址：北京市石景山区鲁谷西路5号（100040）
网　　址：中国检察出版社（www.zgjccbs.com）
电子邮箱：zgjccbs@vip.sina.com
电　　话：(010)68630385(编辑)　68650015(发行)　68636518(门市)
经　　销：新华书店
印　　刷：三河鑫鑫科达彩色印刷包装有限公司
开　　本：720mm×960mm　16开
印　　张：16.75印张　插页2
字　　数：333千字
版　　次：2009年7月第一版　　2009年7月第一次印刷
书　　号：ISBN 978－7－5102－0092－2
定　　价：35.00元

《经济法前沿文库》总序

经济法诞生于现代社会，是生产力进一步发展，商品经济演进为现代市场经济，国家以自己的意志直接参与、干预经济生活的产物。所以，经济法是市场经济充分发展的结果，是脱胎于现代市场经济的法制现象。

一般认为，现代意义经济法的产生，以美国1890年《保护贸易和商业不受非法限制与垄断之害法》，即《谢尔曼反垄断法》的颁布为标志，而现代经济法概念的形成，以及被作为一个独立的法律部门，则始于20世纪初的德国。与西方发达国家经济法的形成比较，中国经济法的发展和演进虽与西方经济法有相似之处，但差异也是明显的。其共同点在于，中西方经济法的产生、发展都与生产社会化和国家经济职能对社会经济生活的自觉干预相关。不同的是，中国经济法是在国家经济体制改革，即由计划经济向社会主义市场经济转轨中发展起来的，西方经济法则是在自由市场经济向现代市场经济演进中产生和发展的；中国经济法是在政府全面干预社会经济向减少政府干预的过程中发展起来的，西方经济法是在国家由放任政策向干预政策转变的过程中产生和发展的。中西方社会历史和经济生活条件的不同，形成了中西方经济法各具特色的发展轨迹。

虽然，中西方经济法的产生、发展历程有着较大的差异性，但中西方经济法的发展史告诉我们，中西方经济法都具有鲜明的现代性和关注社会前沿问题的特性。诸如政府介入经济生活问题、市场规制与监管问题、企业改革问题、经济全球化背景下国家的经济发展、经济安全问题、资源与环境保护问题、社会公平与社会保障问题、循环经济法制建设问题等，均体现了中西方经济法关注社会前沿问题的特性。正基于此，我们中国经济法研究所从自己的办所理念、办所宗旨出发，在充分酝酿和与有关经济法同仁磋商后，决定出版《经济法前沿文库》，以反映我们的目标追求，体现我们对社会的关注。

《经济法前沿文库》在把握人类社会发展大势、世界发展大势、中国社会发展大势的基础上，立足于国家发展、民族发展、社会发展，聚焦当今世界、当代中国经济法的前沿问题、热点问题，展现我所同仁的学术理念、学术追求，和对社会的关注、对基层的关注、对民众的关注。

《经济法前沿文库》在坚持学术性、前沿性、系统性、开放性、实践性、热点性的同时，还将以满足经济法理论界、实务界的需要，作为我们的努力方向。因而，《经济法前沿文库》不仅是反映我所同仁有关研究成果的平台，也是全国经济法同仁展示研究成果的平台。《经济法前沿文库》是一个开放性的法学园地，欢迎全国经济法同仁的加盟。

《经济法前沿文库》总主编　陶广峰

谨识于中国经济法研究所

2006 年岁末　南京

序

陶广峰

现代社会系管理型社会治理模式，存在公共领域与私人领域、公共利益与私人利益的分化与对立。公与私的划分表现在公共利益与私人利益的划分上，比照人们消费的社会物品来说，可分为公共物品与私人物品。

公共物品作为社会公共利益的载体，对人类社会以及社会个体的发展有着极其重要的意义。公共物品是涉及国计民生的重大问题，对于持续发展是必要的，由于公共物品所具有的非竞争性和非排他性特征，在公共物品供给中存在着“搭便车”等“市场失灵”现象，即市场机制无法实现公共物品的有效供给。因此，自国家和政府产生以来，供给公共物品就成为国家或政府的职能之一。然而，国家供给公共物品虽解决了“搭便车”行为，却出现了如公共物品供给不足、供给效率低下、政府财政紧缺以及政府寻租等新的问题。

面对社会对公共物品不断增长的需求，如何有效地对公共物品供给进行法律规制，以促进公共物品的有效供给，是世界各国特别是发展中国家必须追求的目标。

由发展私人产品的阶段进入发展公共物品阶段，再到更高层次的私人产品发展阶段，是各国经济发展的普遍规律，也是社会及其成员发展的客观需求。由于诸多原因，我国公共物品供给存在诸多问题，如消费公共物品没有作为权利对待、公共物品供给制度不完善、非正式制度作用大，以及利用公共物品的垄断地位损害社会公众利益行为大量存在，等等。当今，公共物品的供给不足和供需不匹配现象已成为我国大多数地区经济发展的“瓶颈”。

公共物品供给中的“搭便车”和外部性问题，以及私人供给公共物品造成的资源配置缺乏效率等，使得国家是应然的公共物品供给主体。因为，国家职能便是为了实现公共利益，且国家权力能够实现公共物品供给的公平和避免私人供给公共物品造成的资源配置弊端。正是从这一意义上，出于公益的目的，政府对公共物品供给的干预是非常必要的。但是，为保障社会公众对公共物品的需求，公共物品供给主体应承担相应的责任，具体而言，有政治责任、法律责任和道德责任。

正是基于对公共物品、对公共物品供给的关心，尤其是基于社会大众对公共物品供给需求的关注，杨仕兵在其博士论文的基础上完成了《公共物品供给法律制度研究》一书的写作。

该书的研究思路是结合我国实际，围绕追求社会利益最大化、消费者利益最大化，对公共物品供给的法律制度问题进行了努力的探讨和分析。并在明晰相关概念的基础上，提出了公共物品权的概念。该书主要研究了我国公共物品供给模式、供给方式、各种供给方式的法律规制、公共物品非正式制度供给、公共物品供给法律责任体系等重要内容，并在此基础上用归纳、推理的方法分析了我国公共物品供给的实践和理论缺陷，用比较的方法分析了发达国家有关公共物品供给的经验与教训，用经济学、行政法学、行政学及管理学等理论，从应然和实然两个层面，探讨了我国如何用法律手段对公共物品供给进行规制，以最大限度地实现公共物品权，构建公共物品供给的法律制度。

《公共物品供给法律制度研究》一书就其特色而言，主要有：其一，该书从意图构建公共物品权理论出发，提出了公共物品权的概念，深入分析了公共物品权法律关系，阐明了建立公共物品权救济机制的理论框架；其二，该书在分析了公共物品非正式制度供给的成因、利弊的基础上，探讨了建立非正式制度供给向正式制度供给转变的法律架构；其三，在研究方法上，该书立足经济法学，兼用行政法学、经济学、行政管理学等学科理论，在理论和实践两个层面，对公共物品供给的法律规制进行了跨学科研究；其四，该书在借鉴有关国家经验的基础上，提出了完善我国公共物品市场规制体系的意见；其五，该书结合我国和欧美等国家公共物品供给的实践，旗帜鲜明地提出了建立公共物品供给责任体系的设想。

毫无疑问，上述特色不仅反映了作者具有扎实的理论功底和严密的逻辑思维，同时还体现了作者纯熟的论证技巧，以及具有敢于向传统理论挑战的勇气和创新精神，也正由于上述特色，方凸显了该书在规制公共物品供给研究领域的价值。

我与仕兵相识于兰州大学法律系（现为法学院），屈指数来距今已19年。时我任教于兰州大学法律系（现为法学院），仕兵作为学生入法学专业学习，因其品学兼优加之同乡关系，有较多的接触。继之又随我读经济法硕士学位，初步展现了其认真的治学态度和敢于探索创新的勇气。后我调入南京大学法学院任教，仕兵又随我入南京大学攻读经济法博士学位。此时，仕兵对经济法已有相当的认识，学术亦有较大长进，思想也较为开阔。3年的博士生生活，虽是清苦，但用仕兵的话说，却让其对学术、对社会有了更深一层的感悟。实际上，正是这种基于对社会和学术的感悟，方使得其在博士论文的选题和写作上展现出一个青年学者对国家、对社会的关注，展现了一个青年学者的学术良知。而这一切正是仕兵《公共物品供给法律制度研究》产生的基础。

值仕兵《公共物品供给法律制度研究》付梓出版，特书以上。

是为序。

2009年3月

于南京大学经济法研究所

目 录

导　论

一、选题的缘起和研究意义

（一）选题的缘起

法律的出现系源于社会生活的需要。国家为了促进社会经济的发展，就必须弥补和矫正市场调节机制功能的缺陷与不足，经济法也正是基于国家自觉干预经济的行为而产生。

在早期资本主义时代，经济领域推崇市场机制，崇尚契约自由、私法自治，反对国家干预，认为“政府唯一的合法职能是使由私人契约创设的义务得到履行”，因而，无论是在传统的自由主义经济理论中，还是在早期资本主义国家的国民经济实践中，国家的地位和作用都十分有限，只是担当了“守夜人”的角色。市场机制调控经济的运行过程主要是通过供求关系、价格信号和自由竞争等一系列环节来实现资源的配置，但随着经济的发展，市场运行机制却在不断变形，市场调节功能的缺陷日益明显。主要表现为：第一，市场机制调控经济是通过自由竞争来实现的，其结果不可避免地产生垄断，而垄断使市场主体无法实现自由竞争，供求关系和价格指示器的显示功能在垄断条件下也明显地减弱，即垄断使市场调控机制无法实现整个社会资源的优化配置；第二，市场机制本身的缺陷也决定了市场调节的滞后性、市场信息的不完全性（生产者和消费者不能平等、迅速、完全地获得市场信息）、价格信号的时滞性（价格信号的显示过程不是迅速的并具有波动性），导致了经济运行紊乱、社会资源浪费、宏观经济效益降低等；第三，市场机制无法解决市场主体经济活动的外部负效应，即市场主体生产所带来的社会负效益，如环境污染问题，并出现市场主体不愿从事一些经济效益低而社会效益高的产业，造成产业结构及产业布局不合理，社会公共物品及服务无人提供等问题；第四，市场机制的调节无力解决社会产品分配不公及社会保障问题。

经济法因国家自觉干预经济、弥补市场缺陷和矫正市场失灵而产生，因此，经济法就必须围绕市场失灵的几个方面来体现国家的干预，以弥补和矫正市场失灵，经济法学者研究经济法也就必须围绕市场失灵的几个方面来进行。从经济法学学者研究的成果来看：第一，规制垄断及不正当竞争的内容已经有大量的论文和著作，作为博士学位论文的也有多位，如周昀《反垄断法论》、文学国《滥用与规制》、沈敏荣《反垄断法规则的比较研究》、李国海《反垄断法实施机制研究——兼论反垄断法实施的民法基础》、李钟斌《反垄断法的合理原则研究》、金范仲《反垄断法的涉外适用》、郑鹏程《行政垄断的法律控制研究》、张俊文《全球化中的反垄断法问题研究》、李蕾《论对跨国公司垄断的法律规制》、王先林《知识产权领域的反垄断问题研究》等；第二，学者对信息失灵问题也进行了专题研究，应飞虎博士的博士论文就是《信息失灵的制度克服研究》；第三，市场主体经济活动的外部性问题，在很大程度上是经济学研究的内容，作为法学学科对其进行研究存在很大难度，目前没有看到法学学者对其进行系统研究，只是在环境法研究中涉及外部性问题；第四，社会产品分配和社会保障问题，法学学者也进行过系统的研究，也有以这部分内容作为博士学位论文的选题，如彭华彰《社会保障法的基本问题研究》等。就笔者目前所掌握的材料，对公共物品供给法律制度进行系统研究还没有看到，而这一论题也是国家干预经济的理由之一。所以，笔者试图对这一论题进行研究，作为博士学位的论文选题。

（二）研究意义

公共物品，是涉及国计民生的重大问题。基础设施对于持续发展是必要的，它是“繁荣经济、继往开来的基础所在，或者说它是经济增长的必要前提”。① 由于公共物品的特征导致其无法由市场来提供，而是由国家或公营企业提供。目前，我国公营企业主要是由政府投资设立的国有企业。随着人们生活水平的不断提高，人们对政府提供公共物品的满意程度逐年降低。主要表现在：第一，公共物品的供给短缺，总体数量不足；第二，公共物品的质量不断下降，价格却居高不下甚至涨幅很高；第三，公共部门运转效率低下，公共服务不作为行为大量存在；第四，公共物品供需不匹配，急需公共物品不足、形象工程随处可见；第五，公共物品地域分布不均等。造成这些问题的原因有：其一，资金问题，主要是资金来源单一、资金数量不足。其二，公共物品生产缺乏有效监督，导致生产质量下降，维修缺乏导致质量下降。其三，处于垄断地位的政府部门是公共资金的唯一支配者，无竞争压力导致资金使用效率低下；同时，公共物品定价也为政府部门操纵，致使价格偏高。

① ［美］埃莉诺·奥斯特罗姆等：《制度激励与可持续发展》，上海三联书店2000年版，第1页。

其四，公共物品的决策机制存在缺陷。现行的做法是政府利用中位选民①的偏好，自上而下决定供给公共物品的种类和数量，这一方面导致一部分人享受过多，而另一部分人享受不足；另一方面导致公共物品供需不匹配现象，特别是农村公共物品的供给方面，农民急需的某些公共物品供给不足，而另外被称为“形象工程”类的公共物品却屡屡被提供出来。这些均严重限制了我国经济和社会的发展。对这一问题的研究，其现实意义表现为以下几个方面：

第一，解决公共物品供给不足的现实问题，对加快和提高基础产业发展的意义。传统观点认为政府是提供以及直接生产公共物品的唯一人选，然而，由于受到政府财力的限制以及人们对于公共物品多样性的需求，公共物品供给严重不足。随着我国市场经济体制的完善，社会经济的发展以及私人物品发挥效用对公共物品的依赖性越来越强，也即只有足够的能满足社会发展的公共物品，社会经济才能发展，私人物品才能发挥其更大的效用。“由发展私人产品的阶段进入发展公共物品阶段，再到更高层次的私人产品发展阶段，是各国经济发展的普遍规律。一国经济的发展，首先要发展私人产品，满足人们吃、穿、用等基本生活的需要。当私人产品的需求得到充分满足之后，一国经济就进入发展公共物品阶段。公共物品的发展反过来又为发展更高层次的私人产品提供了有利条件，使私人产品的消费进入更高的层次。”② 公共物品大多属基础产业产品，长期以来，政府对基础产品的购销和价格实行严格控制，使其质量、价格和服务等方面不符合市场经济的要求，从而阻碍了基础产业的发展。虽然国家再三强调发展基础产业，调整产业结构，但收效甚微。所以，对这一论题的研究，用法律形式确立公共物品权以及公共物品供给制度，能促进基础产业的发展。

第二，为政府退出某些公共物品的生产以及国家利用市场间接供给公共物品提供理论依据，对体制改革和机制转换的意义。西方国家利用市场生产公共物品的经验表明，市场和政府都可以成为公共物品的生产者。虽然政府作为公共物品的供给者，但是供给主体未必一定是生产主体，这就说明政府可以退出某些公共物品的生产而由市场其他主体来生产。在我国，公共物品生产和经营的主体大多是由国家投资的公营企业，并且大多数公营企业资产负债率很高，历史负担和包袱很重，但又不能实行私有化，甚至必须坚持国家独资；公共物品的管理体制既要坚持政府对其生产经营的控制，又必须改变行政性部门分割和垄断经营的格局，使市场机制得以形成和发挥作用。对公共物品供给的法律规制进行研究，能为政府退出某些公共物品的生产以及国家利用市场间接供给公共物品提供理论依据和制度保障。所以，对

① 所谓中位选民是这样一种投票者，其最偏好的结果处于所有投票者最偏好的结果的中间状态。参见王传纶、高培勇：《当代西方财政经济理论》（上），商务印书馆1995年版，第88页。

② 魏杰、邵建云：“发展公共产品，刺激市场需求”，载《南方经济》1997年第5期。

这一论题的研究，用法律形式确立公共物品供给主体和生产主体的责任，有利于政府退出某些公共物品的生产和实现政府职能的转换。

第三，对政府职能转换的意义。经济体制改革涉及政府体制改革，政府职能转换是整个经济体制改革向深层次发展的关键。但是，政府体制改革和政府职能转换却落后于其他经济体制改革，具体表现就是政府职能名义上转换了而实际上没有转换或转换后仍不能满足经济发展的需要，所以，对公共物品供给和不同生产模式进行规制的法律分析，对政府职能转换有重要意义。

第四，对建设有中国特色社会主义市场经济的意义。我国正在进行的经济体制改革的目标是为了建设和发展有中国特色社会主义市场经济，对公共物品供给和不同生产模式规制的法律问题研究，涉及公共物品的供给和需求、公营企业的制度和组织、国有资产的经营和管理、部门或行业管理和宏观调控以及第三部门的发展和完善等问题，可以为建设和完善我国社会主义市场经济体制提供有益的参考。

对这一问题的研究，也有着重大的理论意义。建设有中国特色社会主义市场经济必须解决深刻的历史矛盾和消除巨大的时代差距。由于长期的封建社会和新中国成立后的高度集中的计划经济影响，市场经济和市场意识不发达，我国存在严重的市场发育不足的问题，与此相对应，也存在严重的市场经济理论发展不足的问题。由于经济、文化、法律制度等国情的巨大差距，我们不能照搬西方市场经济发达国家的理论，所以，必须形成有中国特色的市场经济理论。本书关于公共物品权的构建、公共物品的不同生产模式、非正式制度供给公共物品以及公共物品供给的责任等方面的研究，对建立和完善我国市场经济理论和经济法理论是有益的。

二、公共物品与私人物品概念的厘清与分析

1954 年，萨缪尔森发表了经典的“公共支出的纯理论”① 一文以后，学者们就展开了对公共物品的研究。萨缪尔森首先将物品分为“私人消费品”（private consumption goods）和“集体消费品”（collective consumption goods）两类。所谓“私人消费品”是指“该物品的消费总量等于所有消费者的消费之和”；“集体消费品”则指的是“每个人对此类物品的消费不会减少其他消费者的消费”，也就是说，任何一个消费者所消费的数量都与该物品的消费总量相等。一年后，萨缪尔森又发表了“公共支出理论的图解”② 一文，对其理论用图形的形式进行进一步的阐述，并使用了“公共消费品”（public consumption goods）来代替在前一篇文章中所

① P. A. Samuelson, The Pure Theory of Public Expenditure, *The Review of Economics and Statistics*, V. 36, No. 4, pp. 387 – 389, 1954.

② P. A. Samuelson, Diagrammatic Exposition of a Theory of Public Expenditure, *The Review of Economics and Statistics*, V. 37, No. 4, pp. 350 – 356, 1955.

使用的“集体消费品”一词，使之成为两个可以相互替代的同义词。与前一篇文章中相比，萨缪尔森在后一篇文章中对私人消费品的定义明显指的是被后来的经济学家称之为“消费的竞争性”的概念，而在1954年的文章中“集体消费品”的定义指的是“消费的非竞争性”，所以，萨缪尔森所给出的关于公共物品的明确定义就是指具有消费的非竞争性的物品，这是物品本身所具有的一种技术特征。

马斯格雷夫在萨缪尔森的基础上对公共物品问题作了进一步研究，提出了“有益物品”（merit goods）这一概念，将物品分为公共物品、私人物品和有益物品三类。马斯格雷夫将“有益物品”定义为“一种极其重要的物品，当权威机构（competent authorities）对该物品在市场机制下的消费水平不满意时，他甚至可以在违背消费者个人意愿的情况下对该物品的消费进行干预”。① 这种物品是一种无论人们的收入水平如何、付费如何都可以、也应当进行消费的公共物品，如义务教育、预防保健等。有益物品是基于这样的假设，人们并非在各种情况下都能根据自己的最佳利益进行行动，即使是在信息完备的情况下，人们也会由于疏忽或缺乏远见等原因而不能作出明智的选择。公共物品和有益物品则属于例外的“非私人物品”（non – private goods），这一类物品无法由市场机制来实现最优配置，通常情况下是通过政治体系来提供的。

1965年，布坎南在“俱乐部的经济理论”一文中指出，萨缪尔森定义的公共物品是“纯公共物品”，现实社会中，大量存在的是介于公共物品和私人物品之间的“准公共物品”或“混合商品”。布坎南的“俱乐部理论”将“俱乐部”（club）定义为“一种消费、所有权——会员之间的制度安排”（consumption ownership – membershi Parrangement）。② 俱乐部可以适用于从纯私人物品到纯公共物品的所有情况，纯私人物品就是最优会员数量单一的物品，而纯公共物品则是最优会员数量为无穷大的物品，因此，萨缪尔森所讨论的私人消费品和公共消费品只是俱乐部物品的两个极端情况。严格意义上的纯私人物品和纯公共物品都十分少见，绝大多数物品都介于这两者之间，即具有某种程度上的“公共性”（public – ness），其最优的消费集体成员数量大于1而小于无穷大。

德姆塞茨明确区分了“公共物品”（public goods）和“集体物品”（collective goods）这两个概念。公共物品这一概念与物品是否具有排他性没有关系，是指

---

① “A merit good is defined as a good which is so important that when the competent authorities are dissatisfied with the level of consumption in the free market, they can intervene, even against the wishes of consumers.”

② James M. Buchanan, An Economic Theory of Clubs, *Economics*, V. 32, pp. 1 – 4, 1965.

"对同一单位物品而言，可以在不增加成本的条件下增加一个消费者"，① 即消费者的非竞争性；集体物品是指"将不付费者排除在消费之外是不可能的"这样的公共物品。也就是说，公共物品是指具有消费的非竞争性的物品，其中包含了排他性和非排他性两类，而集体物品则是同时具有消费的非竞争性和非排他性的物品。

奥尔森没有区分公共物品和集体物品这两个概念，而是将它们作为同义词。与德姆塞茨相反，奥尔森对公共物品的理解侧重于物品消费的非排他性。他给出的"公共的或集体物品"的定义为"任何物品，如果一个集团中的任何个人能够消费它，它就不能不被那一集团中的其他人消费"。② 在随后的注释中，奥尔森特别对这一定义作了两点说明：一是大多数公共（集团）物品只有在某一特定的集团中才有意义，公共物品必须是某个集团的公共物品，对另外一个集团来说则有可能是私人物品；二是"供给的相联性"，也就是消费的非竞争性在他的讨论中并不是公共物品的必备属性。

从以上文献中，我们可以看出公共物品具有以下基本特征：第一，消费的不可分性，即公共物品的消费只能在保持其完整性的前提下，由众多的消费者共同消费，而不能将其分割成可以计价的单位供市场出售。第二，非排他性和非竞争性。排他性是指一个人消费了一单位的某种物品就排除了其他人来消费这同一单位物品。一种公共物品一旦被生产出来，可以同时供两个以上的个人联合消费，无论个人对这种物品是否支付了价格，要排除他人消费这种公共物品是不可能的或排他成本很高。这就是公共物品的非排他性。竞争性是指一个人消费了某种物品就减少了这种物品供其他人消费的数量。非竞争性是指一个人对公共物品的消费不减少或不影响其他人对这种物品的消费。换句话说，增加一个人消费公共物品的边际社会成本或机会成本等于零。第三，收益非独占性，即公共物品的生产者不能根据某人是否支付了费用来决定它的消费资格，即存在"搭便车"问题，对生产者来说，无法通过价格机制将提供这种物品的利益完全收回，导致社会收益大于私人收益，私人成本却大于社会成本，提供者不能得到相应的报酬。

公共物品不限于物质产品，如航标灯、路灯等，一些由政府提供的非物质产品和服务也是公共物品，甚至有效率的政府本身也被视为一种公共物品。在现实中，同时具有非排他性和非竞争性的物品即纯公共物品并不多见，常常碰到的却是具有非排他性特征或者非竞争性特征的准公共物品。

一种物品如果具有非竞争性，但又具有排他性，或排除追加的消费者的交易费

---

① H. Demsetz, The Private Production of Public Goods, *Journal of Law and Economics*, V. 13, pp. 293 - 306, 1970.

② ［美］奥尔森：《集体行动的逻辑》，上海三联书店、上海人民出版社 1995 年版，第 13 页。

用很低，这种物品有时称为俱乐部产品（club goods），又叫排他性公共物品（excludable public goods），如加密电视节目。对于排他性公共物品来说，通常存在能够向使用者进行收费的排他性技术。

有些公共物品具有非排他性，但它达到某一使用水平以后又具有竞争性，这种公共物品又称做拥挤性的公共物品（congestible public goods）。达到某一使用水平的这一点称为拥挤点（point of congestion），达到拥挤点后，容纳或供应一个追加的消费者的边际成本将大于零。如桥梁、游泳池、高尔夫球场等。

排他性公共物品和拥挤性的公共物品又称做非纯粹公共物品（impure public goods）或准公共物品（quasi - public goods）。

据此，公共物品主要可分为三类：具有非竞争性和非排他性的公共物品，如国防、公共安全等，这类服务因无法计量个人消费量，无法收费而完全由政府以财政方式来提供；非竞争性强和非排他性弱的公共物品，如邮政、民航、电信、铁路服务、水电气服务和有线电视服务等；非竞争性弱和非排他性强的公共物品，如公共卫生、基础研究、公共交通以及社会保障等。一般来讲，后面两种属于准公共产品。

私人物品（private goods）是这样一些产品，它们能分割开并可分别地提供给不同的人，也不带给他人外部的收益或成本。① 私人物品通常兼有排他性和竞争性，私人物品的消费仅仅影响单个消费者，这种生产和消费没有任何外在性的物品称为纯私人物品。②

私人物品具有以下特征：首先，它在消费上具有排他性，也就是说物品和服务的总量等于每一个消费者所拥有或消费的该物品和服务数量的总和，这意味着私人物品是能够在消费者之间进行分割的。其次，私人物品的消费具有竞争性，也就是说私人物品每增加一单位的消费量，其边际成本不为零。每增加一个单位的私人物品的供给，就需要增加生产一个单位私人物品所需要的成本。③

私人物品只能为其拥有者所独有，也能够制止潜在的消费者得到它，还能够区分不同的生产和消费单位来出售和消费。私人物品的效用的可分性说明私人物品的总量等于每一个消费者所拥有或消费的该物品的总和，这类物品的集体需求就是每一个人需求的总和。“效用的可分性”也称为“消费的竞争性”。私人物品的排他性是指物品的所有者可以完全占有或独自享受该物品的效用，未经所有者同意，其他任何人不能分享，所有者也有权购买、出售或是交换私人物品。一般来说，私人

① ［美］萨缪尔森、诺德豪斯：《经济学》，北京经济学院出版社 1996 年版，第 571 页。

② 方福前：《公共选择理论——政治的经济学》，中国人民大学出版社 2000 年版，第 32 页。

③ 毛寿龙、李梅：《有限政府的经济分析》，上海三联书店 2000 年版，第 156～157 页。

物品的交易不产生权威结构，在私人物品的交易中，人们通过竞争确立一个价格，依价交割，不存在谁服从谁的问题。只有在交易的某一方不服从交易规则时，才会要求出现权威，但这个权威机构往往是第三者，而与私人物品的交易本身无关。

私人物品产生的行为动力来自于单个的“经济人”对自利的追求。这对消费者来说，就是以有限的支出来获得最大的效用，对生产者来说就是以有限的投入来获得最大的利润，各方面努力的结果就是各个消费者剩余和各个生产者利润的充分实现。这就是经济生活中的“私”，也正是由于经济领域中的活动主体能够有效率地提供私人物品，才使它获得了存在和发展的权利。

判断一种物品是不是具有公共物品的性质，可以从公共物品与私人物品的比较分析中来体现。一是公共物品不具有排他性，能同时被多个人共同消费；私人物品则具有排他性和独占性，只能为物品所有者所享用。二是公共物品的提供和征税意味着政府参与社会成员之间的收入再分配，这是公共物品与私人物品的重要区别之一。三是公共物品按照政府规定的价格向公民收费；私人物品则按照市场价格由个人或企业向享用者收费。四是公共物品的收税存在着几种情况：有的是不享用者要收税，指纳税的普遍性；有的是享用者不收税，如免税户；有的是享用者少收税，如减税户。而私人物品则一律实行谁享用谁交费的原则。①

公共物品和私人物品的关系可以用下表直观地表达：

	可竞争	非竞争
可排他	纯私人物品，如个人的日常消费品	准公共物品Ⅰ，排他性公共物品（俱乐部产品），如学校、图书馆、公园等
非排他	准公共物品Ⅱ，拥挤性（公共资源类）公共物品，如公共土地、水、草场等	纯公共物品，如国防、法律制度等

三、本选题的研究现状

公共物品是西方福利经济学的重要研究对象。在经济学史上，萨缪尔森是现代福利经济学中公共物品理论的奠基人，1954 年，他发表了一篇著名的论文——“公共支出的纯理论”，开始对公共物品进行研究。随后在经济学界对公共物品的研究成果如雨后春笋般出现。

现有文献中对公共物品的理解大致可分为两类：一是从公共物品本身的属性，

① 王建玲：“小城镇基础设施性质与多元化筹资思路”，载《福建师范大学学报（哲社版）》2002 年第 1 期。

即消费的非竞争性和非排他性入手研究公共物品，着重于公共物品供给的效率；二是认为所谓“公共”和“私人”只是指物品的供给方式，与具体物品本身无关，这种观点侧重于公共物品在社会公平、收入分配等规范性方面的意义。这两种观点构成了公共物品理论研究的两个方向，并且仍然各自平行地发展着。①

经济学界从公共物品的概念入手研究公共物品的供给，如萨缪尔森、马斯格雷夫、布坎南、Marmolo 等，萨缪尔森首先将物品分为“私人消费品”和“集体消费品”两类，需要提及的是，萨缪尔森并没有使用“公共物品”（public goods）一词。马斯格雷夫在萨缪尔森的基础上对公共物品问题作了进一步研究，提出了“有益物品”（merit goods）这一概念，将物品分为公共物品、私人物品和有益物品三类。公共物品和有益物品则属于例外的“非私人物品”（non - private goods）。布坎南的“俱乐部理论”将“俱乐部”（club）定义为“一种消费、所有权——会员之间的制度安排”。俱乐部可以适用于从纯私人物品到纯公共物品的所有情况，纯私人物品就是最优会员数量为 1 的物品，而纯公共物品则是最优会员数量为无穷大的物品。Marmolo 采用宪政经济学（constitutional economics）的分析方法，提出了一个宪政意义上的公共物品理论。② 他认为，所谓“公共”和“私人”只是指不同的供给方式，而与物品本身无关。只有物品的“公共供给”和“私人供给”，而无所谓“公共物品”和“私人物品”的区分。

行政学界及管理学界从政府职能方面入手研究公共物品供给问题。他们所使用的概念多为公共事业、公共部门或公共服务，并认为公共服务是公共物品（public goods）与公共服务（public service）的总称，③ 公共部门是属于国家及其中央、地区和地方机构所有或者控制下的实体，包括政府各部门、公共机构和各种法定机构以及公共企业。④ 公用事业是属于市场机制不能发挥作用或作用发挥不好的“市场失灵”领域。⑤ 行政学界和管理学界的研究重点在于政府职能转换以适应公用事业市场化。

财政学界从财政体制、投融资方面研究公共物品供给。如孙开教授认为：公共物品理论在揭示公共物品非排他性和非竞争性的过程中，从一个侧面引申出了政府

---

① 臧旭恒、曲创：“从客观属性到宪政决策——论‘公共物品’概念的发展与演变”，载《山东大学学报（人文社会科学版）》2002 年第 2 期。

② E. A. Marmolo, Constitutional Theory of Public goods, *Journal of Economic Behavior & Organization*, V. 38, pp. 27 - 42, 1999.

③ 孙钰：“城市公共服务的市场化运营方式研究”，载《福建论坛（人文社科版）》2004 年第 8 期。

④ 刘瑞：“关于我国公共部门效能的几点认识”，载《北京行政学院学报》2004 年第 4 期。

⑤ 汪永成：“公用事业市场化政策潜在的公共风险及其控制”，载《江海学刊》2005 年第 1 期。

财政活动的必要性。同时，公共物品学说中的某些深层次的内容，尤其是关于受益范围及其划分的问题，与财政体制和分级管理的理论与实践有着密切的联系，即从公共物品学说中关于受益范围的理论，论述财政理论的发展以及如何处理好政府间的收支划分关系和收支往来关系。① 另有学者从公共物品的理论出发，引入公共财政的概念，分析公共财政与现行集中性财政的不同性质和职能范围，并指出公共财政也应注重经济效益，把财政是国家机关的传统看法转变为财政是一种生产公共物品的企业的认识。② 公共财政是市场经济体制下我国财政改革的目标模式，我国的财政应该自动归位，回到公共财政的轨道上来，把有限的财力用于提供公共物品，满足公共需要。③

同时，经济学界、行政和管理学界均认为，公共物品的供给出现低效率，“对政府的不满和政府活动频繁出现的问题使得民营化成为可能的矫正方法”，④ 也即学界在论述公共物品供给过程中有很大一部分是在讨论公共物品的民营化问题。学者们争论的焦点并不是是否允许存在国有企业，而是国有企业存在的规模和范围，支持国有企业更有效率的学者认为，政府直接拥有和经营国有企业可以解决“市场失灵”问题，提供私人企业不愿意提供或无能力提供的公共物品，实现社会公正和稳定；低效率并不必然和国有企业联系在一起。而支持私有化的学者则认为私有企业更有效率，只有私有产权才能保证企业经营者的激励问题，所以他们认为私有化最终可以解决“政府失灵”问题。而提出“第三条道路经济学”的斯蒂格利茨给出了私有化基本定理，认为要均等地对待政府和市场，承认两者的重要性和互补性，即“强大的政府和发达的市场”。⑤ 也有学者认为：凡属公共物品的东西，都不可能由私人部门提供，也不可能通过交换的方式来配置。反过来说，凡由私人部门提供的和可以通过交换的方式加以配置的，都不是公共物品。严格说来，公共物品是不可能私有化的。⑥

从西方的改革实践来看，民营化改革主要包括三个方面的内容：一是国有企业民营化，即通过出售、清算、兼并等方式将由国家控制和经营的国有企业转交给私

---

① 孙开：“公共产品学说与分级财政理论”，载《山东财政学院学报》1999 年第 4 期。

② 刘庆生、王欣荣：“公共产品与公共财政——对我国财政体制的再认识”，载《佳木斯大学社会科学学报》1998 年第 2 期。

③ 郭红：“市场经济下的公共财政定位分析”，载《沿海经贸》2003 年第 11 期。

④ ［美］E. S. 萨瓦斯：《民营化与公私部门的伙伴关系》，中国人民大学出版社 2002 年版，第 115 页。

⑤ 陈凌、熊艳艳：“从政府到市场：国外国有企业民营化文献综述”，载《经济社会体制比较》2004 年第 3 期。

⑥ 张康之、王喜明：“公共性、公共物品和自利性的概念辨析”，载《行政论坛》2003 年第 4 期。

营企业控制和管理，或者通过放松管制，引进竞争的方式在原本由国有企业垄断经营的领域促进企业之间的竞争，达到减轻政府财政负担，提高企业效益和产品质量的目的。二是公共服务供给的民营化。传统理论认为公共服务的“公共性”决定了提供公共服务是政府一项不可推卸的责任。而现代经济学理论则认为，一方面，许多公共服务并非纯粹的公共服务，而只是介于公共和私人服务之间的准公共服务，其他社会主体参与这些准公共服务的提供是可能的；另一方面，还认为公共服务具有多样性、层次性的特点，政府的单一供给无法满足公众个性化的需求，所以，其他社会主体参与提供公共服务又是必要的。因而，公共服务的供给主体应该多元化。三是公共政策领域的民营化。制定公共政策、解决公共问题，本是政府的一项不可推卸的责任。但是在技术飞速发展、信息爆炸的时代，仅凭政府自身无法解决社会中出现的各种问题，因此，民营化领域中的一个新趋向就是政府把制定公共政策过程中的资料收集、政策分析评估，甚至政策制定等工作外包给私营部门或第三部门。①

还有一些学者在分析公共物品的类型和性质的基础上，提出政府供给公共物品的不同方式和措施。如韩艾军指出在一些原本由政府严格管制的公共物品投资领域，引入市场机制效率会更高。② 设立政府公共供给指标体系以及根据政府公共供给指标体系，对中国公共物品供给的状况进行国际比较，指出中国的行政改革应该重在提高政府供给公共物品的水平。③

从法学界的研究成果来看，围绕公共物品的研究很少，并且主要局限于市场规制的反垄断及消费者权益保护等内容。公共物品的法律调整是指国家通过法律来调整、规范政府、其他供应参与者以及消费者（社会成员）在公共物品的生产、提供以及消费过程中所发生的各种经济关系。④ 反垄断法无法从根本上消除公用事业领域的垄断，而主要需由规制公用事业及自然垄断行业并在这个领域中引进竞争机制的专门性法律、法规，来解决这个领域的垄断和竞争问题。⑤ 单飞跃等从春运铁路涨价角度论述了公共物品定价行为中的消费者权益问题。⑥

---

① 丁煌、定明捷：“西方国家民营化改革及其对我国的启示”，载《国际技术经济研究》2003 年第 3 期。

② 韩艾军：“公共产品理论与市场化改革”，载《陕西师范大学学报（哲学社会科学版）》2003 年第 5 期。

③ 李军鹏：“政府公共供给指标体系研究”，载《行政论坛》2003 年第 9 期；李军鹏：“中国政府公共产品供给的国际比较研究”，载《中国行政管理》2003 年第 6 期。

④ 钟雯彬：“公共产品法律调整模式分析”，载《现代法学》2004 年第 3 期。

⑤ 史际春：“公用事业引入竞争机制与‘反垄断法’”，载《法学家》2002 年第 6 期。

⑥ 单飞跃、危薇：“公共产品定价行为中的消费者权益透视——从春运铁路涨价谈起”，载《南京大学法律评论》2002 年春季号。

总之，目前对公共物品供给的研究，国内外理论主要集中在经济学、公共行政和管理学等领域，且主要限于公共物品特性与公营企业的民营化等方面，而对其中的法律制度问题少有涉及，如果说有所涉及，也只是在有关垄断问题的研究上有关联。从其发展趋势来说，我国正在深化经济体制和政治体制改革，对这一论题的研究，将是法学学者们研究的重要内容，也是经济法学研究的一个重要方面。

四、研究思路、方法及创新点与不足

（一）研究思路

由于公共物品的概念没有统一的界定，并且其外延非常大，进行理论归纳非常困难，所以，本书所指公共物品，除非有特别说明，一般主要指除由国家提供的公共服务特别是国防、外交、制度等以外的公共物品，也就是物质的公共物品和能够物化的公共物品。另外，公共物品的非竞争性和非排他性特征，也使得环境污染等公害物品属于公共物品，本书所讨论的公共物品不包括公害物品。

关于公共物品供给方式，学者们争论激烈的是民营化、私有化供给，为避免卷入这种争论，本书采用国家供给模式作为分析基础，即国家是公共物品供给的最终义务人，具体供给方式可以是国家直接供给，也可以是国家利用市场间接供给，还有其他供给方式作为补充。换言之，也就是只要符合社会利益最大化、消费者利益最大化的供给方式，就是符合市场经济特征的供给方式，就应当用法律制度的形式固定下来，而不论是国家生产还是私人生产。

本书的研究思路就是结合我国实际，围绕追求社会利益最大化、消费者利益最大化的目的，根据论题内容设计的几个部分，对公共物品供给的法律制度问题进行探讨和分析。界定相关概念后，提出公共物品权的概念，从我国公共物品供给模式、供给方式、各种供给方式的法律规制、公共物品非正式制度供给、公共物品供给法律责任体系几个方面，用归纳、推理方法分析我国公共物品供给实践和理论的缺陷，用比较方法分析国外在这方面的经验与教训，用经济学、行政法学、行政学及管理学等基础理论，从应然和实然两个层面，探讨我国应如何用法律手段对公共物品供给进行规制，以最大限度地实现公共物品权，构建公共物品供给的法律制度。

（二）研究方法

第一，用法律经济学方法对公共物品的供给模式、公共物品市场垄断规制、公共物品结构与制度供给、公营企业改革等方面进行分析；第二，用实证分析方法对我国典型的公营企业改革和政府职能转变过程中的实践和理论问题进行分析；第三，用社会学方法对公共物品和公营企业的法律规制所涉及的社会经济发展和社会效益及可持续发展等问题进行分析；第四，用比较分析方法对国内外公营企业与竞争性企业的垄断问题、公共物品与非公共物品的法律规制问题等进行分析。

（三）创新点及不足

笔者认为，主要创新内容有：第一，立足经济法学，兼用行政法学、经济学、行政管理学等其他学科的基础理论，在理论和实践两个层面，对公共物品供给的法律规制进行跨学科研究；第二，构建公共物品权理论，提出公共物品权概念并分析公共物品权法律关系，建立公共物品权的救济机制的理论框架；第三，完善公共物品供给模式。传统理论认为公共物品必须由国家或国家投资的公营企业提供，西方民营化理论认为公共物品也可以由私人（私营企业）提供，本书认为，由于供给与生产的区别，公共物品供给责任主体是国家，国家可以采用多元的生产方式；第四，分析公共物品非正式制度供给的成因、利弊，试图建立非正式制度供给向正式制度供给转变的法律架构；第五，完善公共物品市场规制体系，除公共物品的价格、质量和反垄断等方面的规制，论述公共物品市场结构规制，即国家在宏观方面，对公共物品供给的数量结构、地区结构、种类结构进行规制；第六，建立公共物品供给责任体系。责任体系包括政治责任、法律责任和道德责任，本书重点论述国家在公共物品供给中应承担的法律责任。

当然，由于诸多原因，本书也存在一些不足，比较明显的是本书主要是从宏观制度层面对公共物品供给的规制分析，缺少从微观层面对具体公共物品供给的法律规制分析。另外，利用案例进行实证研究较少。当然，由于公共物品的外延非常广泛，本书无法涵盖所有公共物品供给的法律规制，也是本书的局限性之一。

五、框架与主要内容

全书由导论和正文八章构成。导论主要介绍选题的缘起和研究意义；公共物品和私人物品的概念概述；本论题的研究现状和研究思路、方法及创新点与不足。

第一章论述公共物品供给法律规制的制度选择应是同时具有公法和私法属性的经济法。在介绍公、私的划分的基础上，论述公、私的融合以及公共物品与私人物品的相互转化，进一步论述公共物品是社会公共利益的载体，而民商法的价值追求是个体利益，行政法的价值追求是国家利益，经济法的价值追求是社会公共利益，这就决定了经济法是规制公共物品供给的必然制度选择。

第二章论述公共物品供给与公共物品权的理论构建。首先，论述我国公共物品供给中存在的问题，为解决这些问题，构建公共物品权理论是其重要的思想基础，即构建公共物品权的重大意义。接着，论述公共物品权形成的外部条件和主体条件，重点从天赋人权理论与社会契约论思想、自然法学说和社会连带思想等角度论述公共物品权形成的学理基础。然后，对公共物品权进行界定，分析公共物品权的概念和特征以及公共物品权与物权及公物权的区别；论述公共物品权的本质属性是一种应有权利、基本权利，属于发展权的内容。最后，对公共物品权的行使及救济进行论述。

第三章论述公共物品权益最大化与公共物品供给模式。为最大限度地实现公共物品权，在论述公共物品的供给与生产的区别后，认为公共物品供给模式选择只能是国家供给。从公共物品的特性、政治学理论基础即政府职能角度、经济学理论基础论述国家是公共物品的唯一供给主体，并分析公共物品生产主体多元化并不能否认国家作为唯一供给主体。公共物品的供给模式可以变通以实现生产主体多元化，即国家直接供给模式、国家利用市场间接供给模式和自愿合作与社会捐赠供给模式，存在多元化生产模式是最大限度地实现公共物品权的客观需求。最后，分别阐述了几种模式存在的原因、可能及机制，并分析了不同供给模式之间的相互关系。

第四章论述国家直接供给公共物品的法律规制。首先，分析国家直接供给公共物品模式下的生产主体主要是国家或政府以及特殊企业。特殊企业是依照特殊法律设立的，由国家直接或间接支配，以服务于社会公共利益为宗旨的，不完全以营利为目的的社会组织。然后，分析公共物品供给财政体制，论述目前公共物品供给财政体制的弊端和建立科学的公共物品供给的财政体制。最后，从最大限度地实现公共物品权的角度论述完善国家供给公共物品的相关法律制度，即融资、政府采购、特许经营和特殊企业的法律制度。

第五章论述国家利用市场供给公共物品的法律规制。首先，论述国家利用市场供给公共物品的形式，然后，重点从公共物品价格、质量、结构、反垄断、交易等方面，论述国家利用市场间接供给公共物品的法律规制以最大限度地实现公共物品权。

第六章论述自愿合作和社会捐赠供给公共物品的法律规制。自愿合作和社会捐赠供给公共物品是弥补国家和市场供给的不足，即为最大限度地实现公共物品权的重要途径之一。首先，论述公共物品自愿合作和社会捐赠供给公共物品的主体界定，由于非营利组织、非政府组织、第三部门等概念的不确定性，以及它们生产的并非都是公共物品，故主要论述合作组织、社区组织、捐赠行为自愿供给公共物品的法律规制。其次，单独对企业捐赠自愿供给公共物品的法律规制进行论述，企业自愿供给公共物品是企业承担社会责任的表现形式，并对企业捐赠行为的法律规制和企业捐赠自愿供给公共物品的立法模式进行论述。

第七章对公共物品非正式制度供给的法律规制进行论述。首先，在对公共物品非正式制度供给进行界定的基础上，分析公共物品非正式制度供给的成因，并论述公共物品非正式制度供给的利弊。最后，论述公共物品非正式制度供给的规范及向制度内供给的转化，即为最大限度地实现公共物品权，一方面要促进符合市场经济要求的公共物品供给的非正式制度变迁，另一方面要完善公共物品供给的正式制度。

第八章分析实现公共物品权的国家责任。首先，论述公共物品生产主体的责任体系，包括政治责任、法律责任和道德责任，重点对法律责任进行论述，即生产主体在公共物品质量、价格等方面对消费者承担的民事责任和供给不足及结构不符合社会整体利益时的行政责任，当然也可能出现刑事责任。随后，重点论述了在最大限度地实现公共物品权过程中国家应承担的责任，分析我国在公共物品供给上的国家责任缺位，从公共物品权的属性、公共物品供给具体实践、宏观产业政策、自然资源有偿使用制度等角度论述国家应对公共物品供给承担责任。接着，具体分析了在最大限度地实现公共物品权过程中国家应承担的责任类型。

第一章　公共物品供给法律规制的制度选择

自从人类结社、组成群体与社会生活以来，公与私（public and private）的矛盾始终存在。一方面，单个的个人行为和群体行为都是私人性的，个人行动的目的首先是追求私人利益，满足私人需求；另一方面，个人（群体）行为的相互作用又产生了彼此间的“公共”问题，个人之间、群体之间需要对彼此共同的“公共”事务进行认知和处理。伴随着社会分工的精细化和人类互动的复杂化，这类“公共事务”愈来愈多，也愈来愈复杂。因而在人类的社会生活中出现了“公共利益”与“私人利益”、“公共物品”与“私人物品”、“公共领域”与“私人领域”的差别与矛盾。① 虽然“公共利益”在学界没有统一的界定，但公共物品体现公共利益的本质特征，或者说公共物品作为公共利益的载体是毋庸置疑的。从对公共物品供给的法律规制角度来看，追求个体利益最大化的私法和追求国家利益最大化的公法无法实现公共物品的有效供给，必须选择兼具公法和私法属性的经济法对其进行规制。

第一节　公、私的划分及融合

遵从理性选择的认识途径，社会无非是个体行动和博弈的结果。面对人类社会文明史，我们可以看到，在所有由个体组成的环境中，都面临着这样一个问题，即私人利益与公共利益的关系问题。

一、私人需求与公共需求（私人利益与公共利益）

“公”与“私”是我们日常生活中常见的现象，如果要追溯事物的本源，也许要追问什么是私、什么是公，从事物的逻辑发生上是先有公，还是先有私？是公生

① 席恒：《公与私：公共事业运行机制研究》，商务印书馆2003年版，第1页。

私，还是私生公等问题。“私”的真实内涵仅仅是指以个人生活为中心取向的占有形态和活动内容，而“公”则是以集体生活为中心取向的占有形态和活动内容。故公既不能生私，私也不能生公。因为公和私好比是一对孪生兄弟，在社会这个母体里是自然共生的。① 私相对于公，只是人群集合规模的大小。从社会学的角度来看，任何社会行为和社会现象，都是由单个的个人行为和单个的群体行为构成的。人类社会生活离不开许许多多的个人行为，在一定条件下，单个人的行为彼此结成一定的社会关系，形成一定的社会秩序，这种社会关系和社会秩序又固定化为一种社会制度，由此构成纷繁复杂的人类社会。众所周知，恩格斯称原始社会为原始共产主义社会，没有私有制。实际上，在原始社会氏族内部，没有私有观念，但在氏族之间仍然存在你的、我的之分，氏族之间的战争往往就是为争夺食物来源和生存空间。也就是说，在氏族内部相对于个体来说是公，而氏族之间相对于氏族来说即为私。只不过那时人类还没有公有财产或私有财产的观念，直至到了原始社会后期产生了私有财产（私有观念），同时也有了公有财产（公有观念）时，才有了公和私的对立。唯物辩证法认为：有公就有私，有私就有公，公以私为存在对象，反之亦然。

在简单商品交换的自给自足的农业社会，人类社会治理还属于统治型的模式，“公”、“私”尚未分化。在原始社会的氏族内部只有公而没有私，而在奴隶社会和封建社会只有私没有公，正所谓“普天之下，莫非王土”。值得注意的是，有学者认为，在进入所谓的“奴隶社会”和“封建社会”等“私有制”社会之后，中国其实并不存在什么纯粹的私有经济，各种形式的“公”反以各种不同的方式存在于中国的经济生活中。② 只有到了资本主义社会，随着社会分工和生产社会化的发展，管理型社会治理模式的出现，在客观上产生了独立于生产和消费单位需要之外的社会共同事务的需要，才开始出现了公共领域与私人领域、公共部门与私人部门、公共利益与私人利益的分化和分立的情况。

当然，“公”、“私”的概念很早就出现了，在统治型社会治理模式发挥作用的条件下，人们也经常谈论“公”、“私”的问题。可是，“公”、“私”的内涵却有着很大的不同。在统治型社会治理模式发挥作用的历史条件下，由于不存在着公私领域的分离和公私部门的分立，“私”的真实内涵仅仅是指以个人生活为中心取向的占有形态和活动内容，而“公”则是以集体生活为中心取向的占有形态和活动内容，私相对于公，只是人群集合规模的大小。小的人群中的事相对于大的人群中的事来说，属于私；反之，则属于公。同样，个人相对于群体来说，再大的事也属

① 严闻广：“对公与私关系属性的探讨”，载《学术研究》1999年第6期。

② 李世众：“‘公’与‘私’的悖论——中国人‘自私’行为的历史溯源”，载《学海》2003年第3期。

于私；而群体相对于个人来说，再小的事也属于公。所以，“公”、“私”的概念只是人的集合状态或规模的状况，在这之外就没有什么差别了，所指的只是一种个人与集体的相对性。

人类社会发展是以私人的和社会的需求为原动力的，而作为社会发展动力的社会共同需要，是在社会发展的一定历史阶段形成的。作为社会成员的个体要生存和发展就有个人需求，而作为群体的社会或区域也存在发展的问题，也存在需求的动力。这两种需求就产生了差异性和同一性。一方面，公共领域由汇集成公众的私人组成，他们将自己的需求汇集成社会需求，这表现了私人需求与社会需求的同一性，即社会需求的内容包含私人需求的成分；另一方面，所有成员的私人需求并不一定都能在社会需求中找到归宿，同时作为社会公众的组织体，也有其自身的需求，并且社会公众的私人需求在内容上也不一样，即私人需求与社会需求的差异性。

社会需求与私人需求的划分首先表现在公共利益与私人利益上，人类活动与动物活动最显著的区别就在于人类活动的目的性，由于人类活动具有公私之分，因而人类活动从目的上就具有“公益”与“私益”之别。所谓“公共利益”是指满足社会或群体中全体成员或大多数成员需求、实现他们的共同目的、代表他们的共同意志、使其共同受益的一类事务。而“私人利益”则是指只满足社会或群体中个别成员的需求、实现个别成员目的、代表个别成员意志、使个别成员受益的事务。① 在现代市场经济中，个人利益指任何一个经济主体自身的特殊利益，公共利益指所有社会成员的共同利益，它包括保证市场交换正常和有序进行的公共物品、促进市场交换稳定有效发展的整体平衡。两者虽然在内容、实现主体、实现方式等方面存在着很多差异与区别，可是它们又是相互依赖的，一方的实现以另一方的实现为前提。个人利益与公共利益是密切相关的，正如社会学家英克尔斯所说的那样，一旦“个体发现自己生活在群体之中，他立即会遇到一些在个体之上的问题。生活在一起的人们一定会在某种程度上使他们的行为协调或统合成为一个整体，以避免产生紊乱和混淆”。② 从社会的角度上看，个人事务以及由个人组成的社会化组织和团体内部的事务，属于“私域”，是公共权力不能侵入的领地；社会共同体所面临的事务或影响共同体中不特定成员的事务，属于“公域”，是公共权威即政府的权力应当发挥作用的领域。

一个健全的社会，社会成员间的合作的最终结果应该是个体收益的总和接近于社会的公共收益。两者之间的差距越大，社会潜在的动荡因素就越多，社会发展和

---

① 席恒：《公与私：公共事业运行机制研究》，商务印书馆2003年版，第3页。

② ［英］英克尔斯著，陈观胜译：《社会学是什么：对这门学科和职业的介绍》，中国社会科学出版社1981年版，第95～96页，转引自潘伟杰：《制度、制度变迁与政府规制研究》，上海三联书店2005年版，第19页。

进步的过程就越缓慢，反之亦然。也就是说，一个健康的社会，制度不仅要提供个体利益的增长机制，也要通过公共利益的维护提供社会和谐机制。① 塞缪尔·斯迈尔斯认为，一个国家的政府本身通常只不过是组成它的社会个体性格的复制品而已，② 所以，组成它的社会成员的共同需求就应当是国家的追求。

二、公共物品与私人物品的相互转化

从消费的角度上看，人们将物品分为"私人物品"和"公共物品"。"私人物品"就是那些具备效用的可分性和消费的排他性的物品。正是由于私人物品具备效用的可分性和消费的排他性，作为理性经济人的市场主体，在有效竞争、生产要素充分流动、充分信息、没有外部性这些条件已经具备的情况下，市场可以最有效地为社会成员提供私人物品。而公共物品是指那些在消费中不具有竞争性和效用的可分性特征的物品，市场则无法有效率地供给或市场根本不能供给。但是，随着社会经济的发展，公共物品与私人物品出现相互转化的现象。

第一，公与私的融合与转化，导致公共利益与私人利益的融合。在人类社会的不同发展阶段，公和私的范围不断发生变化，人们对公共利益和私人利益、公共物品和私人物品、公共价值和私人价值的需要和追求也不断发生变化。公与私这对矛盾通过质量转化规律来实现互相转化，即公可以转化为私，私也可以转化为公。最常见的是国有企业出售给个人经营，成为私营企业；反过来，如发生战争，私营企业也可能由国家征收，改为国有企业，即转为公。当然，和平建设时期，国家也可以通过赎买政策来收购私企为国有企业。20 世纪 90 年代以来在欧美出现了"重塑政府"（reinvented government）运动，也称新公共管理（New Public Management, NPM）运动。改革的内容就是向公民承诺提供更好的服务，更有效地利用税收，更热情地改进行政管理，在政府管理和公共服务中引入市场和竞争。1991 年英国梅杰政府发动的"公民宪章运动"，纠正过去"公共服务中服务提供者占主导地位的局面"，1992 年法国和比利时相继效仿英国的经验改革本国公共服务机构，并颁布"公民服务宪章"；1993 年美国负责行政改革的"戈尔委员会"在其总报告中提出了"顾客第一"的原则和实现这一原则的具体建议，在克林顿政府时期推行"国家业绩评价"（National Performance Review, NPR），提出了众多建议，目标是"让政府做得更多，花得更少……更聪明、更好、更快和更便宜（smarter, better, faster and cheaper）"，并由国会通过了《政府业绩和效果法》；加拿大政府在 1993 年发表了白皮书《公共服务 2000：加拿大公共服务的更新》，提出了在公共部门中注重业绩的改革方案和政府部门今后改善公共服务应当达到的基准。在政府公共服

① 潘伟杰：《制度、制度变迁与政府规制研究》，上海三联书店 2005 年版，第 20 页。

② 转引自王建芹：《第三种力量》，中国政法大学出版社 2003 年版，第 25 页。

务趋于社会化、合同化，公共管理日益经济化、平等化的过程中，我们看到的是公与私的深刻融合。

一方面，个人利益的实现以肯定公共利益为前提，公共利益的实现以肯定个人利益为前提。在现代市场经济中，个人利益的实现不是通过自给自足的方式，而是通过市场交换的方式达到的。而正常、有序、有效的市场体系的建立与发展，依赖于公共利益的实现和发展，既依赖一定数量的公共物品，又依赖经济整体的平衡。另一方面，公共物品与私人物品发挥效用上的相关性，即共同促进效用的最大化。缺乏公共物品或私人物品，也就是只有公共物品或私人物品，其效用发挥都不是最大化的。"由发展私人产品的阶段进入发展公共物品阶段，再到更高层次的私人产品发展阶段，是各国经济发展的普遍规律。……当私人产品的需求得到充分满足之后，一国经济就进入发展公共物品阶段。公共物品的发展反过来又为发展更高层次的私人产品提供了有利条件，使私人产品的消费进入更高的层次。私人产品向更高层次的发展，需要公共物品为其提供前提和条件。总之，私人产品的发展和公共物品的发展密切相关。"①

第二，公共物品公共性的变化，导致公共物品与私人物品的相互转化。只要一种物品在消费过程中存在着非竞争性或非排他性，这种物品就是公共物品。这种消费的公共性源自于公共物品消费的不可分性。然而，随着经济发展水平的不断提高，公共物品的公共性会发生相应的改变。

公共物品与私人物品的边界不仅是模糊的，而且也是不断变化的，不同国家或同一国家的不同时期，其边界也是不同的。应该看到，科学与技术的进步、环境与制度的变迁以及个人利益实现形式的多样化等，都会削弱某些公共物品的"公共性"。反过来，随着社会的专业化和分工的发展，交易环节和链条会不断增多，交易费用愈来愈大，对旨在降低交易费用的规则和秩序类的公共物品需求也会愈来愈多；并且随着社会发展程度的提高，社会公众对自由、公正等社会环境因素的关注会不断增强，从而不断扩大对能够改善社会平均福利水平的物品或服务的需求。

引起公共物品特质改变的因素主要有：（1）物品公共性的特质在某种程度上是由生产力发展水平决定的，不同生产力发展阶段直接影响到科学技术水平，而不同的技术水平又影响到公共物品的公共性。影响公共物品公共性特质的技术主要包括两方面：一是排他性技术，即阻止"搭便车"行为的技术能力。如果某种物品没有排他性技术或排他性技术成本很高时，这种物品倾向于公共生产；而当某种物品的排他性技术成本较低时，在付出较低成本就可以将不付费者拒之门外，就具备了私人物品的属性。二是公共物品本身的生产技术水平。比如现代化的复杂自动灭火系统就使得一些消防工作变得更为"私人化"，而新的演播技术使得世界上的娱

① 魏杰、邵建云："发展公共产品，刺激市场需求"，载《南方经济》1997年第5期。

乐变得更为公共化。[1] 不仅如此，某些物品在其最初出现时，还是私人物品，而只有当技术条件改变时，它才逐渐演化出公共性。亚当·斯密从社会发展的角度指出，国防并非天生就是国家的职能，最早的安全都是由个人或家庭、或氏族各自维持的，“只有当战争已经逐渐发展成为一门错综复杂的科学时”，再加上制造业的不断进步，国防才完全由政府来提供。[2]（2）当公共物品的使用者超过公共物品的最大承载量时，公共物品就具有私人物品的性质。在公共物品的拥挤点之前，公共物品才具有非竞争性和非排他性的特征；而当公共物品的实际使用者超过最大承载量时，公共物品的消费就具有排他性和竞争性，其公共性也就会随之而消失。（3）随着人们收入的不断提高，消费者对公共物品的数量和质量的要求越来越高。过去不属于生活必需品的某些公共物品，如医疗保健、文体设施、社会保险等，已经逐渐地变为生活必需品，这种物品就具有了私人物品的性质。

从时间上看，公共物品的公益性程度具有历史阶段性，如广播电视产品曾被认为是公益性程度很高的物品，但随着技术进步，广播电视产品和服务走向个性化，其公益程度就会不断降低。与此相反的情况是，在一定条件下，私人物品也具有公益性，如战争期间，许多私人物品都会变成公共物品。[3] 公共物品也是一个历史范畴，是人类社会发展到公共部门与私人部门分化、分立之后的产物。有了公共部门，才会出现公共物品，在公共部门出现之前，虽然存在着一些根据现代观念可以理解为公共物品的东西，但它们在根本性质上并不属于公共物品。

公共物品是一种变化着的存在物，在社会发展的历史进程中，由于社会以及公众中的公共需求的变化，会不断地促进公共物品内容的增长和范围的扩大。同时，由于社会发展特别是科学技术的进步会促进部分公共物品在性质上发生变异，一些本来属于公共物品的东西在性质上发生了根本性的改变，成了私人物品。公共物品在性质上和内容上都是变化着的，在既定的社会治理模式中，公共物品的具体内容的变化，要求通过制度变迁来重新界定公共物品的内容和范围，当社会治理模式发生根本性的变化时，公共物品的基本性质和基本内容也就会发生根本性的变化。

---

① Kenneth D. Goldin, Equal Access vs. Selective Access: A Critique of Public Goods Theory, *Public Choice*, V. 29, pp. 53 – 71, 1977.

② ［英］亚当·斯密：《国民财富的性质和原因的研究》（下卷），商务印书馆 1974 年版，第 258 页。

③ 席恒：《公与私：公共事业运行机制研究》，商务印书馆 2003 年版，第 13 页。

第二节　公共物品供给法律规制的制度选择

法律是调整人们行为的规范体系。随着社会的发展，人们的行为范围不断扩大，调整人们行为的法律规范也在不断扩大，随之而形成了一国的法律体系。在一国法律体系内，调整一定性质和范围的社会关系的法律规范按照特定的调整方法等要素构成相对独立的统一体，就是法律部门。换言之，每一法律部门只调整一部分社会关系。而法律体系的基本结构是私法、公法和社会法。① 对公共物品供给进行规制的法律制度，既不能是私法，也不能是公法，而必须是带有社会法性质的经济法。

一、经济法的价值追求是社会公共利益

经济法是市场经济的产物。一方面，在已经建立了成熟的市场经济体制的国家和地区，经济法是市场失灵和市场缺陷的矫正法，肩负着弥补民商法和行政法留下的法律空白的重要作用；另一方面，在市场经济体制不完善的国家和地区，经济法不仅肩负着推动市场经济体制建立的重要作用，而且还要克服市场经济业已显露的缺陷。这两方面的作用均说明经济法是追求社会公共利益最大化的法律部门。

（一）经济法的价值取向的内涵

在市场经济模式中，国家干预经济的一个重要目的是创造良好的竞争环境，协调不同的市场主体之间的利益冲突，保持社会平衡，促进社会进步。传统法理一直将公平正义视为法的基本价值，所以，法作为一种社会规范，公平正义是任何一个社会及其成员所共同追求的价值目标，这也是良法应有的价值取向。在市场经济条件下，法作为配置资源的重要工具，在体现公平正义的同时，还应保证和促进社会的发展，这也是效益作为当代法律的基本价值目标已为众多法学学者所接受的原因。“法律制度正逐步受制于公平正义与效益的二重评价”，② 经济法更是如此。但作为国家干预经济的基本法律形式，经济法在遵从法的一般价值的同时，还有其独特的价值取向。

第一，经济法的价值取向要求经济民主与经济集中的统一。在西方，以亚当·斯密的自由竞争理论为指导的市场经济最充分地实现了经济民主，但它从一开始就以排斥必要的经济集中为存在前提。随着经济和社会的发展，自由竞争的经济理论

① 孙笑侠：《法理学》，中国政法大学出版社 1996 年版，第 51 页。
② 顾培东：《法学与经济学的探索》，中国人民公安大学出版社 1994 年版，第 1 页。

受到现实经济生活的严峻挑战，使得资本主义国家不得不放弃“统治最少的政府是统治最好的政府”的观点，转而认为管得最合适的政府是最好的政府，实现了经济集中与经济民主的统一。在社会主义国家则在早期实行过度的甚至是畸形发展的经济集中，严重限制了经济民主。我国改革的实质就是在保持必要的经济集中的前提下，恢复和发扬经济民主的过程。过分强调经济民主否定经济集中，倡导个人有完全的理性，完全由市场机制发挥作用，市场失灵现象不可避免；而过分强调经济集中，即强调政府干预经济，就会导致团体理性否定个人理性，以及由此产生的市场经济主体经济能力不适的低效率现象，特别是市场主体对其管理主体（政府）的不合作现象，即政府失灵现象，如我国经济领域的“上有政策、下有对策”现象。经济法作为政府干预经济的法律形式，就会成为“强权即公理”的一个典型表现。所以，从市场失灵、政府失灵的角度来看，经济法的价值追求应是经济民主和经济集中的统一。

第二，经济法的价值取向追求经济效益与社会效益的统一。这可从两方面进行理解：① 一是经济法相对于民商法而言，所追求的经济效益具有社会性。民商法理论认为理性的个人是自己利益的最佳判断者，强调意思自由、私法自治，追求个人利益的最大化。“人们受自我利益的控制并愿以有关最有效的实现他们个人选择的目标的方式的判断为指导，只要这样的最终基础在于个人自己的意愿，自我利益的思想可以扩大到包括对他人福利的利他性关心，即使一个人所希望的是其他人得到他们想得到的，也包括在内。”② 虽然一个人所希望的是其他人得到他们想得到的，但其终极目的是个人利益的最大化。而经济法所追求的是社会公共经济利益的最大化，也即经济法所追求的不是某个市场主体或区域的经济效益最大化，而是追求社会整体经济利益最大化，此即经济法的特殊价值所在。二是经济法还追求社会效益的最大化。“经济法的效益观所追求的社会效益，在于它不是一般而言的经济成果最大化，同时更是宏观经济成果、长远经济利益以及人文和自然环境、人的价值等诸多因素的优化和发展。”③ 因此，经济法所追求的是经济效益与社会效益的统一，政府干预经济必须围绕这一目标，否则就是政府失灵的表现。

第三，经济法服从于市场机制的价值取向。政府干预经济并不是取代市场机制，而是为了恢复、纠正和弥补市场机制的不足。但市场经济中无形之手和有形之手共同发挥作用，就会出现两只手的硬度问题，即是有形之手压制无形之手，还是无形之手抵制有形之手，或是平分秋色的问题。从经济法的内容分析，政府干预经

---

① 杨仕兵：“论经济法的社会性原则”，载《皖西学院学报》2001年第1期。

② ［美］昂格尔著，吴玉章等译：《现代社会中的法律》，中国政法大学出版社1994年版，第222页。

③ 史际春、邓峰：《经济法总论》，法律出版社1998年版，第157页。

济的目标和任务，首先应是恢复市场机制的功能，发扬经济民主，保证市场机制发挥作用；其次是纠正市场机制作用的结果，主要是建立、健全社会分配和社会保障体系，体现经济法的公平正义价值；再次是弥补市场机制的缺陷，如提供公共物品、进行宏观调控等。政府干预经济主要以维护和促进市场机制的完善作为干预的目标和干预限度。必要的、有限的政府干预必须遵守“与市场一致”的原则，如果偏离这一原则，就会造成政府失灵，不合作倾向强烈的政府干预及其经济管理法律制度，就可能是低效率的甚至是无效率的。

第四，经济法价值取向的目标——协调与发展。“经济法不外是运用经济性即协调性要求的法律，换句话说，经济法也就是为了以‘国家之手’代替‘无形之手’来满足各种经济性即社会协调性要求而制定之法。”① 经济法运用国家干预经济的方式，协调各社会主体之间的利益冲突，保持社会平衡。因为，在自由放任的市场调节机制下，或说是只有经济民主而无经济集中的情况下，由于市场失灵所带来的供求总量和结构总量失衡、社会分配不公及社会公害、缺乏社会保障等，政府干预或说经济集中就是通过规范市场主体、市场规则、保持总量及结构平衡、消除或减少社会公害、建立和健全社会分配制度及社会保障制度，形成良好的经济秩序和社会秩序，保证经济效益和社会效益的协调。同时，由于社会经济始终是一个动态的过程，政府干预是在协调的基础上，维护和促进市场机制的完善，弥补和矫正市场机制的不足，实现有形之手与无形之手的和谐统一，实现经济效益和社会效益的最大化，消除或减少政府失灵，推动社会向前发展。

（二）经济法的价值追求是社会公共利益

“公共利益”概念的源头可以追溯到公元前5世纪至6世纪的古希腊，古希腊社会特殊的城邦制度造就了一种“整体国家观”，与整体国家观相联系的是具有整体性和一致性的公共利益观。这种观念不仅长期贯穿于古希腊的政治思想，也影响到中世纪的欧洲政治思想。我国的《汉语大词典》和《辞海》、《辞源》中，只对“公共”和“利益”分开做解释，均没有“公共利益”这一概念的现成解释。

学者们从不同的角度对其进行了分析和界定：美国社会法学创始人罗斯科·庞德把利益划分为个人利益、公共利益和社会利益，他认为公共利益是“涉及政治组织社会的生活并以政治组织名义提出的主张、要求和愿望”。② 英国功利主义法学家边沁认为，公共利益是构成共同体的众多成员的利益的总和，最大多数人的福

① ［日］金泽良雄著，满达人译：《经济法概论》，甘肃人民出版社1985年版，第8页。

② ［美］博登海默著，邓正来译：《法理学——法律哲学与法律方法》，中国政法大学出版社1999年版，第147页。

利乃是判断是非的标准。[①]《当代西方政治学新词典》将公共利益解释为公众追求的公共善的物化形式，“物化形式的公共利益又可分为两类：一类是非产品形式的公共利益；另一类是产品形式的公共利益”，“产品形式的公共利益”就是“各种各样的社会福利”，而非产品形式的公共利益主要指社群中所共同追求的价值、原则和精神上的共同理念。[②]《西方哲学英汉对照辞典》把公共利益解释成任何人都可以享受的利益，而不管他们是否对这些利益作出过贡献。……一个人对公共利益的享受不会使其他人少享受他们。[③]而哈耶克将社会公共利益称为普遍利益，所谓“普遍利益，乃是由那些被我们认为是法律规则的目的的东西构成的，亦即整体的抽象秩序；这种抽象秩序的目的并不在于实现已知且特定的结果，而是作为一种有助益于人们追求各种个人目的的工具而存续下来”。[④]

公共利益虽然没有一致认可的定义，但对公共利益的界定必须把握以下几点：

第一，公共利益不是社会成员个人利益的总和，也不是某一封闭性地区或团体的共同利益。“现代意义上的公共利益是在现代人本主义与法治国家出现之后而产生的，这种公共利益的构建与实现在本质上是一种社会契约的过程。”[⑤] 公共利益的一个特征就是它的代表性，即公共利益必须表达一定的个人利益要求，但不是准确地表达每一个人的利益要求，换言之就是不可能存在与所有个体利益相一致的公共利益，公共利益不是社会成员个人利益的总和。公共利益的主体是社会成员，既可以是全体社会成员，也可以是部分社会成员，也即从法律意义上界定应为“不特定多数人”。虽然“不特定多数人”也可能是某一地域或阶层，但这一地域空间是开放的，即不确定的主体必须具有开放性，任何人都可以接近，都可以享受，而不是封闭的或专为某些个人所保留。否则，“地方主义”就会以“本地区公共利益”、“本集团公共利益”为公共利益的代名词而使之合法化。从利益的内容上看，不仅包括物质性的利益，还应包括精神性的利益。

第二，公共利益体现的抽象性。人们之所以会走到一起结成社群，不仅是因为他们拥有共同的需要，如果这种共同需要能够分割为个人需要，就不是公共利益。公共利益的抽象性意味着一方面公共利益是从个人利益中分离出来的、与公众利益密切相关的一种独立的利益；另一方面，公共利益在表象上和深层次中都体现了一

---

① ［英］边沁著，时殷弘译：《道德与立法原理导论》，商务印书馆2000年版，第58页。

② 潘小娟、张辰龙：《当代西方政治学新词典》，吉林人民出版社2001年版，第124页。

③ ［英］尼古拉斯·布宁、余纪元：《西方哲学英汉对照辞典》，人民出版社2001年版，第836～837页。

④ ［英］弗利德利希·冯·哈耶克：《法律、立法与自由》（第二卷、第三卷），中国大百科全书出版社2000年版，第2页。

⑤ 杨寅：“公共利益的法理之维：公共利益的程序主义考量”，载《法学》2004年第10期。

种人类共同追求并必须维护的善的价值，是使公众偏好与倾向体现某些基本的人际原则，从而展示人类社会共同的善。

第三，公共利益的复杂性，即公共利益的内容具有确定性、广泛性和时间性。公共利益内容的确定性是指公共利益不是法律所限制的，公共利益本身应当是具体的，看得见摸得着，代表了最广大人民群众的意志。公共利益的广泛性是说公共利益存在的范围是相当广泛的，它存在于政治、经济、文化、道德等诸多的社会公共生活领域。公共利益的时间性是说公共利益的内容并不恒定，相反会随着人们思想观念的转变以及客观社会的发展而呈现不同的内容，原来不属于公共利益的内容后来变为公共利益的内容，原来属于公共利益的内容后来变为不属于公共利益的内容了。但公共利益也并非完全虚幻，通过主观的和客观的、实体的和程序的、量的和质的多重标准的结合，我们还是能够得到一定程度的具体结论。同时，对公共利益的界定，需要根据不断变迁的社会政治、经济、文化等因素进行综合的考量。因此，要想寻找一个放之四海而皆准的公共利益的标准是不现实的。

第四，公共利益的非排他性和外部性。公共利益是从整体上有利于社会公众的一种利益，它具有明显的相容性以及享有主体的多元性和广泛性。公共利益不可能只提供给社群中某个人而不提供给其他人，必然同时为同一社群的成员所共同享有。“公共利益是一个特定的社会群体存在和发展所必需的，该社会群体中不确定的个人都可以享有的社会价值。”① 公共利益不仅有利于某些人，而且有利于与他相关的其他所有人，公共利益也意味着增加新的受益者并不会减少原有受益者的利益。公共利益的外部性是说公共利益的享有者在享受公共利益时，对其他社会主体产生相应的影响。由于公共利益不仅有利于某个人，而且有利于与它相关的许多人，所以，某一社会主体享受的公共利益受到损害时，同一社群的所有人也都因此受到损害。

第五，公共利益不等同于国家利益。公共利益与国家利益均与公众组成的共同体直接相关，代表着社会公众的利益，其中包含着为所有成员共享的公共属性。但是，“社会利益与个人利益、集体利益、国家利益四者是并列关系”，② “严格说来，国家利益是一种和社会利益有区别的公共利益，政府是国家利益的代表”。③ 在整体上，国家虽然代表全局利益、长远利益，但在具体的经济关系中，它仍然是一个特定的物质利益实体。因此，在市场经济条件下，公共利益不能绝对等同于国

① 李俊彪：“治道变革——公共利益实现机制的根本转变”，载《改革开放论坛》2000年第8期。

② ［英］威廉·韦德著，彦一等译：《行政法》，中国大百科全书出版社1997年版，第10页。

③ 赵震江：《法律社会学》，北京大学出版社1998年版，第253页。

家利益或国库利益。公共利益虽然有时很难和国家利益严格分开，因为社会主义国家的根本任务就是促进经济、社会的全面进步，为广大人民谋福利，即以社会公共利益为己任。但二者的区别是客观存在的，如果过分强调国家利益，则可能妨碍公共利益。依庞德的认识，公共利益主要包括：一般安全，有关社会制度的安全；一般道德的维持；自然资源的保存；政治、经济和文化的一般进步；个人生活。而国家则只在三个方面有自己的利益所在：在维护国家政权的稳定和安全方面，这是政治统治的利益所在；国际法上国家主权意义上的利益；国家作为财产权主体的利益。①

民商法理论认为理性的个人是自己利益的最佳判断者，强调意思自由、私法自治，追求个人利益的最大化。“人们受自我利益的控制并愿以有关最有效的实现他们个人选择的目标的方式的判断为指导，只要这样的最终基础在于个人自己的意愿，自我利益的思想可以扩大到包括对他人福利的利他性关心，即使一个人所希望的是其他人得到他们想得到的，也包括在内。”② 虽然一个人所希望的是其他人得到他们想得到的，但其终极目的是个人利益的最大化。这正是自由竞争理论的“理性的经济人”假设，把企业利润最大化作为企业的最主要的甚至是唯一目标。“在自由经济体系内，企业的唯一社会责任就是利用资源，在游戏规则之内，……从事增加利润的各种活动”，③ 但是法律效益除了包括法律的经济效益，还包括法律的政治效益、伦理效益和社会效益，是各种效益的统一体。④ 经济法所追求的是社会公共经济利益的最大化，它并非是单个市场主体利益的总和，也即经济法所追求的不是某个市场主体或区域的经济效益最大化，而是追求社会整体经济利益最大化，此即经济法的特殊价值所在。经济法的价值不仅相对于民商法而言，所追求的经济效益具有社会性。同时，经济法还追求社会效益的最大化。“经济法的效益观所追求的社会效益，在于它不是一般而言的经济成果最大化，同时更是宏观经济成果、长远经济利益以及人文和自然环境、人的价值等诸多因素的优化和发展。”⑤ 企业除了要为投资者赚取最大限度的合理、合法利润之外，还必须承担其他一些责任，保护和增加社会财富，成为社会良心的维护者和社会问题的解决者。因此，经济效益与社会效益的统一体的社会公共利益是经济法的价值追求。

---

① 参见张雪楳：《产业结构法研究》，中国人民大学出版社 2005 年版，第 49 页。

② ［美］昂格尔著，吴玉章等译：《现代社会中的法律》，中国政法大学出版社 1994 年版，第 222 页。

③ 此乃美国经济学家弗里德曼的观点，转引自郑祺：“利润最大化与企业社会责任”，载《现代财经》2000 年第 11 期。

④ 沈宗灵：《法理学》，北京大学出版社 1999 年版，第 421 页。

⑤ 史际春、邓峰：《经济法总论》，法律出版社 1998 年版，第 157 页。

二、公共物品是社会公共利益的载体

没有哪个国家的法律给予公共利益以明确定义，但有一点已达成共识，即公共利益的界定必须遵循一定的原则。一是必须是绝大多数人的利益或全体人的利益，而不能是少数人的利益或少数集团的利益；二是必须涉及与公共物品有关的事项，必须由公权力介入，不能通过市场解决。①

之所以说公共物品是社会公共利益的载体，是因为公共物品符合社会公共利益所蕴涵的本质特征：

第一，公共物品的公共性体现社会公共利益的特征。“由以往迄今，公法学界讨论公益的概念，所着重的地方，并不在于对于利益概念的探讨，而是一律地环绕在所谓‘公共的概念’及努力来阐明这个概念的问题所在。”②“公共”是与私域相对应的范畴，它不是指个人、或社会团体、或特定组织、或少数人组成的群体所涉及的问题，而是指各社会主体的共有、共享、共利、共需等内容。一定意义上，公共利益就是社会的不同利益主体间的共同利益。也就是说，它不是个人利益的相加总和，也不是特定的团体利益或部分人的利益，而是具有社会公共性和社会共享性。所谓社会公共性，即公共利益是在一定社会条件下或特定范围内各种主体间部分利益相同、相一致的方面。公共利益能够超越不同利益主体和地域，对社会中的多数人或团体产生普遍的非特定的影响。社会共享性是指公共利益为不同利益主体所共有，它对所有的个人、团体或组织都产生着相同的影响，包括直接、间接的共同受益或潜在的共同受到伤害及威胁。公共利益通过现实社会多层次的公共事务得以体现，包括公共物品的产出与供给和公共服务的运作过程。③ 公共物品的非竞争性和非排他性特征，说明公共物品所带来的利益不是某个人或某些人的，而是社会不同的利益主体所共有的，即一种公共物品一旦被生产出来，可以同时供两个以上的个人联合消费，无论个人对这种物品是否支付了价格，要排除他人消费这种公共物品是不可能的或交易费用是很高的。同时一个人对公共物品的消费不减少或不影响其他人对这种物品的消费。换句话说，增加一个人消费公共物品的边际社会成本或机会成本等于零。

第二，公共物品收益主体的不特定性体现了社会公共利益的特征。公共物品的消费只能在保持其完整性的前提下，由众多的消费者共同享受，而不能将其分割成可以计价的单位供市场出售。这种消费的不可分性也是由于公共物品的非排他性和

---

① 姜明安教授观点，见 http：//www. people. com. cn/GB/paper83/12620/1134155. htm 1。

② 陈新民：《德国公法学基础理论》（上册），山东人民出版社 2001 年版，第 184 页。

③ 马永庆：“公共利益：行政伦理建设的根基”，载《山东师范大学学报（人文社科版）》2004 年第 5 期。

非竞争性特征所决定的。公共物品被生产出来后，可以同时供两个以上的个人联合消费，无论个人对这种物品是否支付了价格，并且一个人对公共物品的消费不减少或不影响其他人对这种物品的消费。公共物品的非排他性和非竞争性特征，导致人们在消费公共物品时所获取的收益非独占性，即公共物品的生产者不能根据某人是否支付了费用来决定它的消费资格，即存在“免费搭车”问题，对生产者来说，无法通过价格机制将提供这种物品的利益完全收回，导致社会收益大于私人收益，私人成本却大于社会成本，提供者不能得到相应的报酬。亚当·斯密说：公共工程和公共机关“对于一个大社会当然是有很大利益的，但就其性质说，设由个人或少数人办理，那所得利润绝不能偿其所费”。① “建立和维护它们（指诸如基础设施的公共物品）从来不是为了任何个人或少数人的利益，因为利润绝不会返还给任何个人或少数人，但是，它会返还给整个社会。”② 所有社会主体均是公共物品潜在的消费者，并且生产者的利润“会返还给整个社会”，充分说明了公共物品是社会公共利益的载体。

第三，公共物品的供给方式体现了公共利益的代表主体多元性。首先，公共利益的代表主体是多元的，能够代表公共利益的不仅可以是人们所习惯的政府，也可以是政府以外的各种社会自治组织、自愿者组织；可以是公有制性质也可以是非公有性质的组织；可以是非营利组织也可以是营利组织。其次，公共利益的政府性代表主体具有层次性，公共利益可以由一国的中央级或联邦级政府代表，也可以由地方各级政府甚至是其派出机构（或机关）代表；不仅有人们所熟悉的国家意义上的公共利益的代表主体，还有跨国性甚至是全球性的公共利益的代表主体。再次，公共利益自身还具有变动性或性质上的不确定性。一项此时被完全作为公共利益看待的社会事务，彼时可能会被当做不纯粹的公共事务来对待，如教育、环境保护、公共安全等，即使是纯粹的公共事务也完全可能由私的手段与策略来处理，如城市公共交通管理、职业中介、社会保障等。③ “这种利益的实现主要依赖以政府为代表的公共选择机制，一般难以通过市场等私人选择机制来实现。”④ 从公共物品供给方式来看，公共物品可以是政府直接生产，也可以是政府利用市场间接供应，还可以是合作组织或社会捐赠供应；从公共物品的类型来看，有全国性公共物品和地方性公共物品，并且地方性公共物品也具有多层级表现。公共利益的代表主体多元

---

① ［英］亚当·斯密著，郭大力等译：《国民财富的性质和原因的研究》（下），商务印书馆1972年版，第284页。

② Goldsmith：“政府、市场及经济发展”，载胡鞍钢、王绍光：《政府与市场》，中国计划出版社2000年版，第64页。

③ 杨寅：“公共利益的法理之维：公共利益的程序主义考量”，载《法学》2004年第10期。

④ 袁曙宏：“‘公共利益’如何界定”，载《人民日报》2004年8月11日第13版。

性与公共物品供给方式及类型多样性相一致，也说明了公共物品是社会公共利益的载体。

第四，公共物品公共性的相对性体现了公共利益的变动性特征。公共物品是一个历史范畴，是人类社会发展到公共部门与私人部门分化、分立之后的产物。公共物品的公益性程度以及公共物品的范围和内容等具有历史阶段性，一些公益性程度很高的物品，随着技术进步，其公益程度就会不断降低。与此相反的情况是，在一定条件下，私人物品也具有公益性。随着社会以及公众中的公共需求的变化，会不断地促进公共物品内容的增长和范围的扩大。同时，由于社会发展特别是科学技术的进步会促进部分公共物品在性质上发生变异，一些本来属于公共物品的东西在性质上发生了根本性的改变，成了私人物品，反之亦然。这些与公共利益的变化正好一致。公共利益的可变性是指公共利益并不是一成不变的。随着时间、地点和人们研究问题的视野不同，公共利益也可能不同。在这个地方被认为是公共利益的，在那个地方不一定被认为是公共利益；过去认为是公共利益的，将来也可能不认为是公共利益；过去认为是处于上位的公共利益，将来也可能被认为是下位的公共利益。

说公共物品是社会公共利益的载体，还在于公共物品能促进社会公共利益的实现和社会福利的提高。公共物品的范围广泛，而公共基础设施和社会福利产品作为其主要内容则是确定无疑的。这些公共物品不仅是市场体系正常运行的前提，而且直接增进了个人利益。这主要表现为以下三方面：降低生产费用、降低交易费用、减少风险损失。

三、经济法是规制公共物品供给的必然制度选择

《法学总论》从理论上将公法、私法的划分确定下来，并对其赋予了特定的含义：一是确定了公法与私法的职能分工，公法造福于公共利益，私法造福于私人。二是确定了公法与私法的调整范围，“公法涉及罗马帝国的政体，私法则涉及个人利益。”① 三是公法与私法中分别确立了一系列特有的法律原则，如“公法不得被私人简约所变通”、“私人协议不变通公法”等。②

德国学者耶林在其著作《法律，实现目的的手段》（Law as a Means to an End）中写道：“法律不仅是调整人们的行为，而且是满足人类需要的工具。法律的目的就是在于保障社会利益，社会利益是法律的创始者，是法律的唯一根源。所有的法

① ［意］查士丁尼著，张企泰译：《法学总论》，商务印书馆1993年版，第5~6页。

② ［意］彼得罗·彭梵得著，黄风译：《罗马法教科书》，中国政法大学出版社1992年版，第10页。

律都是为了社会利益的目的而产生的。"① 社会利益可以说是所有法律的共同目标，这是法律权威的真正来源，只有为社会利益服务的法律，人们才会遵守它。所以，任何法律部门都是社会利益的守护人，不保护社会利益的法律是不可能有权威的。所不同的是保护社会利益的手段和出发点不同。"社会公共利益在不同的社会关系领域或不同的法律部门各有侧重，也各有其不同的表现。"② 作为一个部门法，民法是权利法，以个人利益为本位，通过对每个社会成员的权利的具体保护和营造机会平等的法律环境来促进社会利益；行政法是控权法，其目的是对行政权力形成有效的制衡，通过抑制公权力的无限膨胀来保护社会利益。

我们知道，经济法是商品经济社会中，因国家对经济生活进行干预而产生并逐渐发展起来的。因此，有学者将经济法定义为："经济法是调整需要由国家干预的经济关系的法律规范的总称",③ 无独有偶，国外学者也有类似的定义，如日本学者江上勋认为："经济法是以自由经济为基础，通过国家权力来完成民法无力解决的调节社会经济关系的法规"，法国学者德让认为，"经济法是以给予公共权力机关能够对经济采取积极行动为目的的法律规则的总称"。④ 正是经济法的这一特性，决定了经济法对社会经济生活的实际影响，或者说决定了经济法作用机制的价值取向以及表现形式。我们知道，法律的出现系源于社会生活的需要，经济法也是为满足社会经济发展，因国家自觉干预经济、弥补市场缺陷和矫正市场失灵而产生。在早期资本主义时代，经济领域推崇市场机制，崇尚契约自由、私法自治，反对国家干预，认为"政府唯一的合法职能是使由私人契约创设的义务得到履行"。因而，无论在传统的自由主义经济理论中，还是在早期资本主义国家的国民经济实践中，国家的地位和作用都十分有限，只是担当了"守夜人"的角色。市场机制调控经济的运行过程主要是通过供求关系、价格信号和自由竞争等一系列环节来实现资源的配置，但随着经济的发展，市场运行机制却在不断变形，市场调节功能的缺陷也日益明显。国家为了促进社会经济的发展，就必须弥补和矫正市场的这些缺陷，即出现了国家干预经济的行为，经济法也正是基于此而产生。19 世纪末 20 世纪初，国家对经济的干预尚处于一种自发状态，但至 20 世纪 30 年代的资本主义世界大危机，以美国为代表的资本主义国家，开始全面自觉地干预社会经济，完成了国家从自发、零散干预经济到自觉、系统干预经济的转变，并使现代经济法日趋成熟起来。只是到了 20 世纪 60 年代以后，国家全面干预经济又严重阻碍了社会经济的发展。为改变这种局面，经济立法及其内容又逐渐出现了同时体现国家干预和市场调

① 转引自张雪楳：《产业结构法研究》，中国人民大学出版社 2005 年版，第 44 页。

② 孙笑侠：《法的现象与观念》，山东人民出版社 2001 年版，第 67 页。

③ 李昌麒：《经济法学》，中国政法大学出版社 1994 年版，第 32 页。

④ 李昌麒：《经济法学》，中国政法大学出版社 1994 年版，第 27 页。

节的成分，经济法的促进经济和社会发展的应然目的也日益被公众认同，并将经济法中国家干预成分定位于有限、适当干预，以期与市场机制保持一致。

从经济法产生的过程我们可以看出，在某种程度上说就是为了弥补民商法和行政法的不足。对此，有许多学者均对此作了相当深刻的分析。哈贝马斯指出，“19世纪末，采取新干预政策的是这样一种国家：随着具有政治功能的公共领域的机制化，这种国家与市民社会的利益渐趋吻合。因此，公共权力在介入私人交往过程中也把私人领域中间接产生出来的各种冲突调和了起来……社会的国家化与国家的社会化是同步进行的，正是这一辩证关系逐渐破坏了资产阶级公共领域的基础，亦即，国家和社会的分离。从两者之间，同时也从两者内部，产生出一个重新政治化的社会领域，这一领域摆脱了‘公’和‘私’的区别。它也消解了私人领域中那一特定的部分，即自由主义公共领域，在这里，私人集合成为公众，管理私人交往中共同事务”；“国家从公法中‘逃遁’了出来，公共权力的职责转移到企业、机构、团体和半公共性质的私法代理人手中，与此同时，也出现了私法公法化的反向过程，亦即，公法之私人化。公共权力即便在行使其分配、配给与促进职能时也运用私法措施，每当此时，公法的古典标准便彻底失效了……没有任何必要使一种法律关系纳入公法，不论通过垄断抑或缔结协约的方式，还是声称，法律关系应在管理行为中寻求其立法依据。随着资本集中和国家干预，从国家社会化和社会国家化这一互动过程中，产生出一个新的领域。从这个意义上来说，公共利益的公共因素与契约的私法因素糅合在了一起。这个领域之所以意义重大，因为这既不是一个纯粹的私人领域，也不是一个真正的公共领域；因为这个领域不能完全归于私法领域，也不能完全算做公共领域”。① “国家以各种公共目的积极介入市民社会。但国家在实现其规制职能时，必须把应受保护或规制的私人（集团）作为特定的法律主体。为此，就必须用具有社会属性的具体的人的集团（劳动者、中小企业、消费者等）来代替现代司法上抽象的‘人’，以这种具体的人为法律主体，构成保护这些主体的实在法。这样，以带有多种多样具体的法律主体为中心的许多社会和经济关系就产生了。这些法律在修正私法这一点上与私法不同，并且和传统公法（即国家对私人）的两面构造也不同，在采取了公私法混合形态这一点上，也不属于公法，可以说，形成了第三法域，当今这种法律领域被称为社会法。”②

社会结构总是处于不断变化之中的，前资本主义社会是一个集权专制的社会。在专制社会里，国家权力的至上性决定了只有专制国家这一主体，因而，其社会是一元的。随着近代资产阶级国家的产生，与之相适应的市民社会也随之出现，从

---

① ［德］哈贝马斯著，曹卫东等译：《公共领域的结构转型》，学林出版社1999年版，第171页、第178～179页。

② ［日］丹宗昭信、厚谷襄儿：《现代经济法入门》，群众出版社1985年版，第49页。

此，社会结构步入二元时代。在传统的二元社会结构里，民法、行政法很发达。人类社会演进到现代，社会结构发生了显著的变化，进入三元社会结构时代，即社会发展到私人利益和国家利益之外，出现了社会利益。社会利益的基本内容有：公共秩序的和平与安全；经济秩序的健康、安全及效率；自然资源的保护与合理使用；对社会弱者的保护等。

传统法律部门对社会公共利益的保护具有不周延性。民法从个人利益出发，无法解决社会经济的整体运行和结构问题、无法合理配置社会资源、无法对社会弱者进行保护等，而行政法以国家权力运行为核心，关注国家利益的实现，忽视社会整体利益。经济法产生是适应社会结构变化的结果。

社会本位与个人本位、国家本位相对应。前资本主义社会，是专制集权的社会，国家权力至上，结果带来公法的繁荣，资本主义早期，作为对国家本位的反叛，个人本位思潮盛行，带来了私法的繁荣。19 世纪末，生产社会化和垄断的出现，使得个人与社会的矛盾日益突出，个人本位思想越来越不适应社会化大生产的经济和社会发展的需求，一种新的理论学说——社会本位学说迅速发展。作为反映社会本位思想的法律表现就是经济法，这就是经济法产生的思想基础。

“社会本位”法理念的兴起使传统的公、私法两大法域产生了融合，处于公、私法外第三法域的经济法①的出现是弥补民商法和行政法不足的理论基础。第三法域存在的理论基础是社会利益异于国家利益，社会可以成为国家和市民社会之外的立足点。

经济法是立足于社会本位的法部门，“它的规范既体现国家意志，又尊重当事人意志。从社会整体的角度去处理生产领域的法律问题，正好显示了它的根本特征”。② 经济法正是经济国家的衍生物，它是调整国家干预和参与经济活动、直接体现国家意志的经济关系的法。正如金泽良雄先生所言，经济法的出现是资本主义趋于成熟以及国家与市民社会趋于一致的结果。③

行政法难以顾及它所调整的经济关系所蕴涵的市场机制和财产内容，民法则对含有公权力的经济关系无能为力。④ 行政法立足于“行政权力本位”，以国家利益为终极关怀和根本出发点，以命令—服从为其调整方法，在其法律关系中，一方享有绝对权力、处于权力主体地位，另一方处于绝对的义务主体地位，几乎没有实体权利。行政管理权的行使主体主要是国家行政机关及其授权机关，经济管理权的行

① ［美］罗伯特·达尔著，李柏光等译：《论民主》，商务印书馆 1999 年版，第 134 页。

② 程信和：“公法、私法与经济法”，载《中外法学》1997 年第 1 期。

③ ［日］金泽良雄著，满达人译：《经济法概论》，甘肃人民出版社 1985 年版，第 31 页。

④ 史际春、陈岳琴：“论从市民社会和民商法到经济国家和经济法的时代跨越”，载《首都师范大学学报（社科版）》2001 年第 5 期。

使主体则更为广泛，既包括国家权力机关、国家行政机关、国家司法机关、准司法机关及其授权的机构，还包括企业管理机构等微观管理主体。[①] 行政法主要是维权法和限权法，即维护国家公权力及限制国家公权力的法。“从经济管理的内容而言，行政法也无法涵盖其全部内涵；从国家利益与社会利益之界分来看，行政法难以实现对社会利益的优化调控；从法律的二元结构之现代危机及变迁视角，行政法调控经济管理关系难以回应现实的需求。”[②]

公共物品的供给是市场失灵的一种表现，也就是说按照传统的民商法无法提供公共物品，即使公共物品生产出来，按民商法也无法完成交易，所以，公共物品的供给必然要有国家权力的介入。民商法的各项基本制度和原则，均由市场经济内在的平等和自由竞争的要求所决定。民商法调整公权力不直接介入的财产关系和人身关系。而公权力直接介入或直接体现国家意志的经济关系，均需由经济法和其他公、私相融合的法来调整，或者优先适用经济法。经济法以维护整体平衡和自由公正的社会经济秩序为己任，民商法则对在经济法维持的良好环境下自由从事活动的主体及其行为加以规制，二者之间有一种共生关系。[③]

由上观之，对公共物品供给进行法律规制，追求个人利益最大化的民商法和追求国家利益最大化的行政法均不能胜任，而兼具公法和私法属性的经济法成为对公共物品供给规制的应然制度选择。“就总体而言，公共物品法律关系介于公、私两大法域之间，其法律调整的内容和调整特点决定了对公共产品进行法律调整的经济法属性。”[④] 当然，这也并不是说其他部门法对公共物品的生产、提供与消费的调整丝毫没有意义，它们从不同的角度、不同的方面和不同的层次发挥着不同的作用。

本章小结

“公与私”的矛盾是人类社会生活中的常见现象，但在原始的氏族内部只有公而没有私，而在奴隶社会和封建社会只有私而没有公，只有到了资本主义社会后，随着社会分工和生产社会化的发展，管理型社会治理模式的出现，才开始出现公共领域与私人领域、公共利益与私人利益的分化与对立。公与私的划分表现在公共利益与私人利益的划分上，这种分立对照人们消费的社会物品来说，就是公共物品与

① 张雪楳：《产业结构法研究》，中国人民大学出版社2005年版，第51页。

② 江合宁：“论经济法与行政法的区别”，载《现代法学》2000年第2期。

③ 参见史际春、邓峰：《经济法总论》，法律出版社1998年版，第141～143页。

④ 钟雯彬：“公共产品法律调整模式分析”，载《现代法学》2004年第3期。

私人物品的划分。公共物品就是具有消费不可分性、非排他性与非竞争性、收益非独占性特征的物品，根据是否同时具有非排他性和非竞争性特征，公共物品又分为纯公共物品和准公共物品；私人物品是具有可分性、排他性、竞争性和受益独占性特征的物品。但随着社会经济的发展，公共物品和私人物品出现相互转化的现象，即随着公与私的融合与转化导致公共利益与私人利益的融合，公共物品公共性的变化导致公共物品与私人物品的相互转化。

人们行为范围的不断扩大，导致调整人们行为的法律规范不断扩大，形成了公法、私法和社会法的法律体系结构，公法的价值目标是追求国家利益最大化，私法的价值目标是追求个体利益最大化，作为社会法的经济法的价值目标是社会公共利益最大化。公共利益虽然没有一致认可的定义，但公共利益的界定或说公共利益的本质特征还是能够与国家利益和私人利益相区分的。公共物品所包含的特征正好能够体现公共利益的特征，充分说明公共物品是公共利益的载体。正是公法、私法和社会法的价值追求的差异，导致对公共物品供给进行规制时的法律制度选择必然是经济法。

第二章　公共物品供给与公共物品权的理论构建

我国公共物品供给不足和供需不匹配现象已成为大多数地区经济发展的“瓶颈”，制度供给的不足是造成这种现象的重要原因。先改革后立法的传统，必然会产生不少混乱现象，不仅会造成国有资产的流失，公共物品不能有效供给，同时也为投机者提供了“钻空子”的机会，利用公共物品供给损害社会公众的合法权益。目前我国正在进行市场化改革，社会处于转型时期，在公共物品供给的制度建设方面表现为法律制度不完善、非正式制度作用很大，政府对公共物品供给的制度安排不足，特别是没有把消费公共物品作为一种权利对待。人们消费社会所提供的物品，在法律上必然存在消费该物品的权利，否则就无权消费，或者说，就可能存在权利或权力阻止人们消费这种物品。人们在消费私人物品时是这样，在消费公共物品时也必然是这样。也就是说，人们消费公共物品也必然存在某种权利。

第一节　公共物品供给与公共物品权的理论构建

一、我国公共物品供给的问题

（一）我国公共物品供给的现状

由于公共物品的非排他性与非竞争性特征，以及考虑社会公平、公正等问题，导致按照市场机制提供公共物品时存在着严重的“市场失灵”，加之公共物品的思想起源于对政府职能的讨论，所以，传统的观点认为政府不仅是公共物品的最优提供者，公共物品也只能由政府直接生产，几乎所有的国家和地区都实践了这个传统观点。我国在计划经济时期，政府不仅提供了全部的公共物品，也提供了所有的私人物品，这样的格局从1978年开始有所改变。随着市场化改革的不断深入，私人物品大多采取了市场供给方式，政府逐渐从私人物品的提供领域中有效退出，然而政府全包全揽的格局在公共物品供给领域没有多大改变，各级政府仍然是各种公共物品的主要生产者。

随着社会经济的发展和人们生活水平不断提高，人们对政府提供公共物品的满意度逐年下降，其原因就是人们不满目前我国公共物品供给的现状。主要表现在以下几个方面：

第一，公共物品的供给短缺，严重制约了社会经济发展。由于公共物品的共享性，就缺少让每一个社会成员积极主动去购买的动力，相反出现大量的对公共物品的免费使用现象。如果按照市场机制进行公共物品供给，不是交易失败，就是交易实现不了资源的最佳配置，最终导致无人进行公共物品的生产。所以，不仅计划经济时代，国家成为唯一的公共物品供给主体，到现在，政府仍然是公共物品的主要投资者。由于受到财政支出的限制，无力对公共物品进行大规模的投资，以适应这些行业的发展需要，其结果是公共物品的供应与需求存在很大的缺口，这种较单一的投资渠道造成公共物品投资严重不足。“以铁路和公路运输为例，美国和中国的领土大小差不多，可是美国的铁路比中国的铁路长5倍，公路长6倍。如果说美国是发达国家，那么与印度比较一下，中国与印度的发展阶段差不多，印度的国土是中国的1/3，可是印度的铁路与公路比中国长得多。”① 公共物品供给状况直接影响到经济发展，这不仅在我国与发达国家的差异表现明显，就是在国内的东部、中部和西部之间的差异也表现明显，公共物品的供给不足成为制约经济发展的“瓶颈”。

第二，公共物品的质量不断下降而价格却居高不下。重视公共物品的数量而忽视公共物品的质量，这是公共物品短缺情况下的通病。由于公共物品供给短缺，所以一讨论公共物品问题，就想到应该如何努力提高公共物品的数量，满足人们不断增长的需求，而忽视了对于质量的讨论。近年来，公共物品质量也逐渐被人们认识到了，其原因是很多公共工程对人们生命财产造成严重威胁，如重庆綦江虹桥的垮塌和被朱镕基总理骂为“豆腐渣工程”、“王八蛋工程”的长江防洪大堤就是典型例证；在公共服务方面有“门难进、脸难看、事难办”的说法。事实上，随着人们生活水平的不断提高，人们对于公共物品质量的要求也在不断提高。

与公共物品质量下降相对照的却是价格居高不下。我国在许多公共物品的定价上采用“成本加成定价法”，即以企业的实际成本为基础，加上一定的利润。这种价格形成机制不能刺激企业努力降低成本，通过提高效率而取得更多的利润。这是因为，由于国有企业在特定的地区范围内具有独家或极少数企业垄断经营权，不存在由多家企业的平均成本决定的社会成本，这样，企业的实际成本就是社会成本，在利润率一定的情况下，企业降低成本就意味着降低价格。因此，以企业实际成本

① 王绍光：“变化的政府作用”，载胡鞍钢、王绍光：《政府与市场》，中国计划出版社2000年版，第38页。

作为政府定价的基础，就不能促使企业努力降低成本，反而会刺激企业增加成本或虚报成本，这就必然导致生产经营低效率。同时，公共物品的价格对整个物价水平具有举足轻重的影响力，政府作为公共物品的价格制定者，为了控制整体物价水平，往往较严格地控制其价格，这就使公共物品的价格成为政府保持政治稳定的工具。另外，许多公共物品行业存在内部"垄断福利"，即垄断行业内部职工享受免费使用本部门服务的福利，铁路职工乘车不买票，电力系统职工用电不花钱，燃气公司职工用气有优惠，医院职工看病免挂号……这些"免费午餐"现象也是使公共物品高价的原因之一。

第三，公共部门运转效率低下。在传统管理体制下，公共物品主要是由国家或地方政府的企业（或机构）垄断经营，政府既是管理政策的制定者，又是具体业务的实际经营者，这就决定了这种垄断不是经济性垄断而是行政性垄断，就必然导致企业组织管理效率低的问题，其结果是企业实际花费的生产成本大大高于按企业能力可获得的最小生产成本，从而存在资源运用的低效率。由于不存在外部竞争压力，企业内部就没有追求成本最小化的动力，因此，在许多方面企业浪费严重，致使企业成本费用膨胀，最终使产品的平均成本大大高于"最低可能成本"。"目前，有些省份投巨资改善运输状况，但是由于铁路与公路具有很强的外部性，这些地方政府就设卡收费，结果，收费站到处都是，影响了这些设施的使用效率。"①

第四，公共物品供需不匹配。一方面是由于公共物品供给决策机制导致的供需不匹配，我国现行的公共物品供给决策机制的做法是利用中位选民的偏好，自上而下决定供给公共物品的种类和数量。虽然这种决策机制是建立在民主集中制的科学基础上，但由于这种决策机制本身所固有的缺陷，必然导致公共物品的供给不能满足全体社会公众的需求，即需求量小的人享受过多，而需求量大的人享受不足。还有就是公共物品的种类对不同人的需求满足是不同的，同样种类和数量的公共物品对不同人来说，部分人实现了供需匹配，还有部分人没有实现供需匹配。公共物品供需不匹配的另一方面表现为供需脱节，即公共物品的供给不受需求的影响，准确地说是公共物品的供给决策者完全不考虑需求者的需求，随心所欲地安排公共物品的供给。在很多地方特别是农村公共物品的供给方面，社会公众急需的某些公共物品供给不足，而另外被称为"形象工程"、"政绩工程"类的公共物品却屡屡被提供出来。

第五，区域公共物品供给差距悬殊、公共物品供给结构不合理。中央政府不能供给所有的公共物品，对于一些地方性公共物品，根据中央与地方财权与事权的划分，由地方政府筹资供给。资源依赖理论强调了由于资源的稀缺性导致的组织对环

---

① 王绍光："变化的政府作用"，载胡鞍钢、王绍光：《政府与市场》，中国计划出版社2000年版，第38页。

境的依赖，认为组织的行为能力与它的资源动员能力密切相关，在其他条件不变的情况下，组织所能获得的资源数量决定了组织的行为能力。由于受市场化改革进程不一和经济发展水平不平衡的影响，各地之间的公共物品筹资能力和城乡之间筹资能力存在巨大差距，所以造成区域间及城乡间公共物品供给差距悬殊。公共物品供给结构不合理表现为公共物品数量结构、地区结构和种类结构的不合理。公共物品的数量结构不合理是说公共物品与私人物品在数量上的比例失调，并且通常都表现为公共物品供给不足，需求得不到满足，不能有效发挥私人物品的效用，因为私人产品向更高层次的发展，需要公共物品为其提供前提和条件；公共物品的地区结构不合理是指各地之间在公共物品的比例不合理，地区差异过大；公共物品的种类结构不合理是指在同一地区各种公共物品之间的比例不合理。

（二）我国公共物品供给的制度现状

新中国成立以来，公共物品供给的主要特征是：企业由政府建，企业领导由政府派，资金由政府拨，价格由政府定，盈亏由政府统一负责，不存在什么经营风险，这种实行政企高度合一的模式几乎没有对制度的需求。到 20 世纪 80 年代后期，这种现状有所改变，各种立法和制度建设均提上议事日程。

公共物品对于促进经济增长，提高社会整体的福利水平发挥着重要的作用，这是毋庸置疑和不证自明的，国内外的经济发展实践充分说明了这一点。我国公共物品的供给不足和供需不匹配现象已成为大多数地区发展的经济“瓶颈”。是什么原因导致公共物品供给不足？仅仅是公共物品所具有的市场失灵的特点不足以给出问题的全部答案，制度供给的不足也是造成这种现象的重要原因。“可持续发展的基础设施关键在于要有一个适当的制度，也就是说，在设计、筹资、建设、维护和利用公共设施的过程中，要创建一个能带来相对有效和公平的激励机制，即要有适当的社会基础设施。”① 著名经济学家诺斯就认为，“制度实施的机制和能力的不足是历史上的停滞和当代第三世界国家发展不足的主要原因”。②

基础设施不仅是物质基础设施，物质基础设施是发展的重要条件，但是社会基础设施也是可持续发展的重要条件，而“社会基础设施由制度构成”。制度所包含的激励，不止是财政奖励或惩罚，它们是“个人所能感觉到的在结果上的积极或消极变化。这种感觉很可能产生于以特定的物质和社会内容为背景并在一定制度范

① ［美］埃莉诺·奥斯特罗姆等：《制度激励与可持续发展》，上海三联书店 2000 年版，中文版译序，第 4 页。

② ［美］道格拉斯·诺斯：《制度、制度变迁与经济绩效》，上海三联书店 1994 年版，第 75 页。

围内实施的特定行动”。①

从我国20多年来的经济体制改革实践来看，似乎有一种先改革后立法的传统，经过一段时间的改革，根据改革中取得的经验教训再制定相应的法律、法规。这种立法思路虽然有针对性的特点，但它是以较大的改革成本为代价的。因为从改革到颁布法律这一时期，由于缺乏改革的法律依据和实施程序，必然会产生不少混乱现象，不仅会造成国有资产的流失，公共物品不能有效供给，同时也为投机者提供了“钻空子”的机会，利用公共物品供给损害社会公众的合法权益。“在世界上许多地方，治理形式的现有结构为从事于基础设施发展的绝大部分工作人员提供了一种不良的激励……一旦不当的激励渗透到基础设施发展的各个方面，就会有许多处于有利地位的人员从中受益，再想要改变它时无疑会遇到非常大的阻力。”②

“立法的发明，很可能是人类曾有过的成就中影响最为深远的一种成就——比火的发明和火药的发明影响更为深远，因为在所有这些成就中，是立法最大限度地将人类命运交到了自己手中。”③ 可以想象，人类文明程度的提高，人类对制度的依赖程度将与对社会成员权利的维护结合在一起。

制度在一个社会中的主要作用是通过建立一个人们相互作用的稳定的结构来减少不确定性。目前我国正在进行市场化改革，处于社会转型时期，在公共物品供给的制度建设方面表现为法律制度不完善、非正式制度作用很大。法律制度不完善表现为应当由法律规制的行为没有法律出台或者法律规范与实际需要不符合，政府对公共物品供给的制度安排不足，“尽管中国经历了20年的改革，市场经济制度的框架已初步建立，但制度‘瓶颈’仍然广泛存在，它们成为制约中国经济持续、快速增长的主要障碍：从投资方向来看，在制度上还没有创造出非国有企业预期的发展空间；投融资和银行改革滞后，国有和非国有部门资金供给和产出不对称；制度性的软约束和特殊的资金供求机制；金融业产权结构单一，歧视民间金融的制度安排；行业和部门的垄断等，多种因素制约着制度的有效供给，现行的制度供给方式使得有效制度供给远远落后于制度需求；目前最大的不足是有效制度供给不足，它已成为中国长期增长道路上的不可逾越的‘瓶颈’”。④ 导致政府在建立最有效的制度安排方面滞后的主要原因是对新的制度认识不足以及集团利益冲突等。

我国由于没有一套成熟的公共物品理论来为公共物品方面的立法提供指导，因

① ［美］埃莉诺·奥斯特罗姆等：《制度激励与可持续发展》，上海三联书店2000年版，第8页、第11页。

② ［美］埃莉诺·奥斯特罗姆等：《制度激励与可持续发展》，上海三联书店2000年版，第2页。

③ 转引自［英］哈耶克：《自由秩序原理》（上卷），上海三联书店1997年版，第377页。

④ 杨君、龚玉池：“有效制度供给不足与中国经济增长”，载《经济学家》2001年第1期。

而有关公共物品的立法完全采取分散立法的模式，且重点关注的是如何对公共物品进行监管及保护，其内容主要是监管部门的处罚权和社会公众应遵守的义务，例如《铁路法》、《公路法》、《邮政法》、《水法》、《野生动物保护法》、《森林法》、《文物保护法》等。这些法律、法规存在的一个共同问题是：公共物品的一般规则没有得到体现，很少有关于公共物品生产、管理和利用过程中消费者（社会公众）应当享有的基本权利的规定，很少有控制公共物品监管部门权力滥用的条款以及公共物品生产者责任体系的规定。同时，由于公共物品在社会经济发展和社会福利中的作用，对公共物品的需求导致大量的非正式制度供给状况。如果不能尽快改变这种现状，则会由于缺乏新的制度安排（新的制约），诱使公共物品在经营过程中缺乏信用以及由此导致市场交易成本居高不下。鉴于此，为了克服交易成本对公共物品供给带来的消极作用，政府就必须制定一系列的有效的制度来规范和维护市场秩序。由于缺少整体的思路来规范我国公共物品的生产、管理与利用行为，特别是国家对人们享用或消费公共物品，没有作为权利来对待，因而公共物品在实际生活中并未能有效发挥其应有的作用。因此，国家在进行经济领域、政治领域和社会领域的改革过程中，应投资一部分资金用于制度性的基础设施改革，扫清阻碍有效制度供给因素和经济长期增长道路上的障碍。

二、公共物品权的理论构建

（一）私人物品权与公共物品权

社会所提供的可供人们消费、满足人们各种需求的物品和服务（即社会产品），按其在消费过程中的消费特征的不同，可以分为公共物品（public goods）、私人物品（private goods）和准公共物品（quasi - public goods）三大类别。在法律上，每种物品都会产生相应的权利义务关系。

私人物品是指“这样一些物品，它们能够分割开并分别提供给不同的个人，也不带给他人外部的收益或成本”。[①] 也就是说，私人物品可以对其分割，且对每一部分能够分别按竞争价格卖给不同的个人，而且对其他人没有产生外部效果。也就是说，每增加一个单位的私人物品的供给，就需要增加生产一个单位私人物品所需要的成本。[②] 私人物品具有消费的竞争性和排他性的特征说明，私人物品被某人所消费就将其他人排斥在该物品的受益范围之外，要增加消费就必须增加供给。

公共物品具有消费的非竞争性和非排他性，一种公共物品一旦被生产出来，可以同时供多数个体联合消费，无论该个体是否对该物品支付了成本，要排除他消费

---

① ［美］萨缪尔森、诺德豪斯：《经济学》，北京经济学院出版社1996年版，第571页。

② 毛寿龙、李梅：《有限政府的经济分析》，上海三联书店2000年版，第156～157页。

这种物品是不可能的或排他成本很高，这就是公共物品的非排他性。非竞争性是指一个人对公共物品的消费不减少或不影响其他人对这种物品的消费。换句话说，增加一个人消费公共物品的边际社会成本或机会成本等于零。

社会产品除了纯公共物品和纯私人物品以外，还有一种介于二者之间的社会产品，经济学上称为准公共物品。准公共物品又分两类：第一类准公共物品的特点是消费上具有非竞争性，但却可以较轻易地做到排他，如公共桥梁、公共游泳池等，这类产品被形象地称为俱乐部产品；第二类准公共物品在消费上具有竞争性，但却无法有效地排他，如公共渔场、公共牧场等，被称为“共同资源”。由此可见，准公共物品就是不同时具备非排他性和非竞争性的公共物品。私人物品通常兼有排他性和竞争性，私人物品的消费仅仅影响单个消费者，这种生产和消费没有任何外在性的物品称为纯私人物品。① 准公共物品一般具有“拥挤性”特点，即当消费者的数目增加到“拥挤点”后，每增加一个人，将减少原有消费者的效用。准公共物品既不是纯粹的公共物品，也不是纯粹的私人物品，一般有较强的外部性。这些物品主要有教育、城市基础设施（公园，公共医疗，社区体育）、自然垄断性行业产品等。

物权起源于罗马法，不过物权一词甚至他物权在罗马法中并未出现，而是中世纪的注释法学家在解释罗马法时所创造的。② 物权便是指某人对其物享有的支配权，此种权利无须义务人实施一定行为便可以实现。这一理论提出以后，在 17、18 世纪为许多罗马法学家不断发展、并逐渐形成了从物主义的理论，此种理论强调物权是主体对客体（物）、权利人对物的支配关系。至 19 世纪，这一理论受到了挑战，一些学者认为物权并不是人对物的关系，而是人与人之间的关系，从而产生了所谓从人主义理论。该理论在 20 世纪初，为大多数民法学者所接受，并对物权概念的形成和发展产生了较大影响。

物权是指公民、法人依法享有的直接支配特定物并对抗第三人的财产权利。这一概念实际上突出了物权是支配特定物的权利和物权的对世性特征。③ 我们消费的大多数产品都是私人物品。私人物品权就是民法上所说的物权。

人们消费社会产品都是为了满足某种需要，无论是私人物品还是公共物品均是如此。不同之处在于：人们消费私人物品由于存在私人物品权，也即民法上所说的

---

① 方福前：《公共选择理论——政治的经济学》，中国人民大学出版社 2000 年版，第 32 页。

② 参见 Gyorgy Diosdi, *Ownership in Ancient and Preclassical Roman Law*, Akodomiai Kiado, Budapast 1970, p. 107. 转引自王利明：《物权法研究》，中国人民大学出版社 2002 年版，第 2 页。

③ 王利明：《物权法研究》，中国人民大学出版社 2002 年版，第 4 页。

物权，特别是所有权，而物权理论没有涉及公共物品的权属。由于公共物品的公共性，人们消费的公共物品不存在私人物品的所有权，但是，既然人们能消费公共物品就必然存在某种权利，否则就无权消费，或者说就可能存在权利或权力阻止人们消费这种物品，在此我们姑且将这种消费公共物品的权利称之为公共物品权。公共物品与私人物品的区分是从需求或者是从消费的角度给出的，私人物品权既然是权利主体依法享有的直接支配特定物并对抗第三人的财产权，这是根据私人物品的竞争性和排他性特征而来的，那么，根据公共物品的非竞争性和非排他性特征，公共物品权我们就可以这样理解，即是指公民、法人及其他组织依法享有的使用或消费公共物品的权利。

（二）提出公共物品权的意义

权利是现代公民身份的核心内容，也是现代社会制度的一个结构性要素。权利是一种在法律上或道德上被认为正当的利益，权利也是利益主体所拥有的利益获得道德和法律承认和保护的一种资格，权利还是一种让义务方承担和履行相应义务的要求。权利的价值就在于把维护自己的尊严和利益的要求转换成一种制度化的力量，使相关者（他人、政府、国家等）承担相应的义务，使履行义务成为一种以国家强制力为后盾的体制内的要求。“权利在某种意义上指一个人通过一定的行为或不行为而改变法律关系的能力（capacity）或权力（power）。”①

提出公共物品权具有以下主要意义：

第一，公共物品权对制度（权利体系）完善的意义。从宪法角度上看，权利体系包括政治权利、社会权利和人身权利。② 社会权开始是出于人道主义的考虑，专门赋予社会上的弱者的一种权利，但随着人类社会的发展，其意义超出了对起码生存条件的保证，而增添了增进生活幸福与促进人格发展的内涵。③ 公共物品权正是为了实现人的发展和社会的发展需要而提出的，它是人类文明程度提高和社会发展的必然要求，提出公共物品权是适应社会发展需求而丰富社会权内容的必然结果。

从民法角度上看，权利包括人身权利和财产权利。在民法上财产权主要有物权、债权、知识产权中的财产权部分和继承权等。人们往往从权利主体在形式上的选择自由和实体上的利益主张两个角度来分析权利的要素，并由此形成了西方权利

---

① 霍菲尔德语，转引自张文显：《法学基本范畴研究》，中国政法大学出版社 1993 年版，第 78 页。

② 何华辉：《比较宪法学》，武汉大学出版社 1988 年版，第 206 页；李龙：《宪法基础理论》，武汉大学出版社 1999 年版，第 156 页。

③ 徐显明：《公民权利义务通论》，群众出版社 1991 年版，第 177 页。

理论的两种传统——“选择论”和“利益论”。[①] 从财产权的利益上看，公共物品权能够给公共物品消费者带来经济上的利益，由此可见，公共物品权具有财产权的属性。所以，提出公共物品权也能丰富和发展民法财产权理论。

第二，公共物品权是法律终极目标的体现。法律的终极目标是公平、正义。“无论在中文、西文中，用以表示法的词都有平、正、直的含义，这表明人们是将法律作为正义原则来对待的。”[②] 正义在伦理学上表现为善，表现为一种个人美德和人的需要或要求的合理的、公平的满足。在《法学总论》中，“正义是给予每个人他所得的部分的这种坚定而恒久的愿望”,[③] “亚里士多德给予‘正义’的较专门意义是避免贪婪，亦即避免通过夺取另一个人的所有（他的财产、奖赏、职位等）或者通过拒绝给予某个人以他应得的尊敬、偿款和不遵守他的诺言来为自己谋利”。[④] 罗尔斯则更明确地把正义的对象界定为社会基本结构，即用来分配公民的基本权利和义务，划分由社会合作产生的利益和负担的主要制度，这应当是更高层次的法律正义。因为在社会生活中，法律正义的直接目标是服务于社会制度的正义。法律作为一定历史时期的产物，是一种规范的总和，首先是确定正义的度和量，即用法律作为“标准”的作用将社会的正义法律化、制度化，也即用法律形式将是否正义的标准确定下来，正如亚里士多德对正义的界定，必须预先假定一种什么应当是属于一个人的，什么是他应得的份额。其次是运用法律的强制力来维护和保障正义，在出现非正义的情况下，通过法律手段修正、恢复正义。

由于我国不同区域和不同个人所消费的公共物品存在严重不均衡，从法律角度来说，就是存在不公平、不正义的现象。提出公共物品权的目的就在于用法律规范的方式保障社会主体消费使用公共物品，使国家在供给公共物品时，能够使不同区域的公共物品结构实现公平，使公共物品消费者能够公平地消费公共物品和分摊其费用，并在消费时可以据此制度而主张权利。

第三，公共物品权对完善人权的意义。联合国大会1977年12月16日通过的《关于人权新概念的决议案》中，就将发展权的内涵界定为主要是促进人的充分尊严和社会、经济发展。发展权意味着国家负有增进国内人民发展的首要义务……通过消除发展的不平衡和社会非正义来保护本国人民在政治、经济、文化和社会诸领

---

① John Finnis, *Natural Law and Natural Rights*, Clarendon Press, Oxford, 1982, p. 209. 转引自汪习根：《法治社会的基本人权——发展权法律制度研究》，中国人民公安大学出版社2002年版，第58页。

② 卢云：《法学基础理论》，中国政法大学出版社1994年版，第216页。

③ ［意］查士丁尼：《法学总论》，商务印书馆1989年版，第5页。

④ ［美］罗尔斯：《正义论》，中国社会科学出版社1988年版，第8页。

域得到综合发展的权利。[①] 公共物品对每一个社会个体和国家的发展的意义是毋庸置疑的，所以，满足社会个体和国家发展对公共物品的需求，是实现人权的重要方式。

第四，公共物品权对社会公共权力约束的意义。公共物品权作为一项发展权，必须受到保护。“没有国家，权利就形同虚设”，但“没有约束，国家就是暴政”。[②] 根据“天赋人权”和社会契约理论，组成社会的个体拥有广泛的权利，为避免人们行使权利时的冲突，在人们之间形成了社会契约，由人们让出的权利组成了社会公共权力，社会公共权力由代表国家的政府行使。供给公共物品的决策也是行使社会公共权力的一种。为保障人们的权利和政府行使公共权力能代表人民的意志，就必须通过民主的方式行使社会公共权力。“在人类社会发展的历史实践中曾出现过直接民主，但鉴于直接民主有其自身无法克服的缺陷，当代世界凡是被认为实行了民主的国家都实行代议制民主。”[③] 代议制民主蕴涵着公共权力在人民和政府之间存在委托与被委托关系这一价值理念，这为约束社会公共权力提供了逻辑起点。人民是一切权力的所有者，但作为整体的人民是一种逻辑上的抽象，并不可能真正行使公共权力，因而有必要将权力授予特别的人行使，同时更有必要对行使社会公共权力进行约束。提出公共物品权就使得社会公共权力的行使必须尊重该权利，公共物品权主体也可以依据一定的程序要求社会公共权力的行使方式和行使结果满足该权利的实现。

（三）公共物品权的理论基础

马克思的历史唯物论说明了经济基础与上层建筑的关系，阐述了生产方式制约法律制度，经济关系产生法权关系，法律只是表明和记载经济关系的要求。公共物品在社会经济发展中的作用是毋庸置疑的，在现代社会，无论由谁提供公共物品以及提供什么样的公共物品，作为构成社会的公民、法人以及其他组织应当享受公共物品所带来的社会福利。这种经济关系反映到法律中，就是公民、法人以及其他组织应当享有公共物品权。作为法律内容的权利义务配置必须具有正当性，构建公共物品权就必须体现权利配置的正当性。权利配置的正当性应当体现以下几个方面：一是适应社会发展和进步的客观需要；二是符合社会公认的道德规范和准则；三是体现权利主体自身的合理要求；四是不损害其他主体的正当利益。公共物品权的提出不仅要体现法律配置的正当性，而且要有相应的理论支撑。

---

① 汪习根：《法治社会的基本人权：发展权法律制度研究》，中国人民公安大学出版社2002年版，第45页。

② 张千帆等：《宪政、法治与经济发展》，北京大学出版社2003年版，第84页。

③ 张贤明："政治责任的逻辑与实现"，载《政治学研究》2003年第4期。

1. 公共物品权形成的外部条件

公共物品权的提出，是贫富差距和城乡差距日益加剧的客观必然产物。历史原因、客观环境和市场经济规则导致“马太效应”；城乡、地区及个人之间的贫富差距加大，导致在消费公共物品方面也出现了“马太效应”。

农村的发展落后于城市是世界各国发展的普遍现象。我国是一个农业大国，农村地区和农业人口都占绝大部分，但由于历史原因，农村的发展本来就落后于城市，加之新中国成立以后实行严格的城乡二元划分，产生了城乡二元对立，加大了城乡之间的差距。改革开放虽然给农村带来了很大的发展，但在家庭联产承包责任制普遍建立后的市场经济时期，农村的发展也就停滞不前了，农民收入从1986年之后就出现了徘徊局面，市场经济给中国带来的影响进一步拉大了城乡之间的发展差距。

我国幅员广阔，各地的地理位置、资源分布、产业结构等有较大的差距，加之历史原因，导致各地发展水平的差异。随着市场经济体制的建立及国家发展战略的影响，东部地区、沿海地区由于良好的地理位置以及政策倾斜，近年来发展很快，而中西部地区，虽有丰富的资源，但由于地理位置问题，交通闭塞，以至人才、信息流通渠道不畅，发展速度较慢，东西部发展差距进一步拉大。

个人在才智、机遇等方面的不同，使得人们在实践中的发展不同，这是非常普遍的。市场经济所崇尚的核心规则——竞争的普遍存在和日趋激烈，使人们之间的差距也日益拉大。

随着社会经济的发展，公共物品在社会成员及区域发展中的作用越来越突出，贫富差距导致人们在消费公共物品时产生了巨大差距。穷人对基础设施服务的使用一般少于非穷人，这不仅是因为他们的收入低，而且还因为机会少。“例如在秘鲁，最穷的50个家庭中只有31%与公共供水网络接通，12%可利用公共排水系统，而最富的50户中82%可使用公共供水系统，70%可使用公共排水系统。在城市穷人的机会一般也会比富人的机会少。”① 不仅国外存在如此差距，我国也是如此，“我国政府用于公共财政支出分配向富裕地区和城市人口倾斜，1995年各地人均财政支出最高的上海为最低地区的5.9倍”。② “许多国家为了改善穷人利用基础设施服务的状况，采用低费率的方式提供补贴，但是，这些补贴都被中等收入和高

① 世界银行：《1994年世界发展报告：为发展提供基础设施》，中国财政经济出版社1994年版，第31页。

② 胡鞍钢：《发挥政府在社会发展中的作用》，载胡鞍钢、王绍光：《政府与市场》，中国计划出版社2000年版，第213页。

收入人的家庭占有了。”①

法律的价值是公平、正义，诚如宪法所规定的“公民在法律面前一律平等”，这种平等并不是要求结果的同一，而更主要的是机会平等、实质的公平。提出公共物品权的目的就是用法律的形式保证社会主体之间在消费公共物品上的公平。

2. 公共物品权形成的主体条件

任何权利主张的提出，都要受制于权利主体所处的客观外在条件，又需要主体具备主张权利的相应能力与条件。公共物品权形成的主体性条件是指主体自身所具有的提出权利的政治、经济及社会方面的主体能力。

公共物品的消费者群体是非常巨大的，可以说，每一个个体的公民和每一个社会组织都可能是潜在的公共物品消费者，作为公共物品消费者群体来说，完全具备提出权利的能力，这也是消费者权利保护的一个方面，况且“穷人不仅仅在理论上愿意为基础设施付费，在实际实践中他们也确实在这样做”。② 无论是从国际上还是从我国国内来说，发展公共物品以提高社会经济水平及民众生活福祉均成为当今社会的首要任务，世界各国也均在采取措施发展公共物品，如我国的全面建设小康社会和社会主义新农村，其中重要的一项任务就是向社会提供更多数量和更高质量的公共物品。

“法律对于人所具有的意义，是法对于人的需要的满足。”③ 任何事物是否有价值，是看它能否满足社会主体的需要，没有社会主体的需要，就无所谓价值。法是人的创造物，人在创造法的时候，就赋予或确定了它应有的价值使命。既然公共物品的消费者具备提出权利的主体能力，又具备提出权利的外在客观条件，那么，人们在创造法律的时候，就应当赋予或确定以及保护公共物品的消费者在消费公共物品时所应享有的权利，从而体现法律的价值。

3. 公共物品权形成的学理基础

第一，天赋人权理论与社会契约论思想。公共物品权不仅是现实需要，其理论渊源可以追索到“天赋人权”理论。近代启蒙运动的思想家洛克、卢梭和孟德斯鸠等人认为，在没有政治社会产生以前，人类在“自然状态”中，受自然法的约束而处于一种自然和谐的状态，每个人都保有生命、健康、自由和财产等自然权利。随着社会的发展，人类的需求不断增加，因为“人是不断需求的动物……”，

① 世界银行：《1994年世界发展报告：为发展提供基础设施》，中国财政经济出版社1994年版，第31～32页。

② 世界银行：《1994年世界发展报告：为发展提供基础设施》，中国财政经济出版社1994年版，第49页。

③ 卓泽渊：《法的价值论》，法律出版社1999年版，第10页。

当一种需要得到满足，另一种需要便会取而代之。① 个人有享受各种社会福利的权利或各种受益权利，亦即自然权利的范围在不断扩大，因此，在社会发展到了已经满足人得以生存的一般条件后，人们又产生了获取更大生存能力的需要，使生存需要不再停留在“求生”的层次而进化到“生存质量”上来。“21 世纪的发展任务……不仅要能提高人均 GDP 水平，而且还要能提高以健康、教育、文化水准为标志的人的生活质量。”② 对公共物品的需要不是某个人的需要，而是所有人和整个社会的需要。并且，由于公共物品的非竞争性或非排他性，对公共物品的需要，不是个人的独特需要，而是所有人的共同需要。

1948 年的《世界人权宣言》就明确指出人的自由发展是基于“人人生而自由、在尊严和权利上一律平等”，三个世界人权公约③也认为人们谋求经济、社会和文化的发展是源于人自身的“固有尊严”。我们很难想象，一个没有电力和公路的封闭的山村会很富裕，以及这里的农民能够享有高质量的生活和充分的经济活动自由。1979 年 3 月 2 日，联合国人权委员会以决议形式重申发展权是一项人权，并指出“发展机会均等，既是国家的权利，也是国家内个人的权利”，把发展权的主体明确确定为国家及其组成成员个人两部分。发展的内容也不仅仅是增长 GDP，“增长 GDP 本身不是目的，而是提高人们的生活水平”。④

社会契约论理论认为，正是人类享有广泛的“天赋人权”，人们在行使自己的“天赋人权”时，就有可能与他人的“天赋人权”发生冲突，导致所有人们都无法行使自己的“天赋人权”，出于人的理性的驱使，人们要求摆脱这种状况。为解决这一矛盾，人们甘愿放弃原来享有的自然权利，甘愿给自己行使权利进行约束，以避免在权利冲突中出现的无序状态和每个人均不能有效行使自己的权利。于是人们订立一种社会契约，每个社会成员均将自己的“天赋人权”让渡出一部分，交给第三者即政府来行使，“这一由全体个体的结合所形成的公共人格，以前称为城邦，现在则称为共和国或政治体；当它是被动时，它的成员就称它为国家，当它是主动时，就称它为主权者”。⑤ 而政府不是营利组织，政府行为是有代价的，其运作所花费的费用均来自纳税人，是“羊毛出在羊身上”。著名的经济学家弗里德曼说过：“天下没有免费的午餐”，可谓通俗至极。在社会成员为政府行为付出代价

① ［美］马斯洛：《马斯洛人本哲学》，九州出版社 2003 年版，第 1 页。

② ［美］斯蒂格利茨：“新的发展观：战略、政策和进程”，载胡鞍钢、王绍光：《政府与市场》，中国计划出版社 2000 年版，第 148 页。

③ 指 1966 年联大通过的《经济、社会和文化国际公约》、《公民权利和政治权利国际公约》、《公民权利和政治权利国际公约任择议定书》。

④ ［美］斯蒂格利茨：“新的发展观：战略、政策和进程”，载胡鞍钢、王绍光：《政府与市场》，中国计划出版社 2000 年版，第 151 页。

⑤ ［法］卢梭：《社会契约论》，商务印书馆 1980 年版，第 25～26 页。

后，政府就必须为社会成员提供一些私人或市场不愿或不能提供的物品，亦即政府有为社会成员提供公共物品的义务，而社会成员有享受政府供给公共物品的权利。

对公共物品的需求是人类生存和发展不可缺少的，也是国家或政府必须为人们提供的，所以说人们必然享有公共物品权。

第二，自然法学说。权利概念之要义是资格，说你对某物享有资格，是说你有资格享有它；说你有权利去做出或不做出某种行为，是说你有资格去做出或没有资格去做出某种行为。诚然，说权利是资格，不过是换了字眼，但这种替换对于阐释权利概念却大有益处，它将注意力集中在权利的来源上。如果你有资格享有某物，你或代表你的其他任何人就必须回答这个问题："是什么使你有资格享有它?"这预示着某些使资格得以成立的途径。这样，我们就很自然地想到自然法的理论。

自然法学说内容庞杂，我国台湾地区学者马汉宝对自然法的特征作了归纳："各时代的自然法学家有共同之处，可说在于认为人类社会生活所适用之行为规则并不限于国家和政府制定之法律。国家所制定之行为规则之外，尚有性质更为普遍之行为规范，适用于一切的人而并非只适用于某一个人或某一时间或空间内之某一社会，此等人类行为规范并非由任何人创制，而系根据有理性的人之基本需要而存在着，故人凭借其理性而得察知之或认识之。此等规范形成一切个别行为规则之泉源，并构成批判一切人为规则之内容为善为恶、公平与否之标准。换言之，自然法学者可说无不承认有一种较高法或理想法之存在，以为实证法终极根据；同时此等学者亦可说无不相信绝对的价值，无不追求绝对的正义。"① 依据自然法学说，一切人都是平等的，都享有某种程度的人类尊严。康德对此作了非常详细的论述。康德认为，人的自由权利可分为天赋的权利和获得的权利。所谓天赋的权利是指无须借助于任何法律行为（如占领或签订合同）而与生俱来的权利，这种权利只有一种，那就是独立于意志强制的自由，只要这种自由能够依照普遍的律则与所有其他人的自由和谐并存。人凭什么拥有天赋的权利？康德也完全从一个崭新的角度，超出其以前自然法学者在上帝的意志、人类需求的满足等范围，从纯理的观点出发，认为天赋的权利乃导源于人性的权利，即既然睿智界的我对现象界的我拥有人性的权利，则我在与他人交往的外部关系中，也可诉诸于在我自己之内的人性的权利，要求他人不得侵犯我的外在自由，这种要求就是天赋的权利，唯有借着天赋的权利，人才能抵拒来自他人或其他团体（含国家）的侵害。至于获得的权利则指必须由特定的法律行为而取得的权利。② 获得的权利虽然和天赋的权利同属于自然状态中的自然权利，但获得的权利却必须以天赋的权利为基础，因为只有当我们拥有

① 马汉宝："自然法之现代意义"，载台大《社会科学论丛》第17辑。

② 朱高正："康德的自然法学——自由与和平的哲学"，载《法哲学与法社会学论丛》，中国政法大学出版社2000年版。

天赋自由（权利），才可能经由一定的法律行为而获得其他的权利。

“法律被遵守的主要原因在于集团的成员从信念上接受并在行为中体现法律所表达的价值。人们效忠规则是因为规则能够表达人们参与其中的共同目的，而不是靠强制实现规则所必然伴随的威胁。这样，兴趣焦点就从制裁转到了规则所规定的行为标准。”① 自然法一开始就是作为国家制定法相对应而提出来的，其理论虽不断发展变化，但法的应然与实然始终是其核心问题之一。法的应然是指法应当是什么，法的实然是指法实际是什么。法的实然状态与法的应然状态，既是可分的，又是不可分的；既可能是一致的，又可能是不一致的。这就是说，某一制定法（实然法）既可能完全符合事物的法的本质，符合自然法的精神和原则，也可能只是部分地甚至完全不符合和反映它所调整的客观社会现象、社会关系的性质、状况和规律；可能只是部分地符合或完全不符合法律自身的性质和特点，或者只是部分地符合以至可能完全违背法所应当体现的道德准则和价值取向。

按新分析实证法学派代表人物哈特的提法，制定法从广义上说包括良法和恶法，狭义上只承认良法是法。② 由于公共物品在社会及社会成员的发展上的重要意义，所以，从自然法看来，公共物品权应当是实然法和作为良法的制定法所必须具备的规定。公共物品消费的非排他性也说明了公共物品的消费具有非拒绝性，一个人不可能拒绝使用某种已经被提供出来的公共物品。从法律上讲，一个人没有消费某项具体的已经被提供出来的公共物品，是他对自己的该项权利的抛弃，而不能说它没有这项权利。权利是否存在与权利是否行使的差别是明显的。

第三，社会连带思想。所谓社会连带，是指一种社会关系，即社会中的人们之间的相互作用、相互依赖、相互影响的关系。连带关系包括“同求的连带关系”和“经常分工的连带关系”。人们之间是相互作用、相互依赖的，一方面，人们为了实现共同的需要而作出相互援助，这种共同需要的实现是通过其共同的事业而贡献自己同样的能力来完成的，这就形成了“同求的连带关系”。另一方面，组织社会的人们有不同的能力和不同的需要，每个人贡献出自己固有能力来满足他人的需要，并由此从他人手中带来一种服务的报酬，这就形成了“经常分工的连带关系”。③ 社会连带理论实际上就是强调建立社会责任机制。这种社会责任机制首先是由德国创建的，其形成主要遵循两项基本原则：一是“相关一致”原则，“相关一致”本来表示多个债务人对一个债权人的共同义务和责任，在社会生活中被借用来表示作为一个共同的思想和共同的行为，“所有的为一个，但同时一个也为所有”的基本原则；二是“自下而上”原则，表示不同成员之间的相互关系，强调

① ［美］昂格尔：《现代社会中的法律》，中国政法大学出版社 1994 年版，第 27 页。
② ［美］德沃金：《认真对待权利》，中国大百科全书出版社 1998 年版，第 246 页。
③ 邹永贤等：《现代西方国家学说》，福建人民出版社 1993 年版，第 232 页。

经济上和社会上处于弱势的人们自助的必要性，而且只有在有助于自助实现的前提下才提供外援。……相关一致原则和自下而上原则在上述社会意义上可理解为一种价值观念……一方面强调个人和小集体的自负责任，但并不否定社会整体对个人（集体）的责任；另一方面则强调“个人的自负责任”不仅是对自己，而且也应是对整个社会而言。①

用社会连带思想来解释公共物品权的产生，就是说，人们在行使公共物品权所获取的收益而导致的发展，会对其他社会主体产生影响，赋予每一个社会主体均享有这种权利，致使每个社会主体的发展和每一区域的发展，都能为其他个体或区域的发展产生良性的影响，而不是恶性的影响。这也论证了公共物品权是缩小社会主体之间贫富差距的一种权利。

三、公共物品权的界定

（一）公共物品权的概念及内涵

公共物品权是自然人、法人及其他组织为满足生产或生活需要所享有的依法使用或消费公共物品的权利。公共物品权不是国家对公共物品供给或对公共物品市场的管理监督权，也不是公共物品生产主体所享有的权利，而是作为构成社会基本单元的自然人、法人及其他组织所享有的消费公共物品的权利。

在一定意义上可以说，任何法律现象的存在都是为了处理某种法律关系：每一法律规则（规范）的目的是要为法律关系的操作创造形式条件；没有对法律关系的操作就不可能对法律问题作任何技术性分析；没有法律事实与法律关系的相互作用就不可能科学地理解任何法律规定。② 法律关系是根据法律规范建立的一种具有权利义务为内容的社会关系，即它以相应的法律规范的存在为前提，经过法律规范调整后在当事人之间形成法律上的权利和义务关系。据此可以看出，法律规范是法律关系产生的前提，如果没有相应的法律规范就不存在某种法律关系，但是法律规范不仅仅指成文法，还包括习惯法以及国家事实上的确认和保护。所以，由法和依法形成的法律关系有两种情况：一是特定的主体之间依据现有的法律规范而形成一定的权利义务关系；二是已存在某种现实的权利义务关系，而后由国家机关以法律、法规、政令或判决的形式加以确认，亦即虽然没有正式的法律规定，但却得到国家事实上的确认和保护或得到习惯法的调整，也可以形成法律关系，即“法律

① 樊启荣：“社会保障立法观念的演进及其取向”，载《贵州警官职业学院学报》2004年第3期。

② See Albert Kocourek, *Jural Relations*, Second Edition, 1928, Indianapolis, Preface. 转引自葛洪义主编：《法理学》，中国政法大学出版社1999年版，第405页。

关系有两种不同的形式：一种是依法——法律形式即成文法固定下来的形式，另一种是以权——通过法权作用作为社会习惯得到国家事实上加以确认和保护的形式”。[①] 形成后一种法律关系，是因为随着科学技术的进步、生产力的发展，带来了前所未有的新问题，却没有相应的法律规范产生时，按照原有法律规范调整这种新的社会关系会出现明显的不公平。

我们可以从以下几个方面来理解公共物品权：

第一，公共物品权是生存权的体现。生存权是最基本的人权，公共物品作为一种特殊性质和特殊形式的社会存在，涉及社会的各个领域和人们生活的方方面面，是整个人类社会赖以存在和发展的基础。可以说，没有公共物品，公民仅靠私人物品是无法生存的，因为，在任何时候，公民都必须享受国家提供的安全和私人权利保障。况且，在很多情况下，私人物品效用的发挥需要公共物品作为帮助。“没有人只需要私人物品，每个人，包括为市场生产私人物品的企业，都需要一些公共物品。所以，企业和个人对物品的需求必须包括公共物品和私人物品，二者一起才能为他们带来最大效用。”[②] 公共物品权的提出，既是主体对物质变量日趋增大需求的满足，又体现了主体文化的、精神的自我发展主张。

第二，公共物品权是发展权的体现。简言之，发展权是关于发展机会均等和发展利益共享的权利，既包括个人对国家所主张的权利，也包括国家在国际社会所要求的权利。发展权作为一项不可剥夺的人权，就被规定为“每个人和所有各国人民均有权参与、促进并享受经济、社会、文化和政治发展，在这种发展中，所有人权和基本自由都能获得充分实现”。[③] 从自然人来说，按照马斯洛的理论，发展权意味着满足低层次的需要后能满足高层次的需要，最后达到自我实现；发展权对法人及其他组织而言，意味着必须不断地被人们认可、不被历史淘汰；而对一个地区或一个国家来说，发展权意味着经济增长和当地居民福利的提高。一个地区或国家如果能有效地解决公共物品短缺问题，当地的经济发展水平就能以较快的速度增长。公共物品的供给水平与当地经济发展水平之间的这种非常明显的正向关系，在许多发达国家和地区以及我国沿海地区的经济增长中已经得到证明。公民、法人及其他组织享受公共物品所带来的社会福利，享有公共物品权是其发展的必要条件。美国当代著名经济伦理学家乔治·恩德勒（Georges Enderle）在其《面向行动的经济伦理学》（Action - oriented Business Ethics）一书中提出，“甚至可更广义地理解

① 蒋晓伟：《法理学》，同济大学出版社1999年版，第379页。

② ［奥］休·史卓顿、莱昂内尔·奥查德：《公共物品、公共企业和公共选择》，经济科学出版社2000年版，第59页。

③ 联合国大会1986年12月4日第41/128号决议：《发展权利宣言》第1条。

公共物品，即把它理解为社会和个人生活及追求经济活动的可能性的条件”。①

第三，公共物品权是社会权的体现。所谓社会权利（Social Rights），又称社会权，它是现代国家的宪法赋予国家以积极的作为义务，通过各种途径实现全体公民在社会、政治和经济方面的实质平等，相对于国家这种作为的义务，就是公民的“社会权”。② 公共物品权虽然为自然人、法人及其他组织所享有，但不属于私法权利。公共物品权的设定、取得和内容，直接取决于社会公共利益和国家利益的需要，而不是取决于当事人的意思自治。社会权是指公民依法享有的，主要是要求国家对其物质和文化生活积极促成以及提供相应服务的权利，是人权体系的重要内容。

第四，公共物品权的法定性。公共物品是自然人生存和社会发展的必需品，公共物品权应当作为自然人、法人及其他组织的基本权利，直接为宪法或其他法律所规定，国家和社会有责任保障其实现。任何机关、团体、单位和个人都不得非法限制或取消。宪法所确立的基本权利是人类文明不断进步和法律价值日益提升的结晶。早期宪法所规定的基本权利主要是公民的政治权利和人身权利。随着社会的进步和发展，市民社会与政治国家对立的日益尖锐和市场万能神话的破灭，20 世纪兴起了法团主义、国家干预主义和积极法治的观念。在这种观念下，为保护社会公共利益、社会公平而建立了以社会利益为本位的法律理论，强调社会进步是个人利益的保障，国家责任在于维护社会的发展和促使公民社会权的实现。应当明确的是，公共物品权的法定性只是强调其应当为良法所确立或规定的权利，现行法律没有规定并不能否定公共物品权的法定性。

第五，公共物品权的相容性。不同主体针对相同对象或标的所享有的权利，有时是相容的，有时是排斥的。公共物品权的相容性是指不同主体对同一公共物品享有的公共物品权能够同时存在。这是由公共物品的特性所决定的，恩德勒从公共物品使用（或消费）的角度，指出：“有两条原则定义公共物品。第一条原则是非排斥原则，即与私人物品比较，对受（公共物品）影响的和受个人或集团权利限定的‘消费’不排斥其他人的消费，不论是出于技术的原因（因为物品的性质不允许排斥）或者效率的原因（因为这种通过价格负担的排斥将不恰当地变得昂贵），还是出于法律或伦理的原因（因为其他人不应当被排斥）。第二条原则是非敌对原则。它假定与其他消费者的关系（即不止一个消费者对这物品感兴趣），缺乏敌对

① ［德］乔治·恩德勒：《面向行动的经济伦理学》，上海社会科学院出版社 2002 年版，第 82 页。

② 郑贤君：“论宪法社会基本权的分类与构成”，载《法律科学》2004 年第 2 期。

性或竞争性。”① 因此，人们在行使公共物品权时，既不会排斥他人行使相同的权利，也不能排斥他人行使该项权利，故公共物品权具有相容性。

第六，公共物品权不能脱离实际，不能超越社会经济发展水平。“权利绝不能超出社会的经济结构以及由经济结构制约的社会的文化发展。”② 这表明：其一，公共物品权可以存在于不同的社会历史文化环境中，因为人是多样性的统一，人的需求、利益及其外部制约因素的差异，决定了公共物品权普遍存在的客观必然性；其二，公共物品权不能脱离社会经济文化发展的制约，否则就只能是空洞的、抽象的权利，无法实现。因为经济发展的不同阶段导致公共产品的规模与种类有所不同。况且，脱离了相应的社会经济发展水平，有些公共物品也只能是摆设，只能是社会资源的浪费，人们无法消费或使用。

（二）公共物品权的归属

辩证唯物主义认为，世界是普遍联系的，概念之间存在种属关系。我们要理解公共物品权，就必须明确公共物品权的种属关系。

1. 公共物品权属于应有权利

应有权利、法定权利、现实权利是对权利的基本分类，公共物品权属于应有权利。

应有权利是权利的初始形态，它是特定社会的人们基于一定的物质生活条件和文化冲突而产生出来的权利需求和权利要求，是主体认为或被承认应当享有的权利。③ 从广义上讲，应有权利指法律内外的一切正当权利，但人们通常是在法定权利之外的狭义上来使用“应有权利”的概念。作为与法定权利相对应的应有权利，是指应当有，而且能够有，但还没有法律化的权利。或者说是指没有被现实法律确认，但法律“应当”在目前或将来确认的权利。应有权利具有原生性特征，应有权利表现为人们给予一定的社会物质生活条件和文化传统而形成的直接的权利要求，这种权利要求是人的价值和尊严的确证和映现。应有权利的作用：一是法定权利的来源和基础，法定权利是人们运用法律这一工具使人的应有权利法律化、制度化，没有应有权利，法定权利就会成为无源之水和无本之木；二是应有权利为改进权利立法提供不可缺少的评价标准和完善发展的参照。④

法定权利是通过实在法律明确规定或通过立法纲领、法律原则加以宣布的、以

---

① ［德］乔治·恩德勒：《面向行动的经济伦理学》，上海社会科学院出版社 2002 年版，第 84 页。

② 《马克思恩格斯选集》（第 3 卷），人民出版社 1995 年版，第 305 页。

③ 张文显：《法理学》，高等教育出版社、北京大学出版社 2002 年版，第 89 页。

④ 杨成铭：《人权法学》，中国方正出版社 2004 年版，第 70 页、第 72 页。

规范与观念形态存在的权利。现实权利，即主体实际享有与行使的权利，亦称“实有权利”。[①] 现实权利是指社会主体实际享有与行使的权利，是法定权利实现的结果或形成的一种实有状态。[②]

人类社会是不断向前发展的，这是不以人的意志为转移的。人类社会的发展包含两方面的发展：一是人的发展；二是社会的发展。这两方面的发展均离不开公共物品，亦即作为社会基本单元的自然人、法人及其他组织应当享有满足其发展需要的消费公共物品的权利。无论国家在立法中是否规定自然人、法人及其他组织在消费公共物品过程中的权利，也无论自然人、法人及其他组织在实际社会生活中是否行使消费公共物品的权利，这些均不能排除自然人、法人及其他组织的发展能够离开公共物品。这就说明，公共物品权具有正当性和“应然”权利属性，亦即公共物品权属于应有权利。当然，如果立法上加以规定自然人、法人及其他组织消费公共物品的权利，并予以保障得以行使，公共物品权就同时属于“应有权利”、“法定权利”、“现实权利”。

2. 公共物品权属于基本权利

基本权利是社会主体在国家政治、经济、文化和社会生活中的根本权利，是源于社会关系的本质，与主体的生存、发展、地位直接相关的，不可剥夺、转让、规避且为社会公认的权利，因而也可说是“不证自明的权利”。一般由宪法或基本法确认或规定。而普通权利通常由宪法以外的法律或法规规定。

基本权利之“基本”至少含有六个方面的意义：其一，基本权利具有不可或缺性；其二，基本权利具有不可转让性；其三，基本权利具有不可替代性；其四，基本权利具有稳固性；其五，基本权利具有母体性，其他权利是基本权利的衍生物；其六，基本权利具有某种世界范围内的共似性，即其在各国有着共同的普遍的最低标准。[③]

我们可以从基本权利的这六个方面的意义来衡量公共物品权：由于公共物品对于个体来说具有不可或缺性，否则在人的发展中就难以实现人的价值和尊严，故公共物品权具有不可或缺性；由于公共物品消费的非竞争性和非排他性，不存在转让公共物品的消费权，故公共物品权具有不可转让性；由于公共物品在社会个体和社会发展中的地位越来越突出，无法离开公共物品而快速健康发展，故公共物品权具有不可替代性；人类及其社会要发展是不以人的意志为转移的，所以，无论什么样的社会制度和法律制度，发展是永恒的主题，发展就离不开公共物品，故公共物品权不会因社会制度和法律制度的变化而被撤销，从而体现出公共物品权的稳固性；

① 张文显：《法理学》，高等教育出版社、北京大学出版社2002年版，第90页。
② 杨成铭：《人权法学》，中国方正出版社2004年版，第74页。
③ 张文显：《法理学》，高等教育出版社、北京大学出版社2002年版，第90页。

公共物品权能够衍生出其他权利，如因公共物品产生的财产权；公共物品在世界范围具有共似性，各国在发展过程中有共同的需求，并在各种世界公约中予以确定。由此看出，公共物品权属于基本权利。

3. 公共物品权属于社会权利而非自由权利

公民自由权与社会权的区别主要表现在二者的产生目的和出发点存在差异，在产生方式上和实现方法上迥然不同。① 宪法规定公民自由权的主要目的，是为了摆脱国家权力对人民自由的干涉，自由权在性质上是一种防卫权。而公民社会权则恰恰相反，它要求国家权力积极介入私人自由领域，以促使每个人能在社会中发展其人格，即公民社会权是人民可以请求国家积极行为的一种宪法权利。因此，两者正是出自相反的出发点。一个是对国家权力的不信任，而另一个则是对私权的不信任。自由权是一种“天赋人权”，先于宪法而当然存在。也就是说，无须法律创设，只要国家未予限制，就当然存在自由权利。而公民社会权则不仅须由宪法赋予，而且必须由具体法律予以细化方可能产生。在实现方法上，前者将希望寄托在个人努力上，国家只需消极不作为就可实现；而后者却冀望以国家之力来济个人能力之不足。综上，可以说，公民社会权是应因社会发展的需要而产生，需要国家权力积极作为方能实现，有别于传统自由权利的独立的基本权利。

社会权开始是出于人道主义的考虑，专门赋予社会上的弱者的一种权利，但随着人类社会的发展，其意义超出了对起码生存条件的保证，而增添了增进生活幸福与促进人格发展的内涵。② 公共物品权正是为了实现人的发展和社会的发展需要而提出的，它是人类文明程度提高和社会发展的必然要求，需要国家权力积极作为才能实现。

提出公共物品权的目的就在于用法律规范的方式保障社会主体消费使用公共物品，而行使公共物品权的前提是需要存在公共物品，亦即公共物品的供给。我们知道，公共物品的供给是市场失灵的领域，依靠市场机制是无法有效供给公共物品的，所以需要国家公权力的介入以实现公共物品的有效供给。这就得出结论：公共物品权是需要国家权力积极作为才能实现的，国家消极不作为是无法实现的。公共物品权属于社会权利而非自由权利。

（三）公共物品权的分类

公共物品权的分类是根据公共物品的分类而来的。在经济学上，有很多标准对公共物品进行分类，如根据公共物品的受益范围分为全国性的公共物品和地方性的

① 潘荣伟：“论公民社会权”，载《法学》2003年第4期。

② 徐显明：《公民权利义务通论》，群众出版社1991年版，第177页。

公共物品,[①] 根据是否同时具有非竞争性和非排他性分为纯公共物品和准公共物品，根据公共物品是否具有自然属性分为自然类公共物品和人为类公共物品，但这些分类不具有法律上的意义，在此只根据法律关系的客体讨论公共物品权的分类。

公共物品具有非竞争性和非排他性，它既可以是有形的物质产品，如道路、桥梁等，又可以是非物质产品和服务，如安全、环境、信息等。从法律关系的客体上看，其种类有物、人身、精神产品和行为结果四类。但是由于人身不符合公共物品的特征，所以也就不可能成为公共物品权法律关系的客体；精神产品是人通过某种物体或大脑记载下来并加以流传的思维成果，作为法律关系的客体主要有商标、专利和版权，商标存在的目的就是为区别其他生产者及其产品，具有明显的排他性，不是公共物品；专利权和版权具有独占性，也不是公共物品。专利和版权到期以后进入公共领域能否成为公共物品？笔者认为，即使能够作为公共物品，也不是精神产品的公共物品，而只能作为公共物品之一的教育的内容。公共物品可以分为有形物类公共物品和行为类公共物品。所以，作为公共物品权法律关系的客体就只能是物和行为结果，公共物品权也就可以分为有形物类公共物品权和行为类公共物品权。

有形物类公共物品权就是自然人、法人及其他组织消费、使用有形物类公共物品所应当享有的权利。由于权利人对公共物品只有消费使用权，而没有所有权，故有形物类公共物品权在法律属性上属于他物权。他物权又分为用益物权和担保物权，有形物类公共物品权只能是用益物权而不可能是担保物权。

对于用益物权而言，其客体范围在各国民法的规定上有所不同。“罗马法、法国法、德国法、意大利法、瑞士法上，其用益物权均将不动产、动产甚至权利作为其客体；但在日本、我国台湾地区则将用益物权客体限于不动产。”[②] 从公共物品角度来说，有形物类公共物品只有不动产，所以，如果说有形物类公共物品权属于用益物权，则其客体以不动产类型的公共物品为限，不存在动产类型的公共物品。按《法国民法典》的规定，用益物权得按法律的规定或人的意志而设立。按法律的规定设立，是指一方依照法律的规定直接取得另一方财产的用益权。如《法国民法典》第 382 条规定，父母对未成年子女的财产享有用益权。“按人的意志设立用益权，包括以契约和遗嘱设立两种。”[③] 有形物类公共物品权只能是按照法律的规定设立，而不存在按人的意志设立。

用益物权人以其权利为第三人设定用益物权是完全可能的。在德国民法中，由

---

① A. Breton, A Theory of Government Grants, *Canadian Journal of Economics and Political Science*, V. 31, pp. 175 – 187, 1965.

② 尹飞：《物权法 · 用益物权》，中国法制出版社 2005 年版，第 14 页。

③ 彭万林：《民法学》（修订本），中国政法大学出版社 1999 年版，第 252 页。

于地上权本质上是与土地所有权相同的权利，在地上权上可以同在土地所有权一样设置其他物权权利，如次地上权等。“如此设立的物权的客体不是土地，而是地上权。”① 在我国物权法上，由于土地所有权并不能进入市场流转，因此土地使用权主要是建设用地使用权、农村土地承包经营权，在很大程度上承担了土地所有权的职能。② 有形物类公共物品就是公共物品提供者在取得土地使用权后所提供的公共物品，此时，该公共物品的消费者就是利用产品提供者的用益物权而设立的次级用益物权。

消费公共物品是行使他物权的行为。我们可以从消费有形物类公共物品的权利主体是否特定以及是否能分离的角度，将有形物品是纯公共物品、准公共物品，还是私人物品区分开来。使用权数量不受限制并不能分离的为纯公共物品，使用权数量受限制并不能分离的为准公共物品，使用权数量单一（使用者为特定）或虽非单一但能分离的为私人产品。

行为类公共物品权就是自然人、法人及其他组织消费公共服务类公共物品所应当享有的权利，其客体主要指公共服务方面的公共物品。公共服务在法律意义上属于一定的行为，公共服务提供者与公共服务接受者之间所产生的法律关系属于一种债权关系。

（四）公共物品权与物权及公物权的关系

由于公共物品可以分为有形物类公共物品和行为类公共物品，前者如道路、桥梁，后者如公共服务。所以，公共物品与民法上所讲的物权以及行政法上所说的公物权既存在重叠，也存在不同。

“虽然罗马法上物的概念泛指财物，既包括现代民法的物权，也包括继承权和债权，物不限于有体物，无体物或权利也包括在内，含义广泛。”③ 但现代民法物权所讲的物，主要是指有形物，具有稀缺性、能够给人们带来某种利益、能为人们认识和控制等特征。

公共物品不是共有物。共有为近现代民法所有权形式之一，是指两个或两个以上的权利主体就同一项财产共同享有所有权的法律制度，抑或复数的个人就同一标的物共同享有同一所有权的法律状态。④ 共有权是指两个或两个以上的民事主体对

---

① 孙宪忠：《德国当代物权法》，法律出版社 1997 年版，第 235 页。

② 尹飞：《物权法·用益物权》，中国法制出版社 2005 年版，第 14 页。

③ 周枏：《罗马法原论》，商务印书馆 1994 年版，第 299 页。

④ 陈华彬：《物权法原理》，国家行政学院出版社 1998 年版，第 469 页；梁慧星：《中国物权法研究》（上），法律出版社 2000 年版，第 549 页。

同一项财产所共同享有的所有权，[1] 共有权是所有权的一种特殊形式，是财产所有的一种具体方法。共有权与所有权的关系是个别与一般的关系，共有权是所有权的组成部分，是所有权的下位概念。“民法上的所有权，分为两类：一为单独所有权；二为共有。”[2]

“共有权的内容不仅包括其作为所有权所具有的与非所有权人所形成的对世性的权利义务关系，还包括其内部共有人之间的权利义务关系。”[3] 每个共有人对共有物都享有占有、使用、收益和处分的权利，不受其他共有人的侵犯。在行使共有财产的权利，特别是处分共有财产时，必须经全体共有人共同决定。共有权的内容的双重属性，是共有权的一个极其重要的特征，并且因此与国家所有权和集体所有权截然不同，后者不具备内部的关系。在共同共有关系终止时，共有财产可以分割，形成按份额分割出来的单独所有权，其前提是产生该种共同共有的共同关系消灭。这时，共同共有潜在的应有部分或份额就显现出来，变成了实际的应有部分或份额。公共物品在任何时候均不能进行分割，并且公共物品权人之间不存在内部法律关系，所以，公共物品权不是共有物权。

公共物品权不等于行政法上所说的公物权。公物也即公有物，公有既是指公有制，也是指一种财产权形式。在我国，公物所有权一般属于国家或集体，不得为私人所有。就公有财产权而言，共有与公有的不同之处首先表现在共有的主体是由两个或两个以上民事主体构成，而公有主体则是单一的，即由国家或集体组织所构成；其次，公有财产已经脱离个体的人而存在，既不能分割为个人所有，也不能由个人按份享有权利，共有财产往往没有脱离共有人而存在，不仅经过分割可以成为个人所有，而且按份共有关系存续时，还可以按份享有权利和承担义务。[4] 在法国与日本的传统行政法中，“公物，是指国家或公共团体直接为了公共目的而提供使用的有体物”，[5] 法国法律把行政主体的财产区分为公物（也称为公产）和私物（也称为私产），使前者受行政法的支配和行政法院管辖，后者受私法支配和普通法院管辖。[6] 后者实际上就是民法上所说的所有权主体属于个体（特定的行政主体）的物权形式。

物权依其法律性质为排他性支配权，在我国法学界并无争议。所谓排他性支配权，即物权人只按照自己的意思支配权利的客体并依法排斥任意他人的干涉的权

---

① 杨立新：《共有权研究》，高等教育出版社 2003 年版，第 11 页。
② 王泽鉴：《民法物权（1）通则·所有权》，中国政法大学出版社 2001 年版，第 301 页。
③ 杨立新：《共有权研究》，高等教育出版社 2003 年版，第 14 页。
④ 杨立新：《共有权研究》，高等教育出版社 2003 年版，第 11～12 页。
⑤ ［日］盐野宏：《行政法》，法律出版社 1999 年版，第 74 页。
⑥ 王名扬：《法国行政法》，中国法制出版社 1988 年版，第 301 页。

利。① 物权是直接支配标的物而享受其利益的权利。所谓直接支配，是指权利主体依自己的意思对标的物直接行使权利，无须以他人的意思或行为作为中介。物权意义上的直接支配，有的是全面的（如所有权），有的是定限的（如他物权）。

综上分析，由于公共物品与物权上的物及公物权上的公物的差别，公共物品权与物权及公物权的关系，我们可以归纳为：第一，从法律属性上，公共物品权不是自物权。而物权里的所有权是自物权，公物权实际上也是自物权，只不过权利主体是国家或集体。第二，公共物品权也不完全是他物权，因为公共物品除有形物以外，还有公共服务，这在法律关系的客体上属于行为，而物权的客体只能是物，而不能是行为、智力成果或人身利益。客体是有形物的公共物品权，虽然在法律属性上可以看做是他物权，但在行使权利时与一般的他物权也有区别，表现在行使权利的排他性不同，公共物品权具有非排他性，而一般的他物权具有排他性。一般而言，用益物权是指以支配他人之物的使用价值为内容的物权。物权具有排他性，同一物上不能同时有两个或两个以上的所有权，也不能有两个内容不相容的他物权。第三，有形物的公共物品的所有权属于公物权，但是公物权的外延要远远大于有形物的公共物品的所有权。因为有些公物属于公共物品，如街道、道路、广场、河流等，但有些公物不是公共物品，如办公大楼、消防设备、公务用车辆等。况且，公共物品权不是公共物品的所有权，而是消费使用权。

第二节　公共物品权的行使及救济

一、公共物品权的行使

公共物品权法律关系中，享有公共物权品权的权利主体为自然人、法人及其他组织。公民个体既可以是公共物品的消费者，也可以组织成集体行动形成压力集团，成为公共物品集体消费主体，这些主体享有消费使用公共物品的权利。当然，享有公共物品权的主体也必须承担某种义务，主要是为提供公共物品支付成本和合理消费公共物品（即权利不得滥用）的义务。

（一）公共物品权行使特征

公共物品权的行使具有以下特征：

第一，公共物品权主体的广泛性和不特定性。公共物品权的主体不是单个社会成员或市场主体，而是所有社会成员，具有广泛性和不特定性特征。虽然俱乐部产

① 孙宪忠：《论物权法》，法律出版社 2001 年版，第 2 页。

品的权利主体仅限于俱乐部成员、社区性的公共物品权利主体主要是社区居民，但也是全体俱乐部成员和全社区居民，而不是某个或某些俱乐部成员或社区居民，这些并不能否认公共物品权主体的广泛性和不特定性特征。

第二，公共物品权行使的非排他性。由于公共物品的非竞争性和非排他性，使得一个主体消费公共物品并不排斥其他主体消费公共物品，这就是公共物品权行使的非排他性。同时，由于不可将公共物品分割后将其每一部分按竞争价格卖给不同的消费者，这也产生了公共物品权行使的“搭便车”行为。

第三，公共物品权行使方式的特定性。权利作为法的核心概念和基本范畴，已经成为不争的事实。从权利主体角度而言，权利实际上是主体据以实现其自身利益的一种手段。奥斯丁就说：“权利之特质在于给所有者以利益。”①然而，权利主体对自身权利的行使要受到来自法律、道德和社会公共利益等方面的约束，这是现代社会的一个普通常识。这就要求公共物品权的行使方式必须符合法律规定，得到公序良俗的认可，不得滥用权利。

（二）公共物品权行使主体

公共物品权是自然人、法人及其他组织为满足生产或生活需要所享有的使用或消费公共物品的权利。公共物品权不是国家对公共物品供给以及公共物品市场的管理监督权，也不是公共物品供给权。从这个界定可以看出，公共物品权的行使主体是使用或消费公共物品的自然人、法人及其他组织。

自然人是公共物品权最明显的权利主体，也是最基本的、数量最多的公共物品权的权利主体。《发展权利宣言》在序言的最后载明：“确认发展权利是不可剥夺的一项特有权利”，并在第2条指明，“人是发展的主体”。个人作为公共物品权的行使主体包含三层意思：第一，个人主体是具体的现实的人。个体的人是“有感觉的、有个性的、直接操作的人”、“从事实际活动的人”、“可以通过经验观察到的发展过程的人”；第二，每一个体作为公共物品权的主体，享有依其意志自由独立地消费、使用公共物品的权利，享受公共物品所带来的利益；第三，个体是集体的成员，集体享有公共物品权不能也替代不了个体的公共物品权。

法人及其他组织也是公共物品权的权利主体。具体说，法人及其他组织作为公共物品权的主体说明：第一，主体地位的独立性。法人及其他组织虽然由个体组成，但并非个体的简单相加，而是一个独立的社会存在，具有特定的组织系统和特定的活动方式；第二，主体利益的特殊性。法人及其他组织具有与个人既相联系又不重叠的利益要求与权利主张，法人及其他组织的利益固然会惠及其成员，但法人及其他组织本身也是权利的直接享有者；第三，主体意志的自由性。个人有自己作

① 转引自张文显：《法基本范畴研究》，中国政法大学出版社1993年版，第76页。

出意思表示的器官，法人及其他组织的意思表示虽然是通过自然人作出的，但法人及其他组织的意思表示作出，不是其成员意思表示的累积，亦即个体的全部意志并不等于集体意志。法人及其他组织的意思表示是通过其意思机关来作出的，亦即它们以独有的法律形式或其他形式来表达和实现自身的意志。

个人在社会中生存，不可能是孤立的存在，永远只能和其他同类共同生活在社会之中。人类作为一个整体，并不是个人绝对自由意志的产物，只有通过与他人共同生活才能满足个人利益，只有通过共同的集体生活才能满足个体的共同需要，只有通过彼此交换服务并发挥及应用其相异的才干，才能实现个体的不同欲求。“一个人的尊严不仅存在于他的个体性之中，而且存在于他所从属的集体之中，并通过集体而存在。”① 人的社会连带性导致社会群体的形成、发展，作为一个社会群体，演进到“最后的民族国家——现代文明社会的最高形式”。② 个人与社会、个人与群体的互动式中是人类社会得以维系的基本力量。从本质上看，“权利是对社会的要求”，③ 个人权利来源于个人对社会的紧张关系及其调适。所以，公共物品权的主体可以是个人、法人及其他组织，也包括一定的地域。

在此还要明确的是围绕公共物品而产生的职权与公共物品权的关系。职权一般是国家机关、企事业单位、社会团体及其工作人员依法执行公务时所具有的能力和资格，有时称之为权力。围绕公共物品产生的职权与公共物品权的区别有三：第一，围绕公共物品而产生的职权不代表个人利益，如国家机关对公共物品生产的监管，不代表监管工作人员的利益，也不代表监管机关的利益，而是代表社会公共利益；公共物品权则不仅可以代表国家利益和集体利益，也可以代表个人利益，因为在国内，公共物品权的权利义务关系表现为政府权力与人民权利的关系、上级政府与下级政府的权利义务关系，国家是义务主体、人民是权利主体以及上级政府是义务主体、下级政府是权利主体；在国际上，由于“各国有义务单独地和集体地采取步骤……以期促成充分实现发展权利”，在发展合作和援助的过程中，受援国便成了权利主体，而援助国则成了义务主体。④ 第二，职权与职责相对应，权利与义务相对应，所以，围绕公共物品而产生的职权既是一种特殊的权利，又是一种特殊的义务，不仅指主体有从事一定行为的能力和资格，而且意味着必须从事这一行为，既不能转让也不能放弃。而公共物品权由于公共物品的公共性导致公共物品权不能转让，但可以放弃，如放弃社会救济而自谋出路。第三，围绕公共物品而产生

① ［瑞士］托马斯·弗莱纳：《人权是什么》，中国社会科学出版社2000年版，第24页。

② ［法］狄骥著，王文翰等译：《宪法学教程》，辽海出版社1999年版，第10页。

③ ［美］L. 亨金：《权利的时代》，知识出版社1997年版，第6页。

④ 汪习根：《法治社会的基本人权：发展权法律制度研究》，中国人民公安大学出版社2002年版，第16页。

的职权同国家强制力直接相连，如公共物品监管，被监管的有关组织和个人必须服从。而公共物品权在受到侵害时，只能请求有关国家机关予以保护，不能由自己来强制实施私力救济。

（三）公共物品权行使方式

任何物品在法律上均有一种产权归属，即使是产权不明的物品，法律也作出一种制度安排，要么归属于国家或集体，要么依先占原则归属于个体。从我国公共物品的类型来看，公共物品的产权分为三种：全国性的公共产权、地方性的公共产权和俱乐部的社团产权，故公共物品的产权主体有国家、地方政府和集体组织、社团组织三类。

公共物品权的行使方式就是权利人（消费者）合法、合理地使用公共物品和接受公共服务。公共物品权的权利主体所享有的权利就是消费使用公共物品的权利，具体来说就是自然人、法人及其他组织享有消费使用公共物品以满足其生产和生活需要的权利，任何组织和个人（甚至包括国家）均不得违法限制或阻碍权利主体消费使用公共物品。权利人对有形物类公共物品的权利是一种用益物权，而用益物权人可以对物加以占有并在此基础上使用、收益，但是，“有些用益物权中则可能只是具有这三项权能其中之一或之二”。[①] 权利人对行为类公共物品的权利是一种债权，即请求义务人提供公共服务并接受义务人提供的公共服务。

从一般意义上说，权利意味着某种资格或许可，它使权利主体能够根据自己的意志和利益作出一定的选择（作为或不作为），并通过这种选择来满足自身的某种需要。可见，权利的行使是通过主体的自由选择来实现的。不过，由于任何主体都不是孤立的个体，他总是存在于一定的社会关系中，这就决定了任何选择都不可能是完全自由的。权利行使应遵循以下原则：其一是正当性原则。权利行使的正当性是指一切权利的行使都应有其合理的价值和道德基础，符合人类社会对于公平、正义、理性、至善的渴望和追求。离开了正当性，一切权利的行使都将失去意义。因此，正当性原则是权利行使的首要原则。其二是合法性原则。即是指权利主体在行使自己权利时，应将自己的行为控制在法律所允许的范围之内，在这一范围之内，权利人为满足自身利益而作出的行为或要求义务人作出的行为以及权利受到侵害时的救济行为才是合法的，一旦超出这一范围，权利人的行为就是非法的。

前文述及，根据法律关系的客体将公共物品权分为有形物类公共物品权和行为类公共物品权，并述及有形物类公共物品权属于用益物权，故有形物类公共物品权的行使方式实际上是用益物权的行使方式。用益物权以支配他人之物的使用价值为内容。对他人之物使用价值的支配，究竟为用益物权的内容、目的还是其他性质，

---

① 尹飞：《物权法·用益物权》，中国法制出版社 2005 年版，第 20 页。

学界存在争论，主要有：目的说，如史尚宽先生认为："用益物权，即以物之使用收益为目的之他物权，即系就物之实体，利用其物，以其使用价值之取得为目的之权利。"① "用益性是用益物权的基本属性，是用益物权与担保物权相区别的基本标志。……用益性是指用益物权的设立目的而言的，即它是以物的使用收益为目的而设定的物权。"② 内容说，如谢在全先生认为："用益物权乃以支配物之利用价值为内容的物权"③；还有"用益物权是以物的使用、收益为内容的物权"。④ 折中说，认为目的说和内容说只是看待问题的角度不同，前者强调权利人取得和行使用益物权的目的，后者强调取得和行使用益物权的范围或限度。⑤

有形物类公共物品权也是对他人之物的使用价值的支配，由于占有权能是对物实际掌握、控制物的权能，所以，公共物品的占有权能是同时由多人享有的。收益权能是指收取由原物产生出来的新增经济价值的权能，包括天然孳息和法定孳息。在一般情况下，有形物类公共物品的收益权是由该公共物品提供者享有，使用者不享有收益，也即公共物品的用益权只包含使用权能而不包含收益权能。

行为类公共物品权的行使方式就是自然人、法人及其他组织接受公共服务的方式。提供公共服务的义务主体应当说是国家，但国家可以将公共服务分解为各种政府部门来履行，还可以根据法律、法规的授权以及国家机关的委托，由非国家机关来履行提供公共服务的义务。从行为类公共物品权的权利人行使方式来看，实质上是债权的权利人实现权利的方式，即请求义务人履行义务和接受义务人履行义务。

二、公共物品权的救济

（一）制定公共物品基本法

德国学者耶林在其著作《法律，实现目的的手段》(Law as a Means to an End) 中写道："法律不仅是调整人们的行为，而且是满足人类需要的工具。法律的目的就是在于保障社会利益，社会利益是法律的创始者，是法律的唯一根源。所有的法律都是为了社会利益的目的而产生的。"⑥ 制度本身也是一种资本形式（社会资本），如果现代经济所需的大部分社会制度已经存在，外部资本的注入能够以一种相对快捷和有效的方式用于建设现代经济。"欧洲'二战'结束时物质基础成为一片废墟，而由于大部分社会基础设施仍然完好无损，所以欧洲重建和发展计划很快

① 史尚宽：《物权法论》，中国政法大学出版社2000年版，第15页。
② 温世扬、廖焕国：《物权法通论》，人民法院出版社2005年版，第393页。
③ 谢在全：《民法物权论》（上），中国政法大学出版社1999年版，第50页。
④ 刘心稳：《中国民法学研究述评》，中国政法大学出版社1996年版，第319页。
⑤ 梁慧星：《中国物权法研究》（下），法律出版社1998年版，第582页。
⑥ 转引自张雪楳：《产业结构法研究》，中国人民大学出版社2005年版，第44页。

就见到良好的效果。”① 这实际上也从某种角度论述了立法对公共物品供给的重要性。

我国由于没有一套成熟的公共物品理论来为公共物品方面的立法提供指导，因而有关公共物品的立法完全采取分散立法的模式，例如《铁路法》、《公路法》、《水法》、《邮政法》、《森林法》、《文物保护法》等。这些法律、法规存在的一个共同问题是，大多数法都是一种行政管理型的法，赋予的都是行业管理机构和国家管理机关的权力以及社会公众的义务，公共物品的一般规则没有得到体现，很少有关于公共物品生产、管理和利用过程中社会公众应当享有的基本权利（公共物品权）的规定，很少有控制公共物品管理权力滥用的条款。我们总是说，“公共财产神圣不可侵犯”，但事实上公共财产谁都可以侵犯，而不需承担太大的责任，这恰好验证了亚里士多德说过的一句话：“凡是属于最多数人的公共事物常常是最少受人照顾的事物，人们关怀着自己的所有，而忽视公共的事物；对于公共的一切，他至多只留心到其中对他个人多少有些相关的事物。”② 也就是哈丁所说的“公地悲剧”。③ 为改变这种状况，制定一部公共物品基本法，来规范和控制公共物品的生产、管理与利用行为，从而使公共物品最大限度地发挥其促进社会经济发展和保障公共物品权的作用，已成为当务之急。

在公共物品立法体制上，应当采取专门立法与相关立法相结合的体例，以确保公共物品法律调整的普适性与不同领域的专业性相结合。英国在20世纪90年代的“公民宪章运动”和“竞争求质量运动”中制定的《公共服务法》（1992年）、美国于1962年制定的《加速公共工程法》以及日本的《国有财产法》（1948年）等都是针对国家提供公共物品进行法律调整的专门立法。同时，这些国家也从不同的产业、行业及相关领域的立法中，特别规定有关这些公共物品的产出原则、公私合作及制度等。如英国1986年颁布的《煤气法》、1989年颁布的《自来水法》；其他如《竞争与服务法》（1992年）、《放松管制与合同出租法》（1994年）则从竞争关系与政府经济管制角度对新制度背景下的公共物品供给的相关制度进行法律规范。美国的《地区再开发法》（1961年）、《农村发展法》（1972年）等对运用财政投资手段促进地区公共物品的建设提供了法律依据，较好地增进和引导了地区经济均衡发展和产业结构的优化。④

对公共物品进行法律调整的具体适用范围应当根据公共物品领域的客观运行规

① ［美］埃莉诺·奥斯特罗姆等：《制度激励与可持续发展》，上海三联书店2000年版，第8~9页。

② ［古希腊］亚里士多德：《政治学》，商务印书馆1983年版，第48页。

③ Garrett Hardin, The Tragedy of Commons, *Science*, V. 162, pp. 1243－1248, 1968.

④ 钟雯彬：“公共产品法律调整模式分析”，载《现代法学》2004年第3期。

律以及其法律调整需求而设计。正如并非所有的经济现象都能够或都有必要由法律来规范一样，公共物品的内在特性受技术、社会需求强度、文化因素以及政治选择等多因素的影响，其动态发展的规律不仅要求我们要从实际出发来认识、把握公共物品的现实表现与种类，更重要的是需要国家从本国的实际国情、发展阶段出发，综合考虑国家的经济实力、技术水平、民生需求、社会福利、分配公平、利益均衡以及经济安全等因素，将那些全局性而非局部性、整体性而非部分性、常态性而非偶然性、普遍性而非特殊性的公共物品问题纳入法律调整的框架，明确其调整的价值取向，以及各方主体的权力（权利）义务、责任，进行相关法律制度设计以规范公共物品生产与提供的决策、实施程序，确保其质量与安全，保障社会成员作为消费者依法享用公共物品的相关权益。具体到我国的现阶段实际情况，法律调整的公共物品的范围应当包括能源、交通、通讯、供电、供气、邮政、互联网、排水、污水、垃圾处理、城市市容、环境保护与优化、水利工程以及基础教育、基本医疗保健等基础设施及服务、基础工业（产业）及重要的公共资源。①

借鉴经济发达国家法律制度方面的经验，为适应社会主义市场经济的要求，提高改革的效率，我国公共物品供给的改革应该采取“以立法为先导”的原则，制定《公共物品基本法》，再根据各类公共物品的技术经济特征、政府管制体制和改革的目标等因素，制定单行法律或法规。

（二）建立公共物品公益诉讼制度

1. 公共物品权纠纷的形式与诉讼救济实践的“悲剧”结果

公共物品权纠纷的形式主要有以下几种：第一，公共物品不符合价格和质量要求，如中央电视台《今日说法》报道的“高速公路不高速”案、北京故宫门票案、火车站的公共厕所收费案等。第二，限制行使公共物品权行为或者说是公共物品权受歧视的行为，如北京市民李刚诉上海市市政工程管理局向外埠车辆征收“进沪费”案、天津市市政工程管理局征收“进津费”案等。第三，损害公共物品行为，如2003年2月，杭州律师金奎喜因西湖风景名胜区内要兴建一所老年大学，将杭州市规划局告上法庭；南京东南大学两教师诉南京市规划局要求制止中山陵管理局在紫金山顶建立观景台案等。第四，政府公共服务不作为，如浙江农民李锦良状告长兴县工商局“在制假案件中查处不力”、“原局长参与、包庇制假”案；桐乡公民沈李龙状告税务机关“未履行法定职责”对某企业偷税行为查处不力案；浙江省画家严正学多次向有关部门举报某“娱乐总汇”存在色情表演行为，要求主管部门加以查处无果后，以行政机关不作为为由，将台州椒江区文体局告上法庭。第五，其他类，如2001年，由北京至诚律师事务所代理17岁的鄢某提起的香烟诉讼

① 钟雯彬：“公共产品法律调整模式分析”，载《现代法学》2004年第3期。

案，要求判决国家烟草专卖局、龙岩卷烟厂等25家单位在各自网站标注“禁止向未成年人出售香烟”字样；河南漯河市女教师刘英因丈夫饮酒酒精中毒，状告白酒行业，旨在要求白酒行业应该与香烟行业采取类似做法，即在酒商标上注明“喝酒有害健康”字样等。

一般来说，公共物品权纠纷具有公益性，但也有可能是私益的，如限制某一特定主体行使公共物品权。在我国司法实践中，对于涉及私益的公共物品权纠纷，如果原告仅提起的是私益诉讼，还有可能胜诉，如“高速公路不高速案”的原告仅要求返还自己的高速公路“过路费”，最后调解取得胜诉的结果。但如果诉讼不是公共物品权纠纷直接受害人或受害人提起的诉讼要求是公益的，这类案件大多都是法院以原告不享有诉权即“不具备原告诉讼主体资格”被裁定驳回起诉或判决驳回诉讼请求，上述所列案例大多是这种“悲剧性”结果。

2. 公益诉讼及其模式

公益诉讼是指国家机关、一定范围内的组织和公民根据法律、法规的授权，对违反法律、侵害国家利益和社会公共利益的行为提起的诉讼。公益诉讼与私益诉讼相比，具有其明显的特点：第一，公益诉讼的诉讼目的是为维护社会利益和社会秩序，[①] 即保护对象的公益性和受益人的非特定性。第二，起诉主体的代表性。公益诉讼案件的原告并不局限于具体的合法权利或财产受到损害的特定人，只要违法者的违法行为侵害了国家利益，或社会公共利益以及对国家或不特定人的合法权益构成损害或具有损害的潜在可能，无论是国家机关还是社会组织或公民个人提起诉讼，其实质都是代表国家起诉违法者，以保护社会公共利益。第三，利害关系的不特定性。[②] 在公益诉讼中，违法行为侵犯的对象是公共利益，对于社会公众虽然产生不利影响，而不一定有直接利益上的损失。即使个案中违法行为在侵犯公共利益的同时也触及相对人的直接利益，从案件的效果上考虑，如果案件的诉讼请求仅仅限于保护直接受害人的利益，也即案件的结果没有使案件之外的社会公众受益，则属于一个私益诉讼；如果一个案件有益于案件本身的原告，而且案件处理结果使案件之外的人受益，则仍然属于公益诉讼。

公益诉讼在国外的立法理论和司法实践中得到了较好的发展和完善，两大法系分别形成了各自的模式。英美法系模式主要依靠判例的形式形成和发展公益诉讼机制，并以适当的法律规定加以健全和完善。美国是现代公益诉讼的创始国，也是现代公益诉讼制度比较健全的国家。《美国区法院民事诉讼法规》就规定：“在法定情况下，保护别人利益的案件也可以用美利坚合众国的名义提起。”1863年颁布、经1986年修正的《反政府欺骗法》规定，任何个人或者公司在发现有人欺骗美国

① 左卫民：“公民诉讼权：宪法与司法保障研究”，载《法学》2001年第4期。

② 郑春燕：“论民众诉讼”，载《法学》2001年第4期。

政府索取钱财后，有权以美国联邦政府的名义控告违法的一方，并在胜诉后分享一部分罚金。1914 年颁布的《克莱顿法》规定任何人、商号、公司、联合会都可以向法院起诉和获得禁止性救济，又扩大了公益诉讼的诉权主体范围。公民被视为“私人检察官”，与政府的职能相对应而存在，在实施环境法规中发挥着重要作用。① 在诉讼中，美国通过集团诉讼的形式来保护不特定的多数人利益，② 集团诉讼中，具有共同利益的多数人被拟制成为诉讼团体，判决的效力及于所有集团的成员。英国的《污染控制法》规定：“对于公害任何人均可起诉。”大陆法系诉讼模式主要存在于行政诉讼领域，大陆法系国家针对行政机关滥用权力损害公共利益的行为，采取民众诉讼或客观诉讼的公益诉讼模式，其出发点在于维护国家和社会公共利益，对行政行为的合法性进行审查。如法国的越权之诉只要申诉人认为某种利益受到行政行为侵害就可以提起，并不要求申诉人是为了个人利益。德国的团体诉讼和宪法诉讼，前者指有权利能力的公益团体，基于团体法人自己的实体权利，依照法律规定，得就他人违反特定禁止性规定的行为或者无效行为请求法院命令该他人终止或撤回其行为的特别诉讼制度。③ 后者也称为民众诉讼，是指公民因宪法赋予的基本权利或者其他权利受到某项法律的侵犯，而向宪法法院提出诉讼，要求宣布该法律违宪而且无效的一种诉讼制度。在日本，公益诉讼被称为民众诉讼，指请求纠正国家或者公共团体机关的不符合法规的行为的诉讼，并且是以作为选举人的资格或者其他与自己的法律上的利益无关的资格提起的诉讼。

从原告提起诉讼的资格角度，公益诉讼的启动模式可分为一元主体启动模式和多元主体启动模式。所谓一元式，也叫国家诉讼，是指只有国家才有权提起公益诉讼。国家进行诉讼时，只能由特定的国家机关代表，一般是该国的控诉机关。如法国的检察院，《法国民事诉讼法》规定，“于法律规定之情形，检察院代表社会”，“除法律有特别规定之情形外，在事实妨害公共秩序时，检察院得为维护公共秩序，进行诉讼”。④ 所谓多元式，是法律规定两个或者两个以上主体可以分别单独提起公益诉讼，即除国家公诉以外，其他一些主体如社会组织、公民个人也可以提起公益诉讼。美国公益诉讼就是典型代表。

3. 建立公共物品公益诉讼制度

社会权的司法救济在国际和区域层面已然建立并在进一步发展。⑤ 由于公共物

---

① 陶红英：“美国环境法中的公民诉讼制度”，载《法学评论》1990 年第 6 期。

② 汤维建：《美国民事司法制度与民事诉讼程序》，中国法制出版社 2001 年版，第 391 页。

③ （台）陈荣宗：“美国群众诉讼与西德团体诉讼”（上），载《法学丛刊》第 30 卷。

④ 罗结珍译：《法国新民事诉讼法典》，中国法制出版社 1999 年版，第 85 页。

⑤ ［芬兰］M. 谢宁：“作为法律权利的经济和社会权利”，载［挪威］艾德等著，黄列译：《经济、社会和文化的权利》，中国社会科学出版社 2003 年版，第 32～51 页。

品法律责任、救济途径和争端解决机制的安排具有综合性、混合性和多样性特点，而且由于公共物品的社会公益性和集体消费特点，一般民事诉讼和行政诉讼无法有效满足其内在的复合性要求，其公益保护功能也非常有限，因此，公共物品侵权救济以及争议处理，尤其在多重法律关系竞合的情况下，应当更多地考虑经济公益诉讼或其他新型诉讼的运用。“当今法律制度面临的最大问题不是在实体法上，而是在程序法领域，因此应大力进行诉讼程序的改革，以便更好地实现权利。”① 所以，解决公共物品权纠纷以及保护公共物品权问题，也主要是解决程序问题。

第一，加强我国公共物品公益诉讼制度的理论研究和宣传。我国现行《宪法》没有关于公益诉讼权的直接规定，只是原则性地规定了公民在法律面前一律平等和法院独立审判等条款。在我国三大诉讼法中，唯一明确公益诉讼的是针对危害国家利益、社会利益的犯罪行为，法律授权检察机关向人民法院提起刑事诉讼。公益诉讼理论研究在我国还不成熟，对广大社会公众来说公益诉讼还是一个陌生的概念，对于法官们来说，由于法律无明确规定也不能、不敢适用公益诉讼的理念来处理公共物品权纠纷，对于政府官员来说，还没有意识到消费公共物品是社会公众的一项权利，对公共物品公益诉讼也只是观望而没有推动立法的进程。

第二，建立我国公共物品公益诉讼制度需要解决的基本问题。如果在立法中确立公共物品公益诉讼制度，目前急需解决的基本问题有：（1）确定原告主体资格。借鉴国外成熟的公益诉讼制度，我国可以采取多元主体启动公益诉讼，具体的诉讼主体可以有国家机关的检察机关、具有代表性的社会组织和公民个人。这就必须对我国原有的三大诉讼法中关于原告主体资格的规定作修改，将公益诉讼主体作单独的规定。（2）限定提起公共物品公益诉讼的案件范围。从将来的立法上说，在开放公益诉讼之初，可借鉴西方国家和我国台湾地区的立法经验，先在环保、国有资产保护、公共物品受侵害、公共物品权受歧视、政府公共服务不作为等几个矛盾比较尖锐的领域中引入公益诉讼。同时，法院也要严把案件受理关，只有在公益确实受到违法行为的侵害，影响到多数公众的合法权益，无法直接根据现行的诉讼法规定起诉时，法院才可受理。（3）防止诉权滥用确保公益诉讼的健康发展。由于我国没有滥用诉权的相关规定，并不排除功利及追求新闻炒作效应而提起公益诉讼的个人动机，被告一方可能被一个莫名其妙的案由拖入诉讼中，花费了大量的人力物力之后得不到相应的补偿。为了保证公益诉讼的健康、有序发展，保护司法资源的合理利用，必须建立起相应的制度，防止诉权的滥用。② 一是严把案件受理关，原告必须有明确的被告、请求和相应证据；二是严惩恶意滥用诉权者，追究当事人的

① Roscoe Pound, Administration of Justice in the Modern City, Harv Law Review, V. 26, pp. 302－315, 1913.

② 强雨、周刚：“构建我国行政公益诉讼思考”，载《人民司法》2002年第9期。

法律责任。(4) 明确举证责任和诉讼费用的分担。由于公益诉讼是国家公诉权的补充，涉及公共物品的公益诉讼，其目的是维护社会公众的公共物品权，并且在大多数情况下，公共物品涉及科学知识和方法的综合运用，不能完全由当事人负举证责任和承担诉讼费用，否则无异于强迫社会公众放弃对公益的保护请求。所以，公共物品公益诉讼应以混合举证责任制为宜，只要有“初始证据”即可立案，然后把举证责任转给被告方，并吸纳其他国家的先进做法，适当减轻公众因提起公益诉讼而承担的费用，在相关法规中对诉讼费用的分担作有利于原告的规定，其费用承担方式应该与一般诉讼有所不同。(5) 建立集团诉讼制度。集团诉讼是指由于相同情况的、有相同利害关系的人临时组织的集合体作为诉讼主体，并由其代表人进行诉讼活动的一种诉讼制度。美国的集团诉讼制度不同于我国的代表人诉讼，主要区别在于美国集团诉讼是由律师发起并且败诉风险也由律师承担，但胜诉后律师能够得到高额的“胜诉酬金”。

本章小结

人们消费社会所提供的物品，在法律上必然存在消费该物品的权利，否则就无权消费，或者说，就可能存在权利或权力阻止人们消费这种物品。人们在消费私人物品具有私人物品权，即民法上的物权。那么，人们在消费公共物品时也必然存在某种权利，在此，我们将这种消费公共物品的权利称之为公共物品权。公共物品权就是指公民、法人及其他组织依法享有的使用或消费公共物品的权利。

任何权利的提出要体现权利配置的正当性，而且要有相应的理论支撑。公共物品权形成的外部条件是公共物品消费的不均衡、不平等，而从其主体来说，公共物品的消费者可以说是广义上的消费者（狭义上的消费者仅指《消费者权益保护法》界定的消费者），具备提出权利的主体能力，所以法律应当配置公共物品消费者的公共物品权。从其学理基础来看，我们可以在天赋人权理论、社会契约理论、自然法学说和社会连带思想等理论殿堂中找到理论依据。

为进一步构建公共物品权理论框架，本章还对公共物品权的概念及内涵、公共物品权的归属、公共物品权的分类、公共物品权与物权及公物权的关系进行了厘清。任何权利配置的目的都是为了行使该权利，而“无救济则无权利”，所以最后对公共物品权的行使与救济进行了论述。

第三章　公共物品权益最大化与公共物品供给模式

供给是经济学上的一个基本概念，在《市场经济大辞典》中，“供给就是指厂商出售商品或劳务的能力与意愿”。① “供给概念所包含的是生产者所提供的商品与影响商品的供给价格、成本等因素之间的关系。它可以是指对于某个别商品或劳务的供给，也可以是指对于社会所有商品与劳务的供给。”② 供给是相对于消费（需求）而言的，供给模式主要是指供给主体的选择以及所体现的供给者与消费者、供给者与生产者、消费者与消费者之间围绕商品所产生的一系列社会关系。

公共物品供给模式首先就要确定供给主体，从国家产生的理论和国家或政府的职能看，必须由国家或政府来承担公共物品供给的责任。从实现公共物品权益最大化角度看，国家作为唯一供给主体同时又是生产主体存在诸多弊端，故弥补这些弊端以实现公共物品权益最大化，就必须存在供给与生产的分离，出现公共物品多元化生产模式。而每种生产模式在实现公共物品权方面均有其利弊，公共物品供给模式就是要使不同生产模式互相扬长避短，从而充分实现公共物权。

第一节　最大限度实现公共物品权与公共物品供给模式选择

一、国家作为公共物品唯一供给主体的理论分析

公共物品与私人物品的特征不同，导致供给公共物品与私人物品的模式必然不同。前文已经分析了公共物品具有的基本特征为：消费的不可分性，非排他性和非竞争性，收益非独占性。由于公共物品的特性，个人无论是否付费，付费多少，他

① 王仕元：《市场经济大辞典》，中国国际广播出版社 1994 年版，第 10 页。

② 梁小民：《经济学大辞典》，团结出版社 1994 年版，第 424 页。

享用的公共物品总是相同的。因此，个人“搭便车”的机会主义选择就是理性选择的结果。这种“搭便车”的直接结果是：公共物品不能像生产和提供私人物品一样通过市场机制生产和供给，同时从国家产生的理论和国家或政府的职能来看，必须由国家或政府来承担公共物品供给的责任。

（一）国家作为公共物品唯一供给主体的经济学分析

第一，公共物品的特征要求国家供给公共物品。由于公共物品的特征导致的“搭便车”和外部性问题要求国家供给公共物品。外部性，又称做溢出效应（spill-over effect），是指一个经济主体的行为对另一个经济主体的福利所产生的效果，而这种效果并没有通过货币或市场交易反映出来。“当生产或消费对其他人带来非自愿的成本或效益时，外部经济效果就出现了；就是说，成本或效益被加于其他人身上，然而施加这种影响的人却没有为此而付出代价。更确切地说，外部经济效果是一个经济人的行为对另一个人福利所产生的效果，而这种效果并没有从货币或市场交易中反映出来。”① 与来自纯粹的私人物品的效益不同，来自公共物品的效益牵涉到对一个人以上的不可分割的外部消费效果。相比之下，如果一种物品能够加以分割因而每一部分能够分别按竞争价格卖给不同的个人，而且对其他人没有产生外部效果的话，那么这种物品就是私人物品。公共物品常常要求集体行动，而私人物品则可以通过市场被有效地提供出来。“由于公共物品一旦存在，无论它带来的是积极的效应还是消极的效应，它在消费上具有的排他的不可能性和供给上的联合性，一些消费者即使不承担公共物品的供应成本，也能‘自动’享受到这种公共物品给他带来的积极的或消极的效应。因此，公共物品的特性决定，每一个生产者或消费者在对待公共物品的态度上，都可能是个潜在的搭便车者。”② 本书所讨论的公共物品不包括公害物品，所以，公共物品的外部性就是积极的外部效果。由于公共物品的外部性特征，使得每个人都想让别人生产公共物品，让别人为公共物品付费，自己不付费享用，这就是公共物品的“搭便车”问题。“搭便车”的结果是任何人都不愿提供公共物品或为公共物品付费，公共物品的供给量为零。西方主流经济学提出的对付外部性的方法有两种：一是对负的外部性如环境污染采取征税措施，使其外部性的社会成本由自己承担；二是对正的外部性采取征税与补贴。政府对产生外部性经济的企业进行补贴，使其生产规模扩大以适应社会对公共物品的需要，而政府存在的目的就在于促进社会福利最大化，由国家对公共物品生产企业进行补贴（作为公共物品的供给者），我们可以把这种积极的外部性看做是国家提供

① ［美］萨缪尔森、诺德豪斯：《经济学》，北京经济学院出版社1996年版，第569页。

② 苏长和：《全球公共问题与国际合作：一种制度分析》，上海人民出版社2000年版，第121页。

的社会福利；国家通过征税强制所有享受正的外部性的社会成员也承担外部性的社会成本，这就是为什么要通过税收强制人们为公共物品的生产作出贡献的理由。

第二，由私人提供公共物品，会造成资源配置缺乏效率，导致公共物品供给不足。从经济学上说，社会要解决的基本问题是如何利用有限的资源，去有效地满足人类的需要。按照市场机制确定一种物品的供给量，将决定于他个人的边际收益与边际成本的均衡点，而不管其他人对这种物品的需求如何。由于公共物品的消费具有非排他性，即排他不可能或排他成本过高。如果排他不可能，理性的经济人是不会提供公共物品的；如果排他成为可能，由私人来提供公共物品，理性的经济人就会将排他的费用加在公共物品的价格上。这两种情况，对社会来说，都会造成公共物品的供给量小于社会的实际需求量。另外，根据公共物品的特性，当增加一个人使用某种公共物品的边际成本等于零时，市场机制就不能对这种物品进行配给。如果由私人提供，私人企业必然要对这种物品的消费进行收费，而对消费这种物品进行收费将会阻止人们购买这种物品，由此导致对这种公共物品的购买不足或公共物品的闲置。“由于公共物品的特性，个人无论是否付费，付费多少，他享用的公共物品总是相同的。这种‘搭便车’的可能性诱使追求效用最大化的个人隐瞒或扭曲自己的偏好，坐享由其他人的付费所形成的供给，由此造成公共物品的实际供给偏离帕累托最优水平。当‘搭便车’人数众多时，资源配置就更加无效率。”① 另外，随着市场制度的发展和市场主体交易范围的扩大以及交往频率的加快，各行为主体在交往过程中产生的交易成本也就越高。过高的交易成本阻碍着市场主体间合作的出现与进步，进而阻碍现代社会市场制度的发展。

（二）国家作为公共物品唯一供给主体的政治学分析

第一，从国家（政府）的起源上看，实现公共利益是政府的职责。社会契约理论认为，人天生就有非常广泛的权利，这就是“天赋人权”，只不过是人们在行使各自权利的同时会产生权利冲突，为解决这一问题，每个社会成员放弃自己的一部分权利，大家将各自放弃的权利交给一个组织来行使，行使大家放弃权利的组织就是政府。自然法学派也从人类理性出发，认为人们必须在自然法的命令下放弃自己的部分权利，形成公共权力，组成政治社会。美国《独立宣言》中写道：“我们认为这些真理是自明的：人人生而平等，他们从他们的造物主那里被赋予了某些不可转让的权利，其中包括生命、自由和追求幸福的权利。为了保障这些权利，才在人们之间成立了政府。”从这些理论我们可以看出，国家（政府）形成的目的就在于供给公共物品和解决社会纠纷。“从逻辑上说，所谓‘政府’，在一定意义上正

① 方福前：《公共选择理论——政治的经济学》，中国人民大学出版社 2000 年版，第 46 页。

是依据这样的公共需要而产生的——更严格一点说，政府本身的‘合法性’，正存在于这样的公共需要当中——政府本身是被公众创造出来保护公众权益、调节社会纠纷的社会仲裁人。”① 一方面，由于消费者无论是否对公共物品的供给付费，他都可以从公共物品的消费中获益，这个事实就给他提供了一种刺激，使他对公共物品的贡献尽可能小于他从公共物品中获得的利益。他之所以这样做，是希望别人贡献得足够多以便把公共物品生产出来，然后他来不付费享用。所以任何人都没有动力自愿为公共物品的供给付出代价，造成公共物品供给量不足，阻碍社会和社会成员的发展；另一方面，即使私人提供公共物品，用于排他而花费的大量成本不是资源的最佳配置方式，对社会发展不利，同时还有可能对消费者进行掠夺。这两方面说明，市场机制无法有效提供公共物品，而公共物品在社会发展及社会成员福利中的重要意义说明必须有人提供。我们从国家或政府的职能可以看出，国家作为公共物品的供给主体能够避免市场机制提供公共物品的弊端。

政府提供公共物品不仅有着优势，而且政府职能要求国家供给公共物品。从应然性的角度来分析，我们可以把政府看做是负责履行供给公共物品职能，以公共利益为目标的一种公共权力机构。其职能主要体现在以下三个方面：（1）尽可能正确地估价社会对公共物品的实际需求；（2）按照社会化福利最大化原则确定税收比例，并用税收收入提供公共物品，为公众提供服务；（3）着眼于政治稳定和社会安定，为公共利益不受侵犯提供强制性保证。② 从实然性角度来看，在不同历史时期政府职能的界定是不同的。但无论怎样界定，在民主社会里，政府职能是围绕着公共利益展开的。而公共物品作为公共利益的载体，这就要求国家供给公共物品。同时，有些事情单凭私人（企业、组织、个人）的意志是无法干成的，因为私人没有权威性，私人如果在向社会提供公共物品过程中遭到一部分利益有抵触的人的反对时，就无法强迫那些人接受和为之而付出成本，而且即使是某些公共物品、公共项目设施、公共服务为多数人赞同，但没有合法的、科学的机制和途径来汇集这些多数人的意志，在形式上也表现为个别人的私人意志的活动，其余人也会抵制，至少是有人反对这项活动时，就没有一种代表集体意志的集体力量来维护这种活动。政府行为正是代表了社会成员的共同意志。总之，私人的活动是以一种民事权利为依托的活动，经受不了来自另一拥有同等性质、平等地位的民事权利主体的反对和抵制（当然更经不起政府的禁止），而政府提供公共物品是以政治权力为依托，可以排除作为个人身份的居民的反对。所以，政府提供公共物品的范围还取

---

① 樊纲：“作为公共机构的政府职能”，载贺卫方等：《市场逻辑与国家观念》，上海三联书店1995年版，第16页。

② 麻宝斌：“公共利益与政府职能”，载《公共管理学报》2004年第1期。

决于政府的强制力。①

第二，国家公权力对社会经济的介入是为了实现资源的最优配置，推动社会发展，实现社会公众福利最大化。经济学家认为，严格来说，市场可以提供任何产品，但是，科斯定理告诉我们，在存在交易费用的社会中，不同的产品通过不同的供给渠道会产生不同的交易成本，合理的制度安排就是为了降低交易成本。所谓交易费用（transaction costs），是指“在寻找贸易伙伴、谈判贸易条件、签订合同和完成这项交易所必需的产权方面所使用的投入的价值”。② 公共物品的交易费用包括人们为生产公共物品（生产什么、生产多少、怎么生产等）进行谈判的费用、排他费用、交易收费等，这些费用在市场机制条件下，是非常高的，理性的经济人就会转移自己的资源而不参与公共物品的提供。所以，通过国家供给公共物品的制度设计和创新来降低交易费用是必要的、可行的选择，只要现代市场制度中存在交易成本，那么，国家作为能产生巨大规模效益的方式，供给公共物品就是应有之义。我们知道，在人类社会的发展过程中，我们今天所说的公共物品，曾经有很多都是由私人提供的，如私人武装、私人灯塔、私人邮政等，但随着人类社会的发展，这些公共物品都逐渐地转为国家提供。这是因为，一方面，私人提供公共物品必须支付巨大的成本，而随着社会的发展，这种成本在逐渐的增加，使得很多是私人无力支付的。同时，由私人作为公共物品的供给主体，他就必须支付高昂的成本以抵制每一个公共物品的消费者在消费时的机会主义，“这种无端地浪费社会资源，并不能创造出任何经济价值，从而与财产经济最大化的公益目标相悖”。③ 另一方面，提供公共物品的私人主体就有可能利用公共物品的独占权要求消费者支付高昂的费用，这对消费者来说是一种掠夺。此外，私人供给主体也有可能根据自己的偏好阻碍社会公众行使公共物品权，这与前文论述公共物品权的生存权、发展权属性也是相悖的。这样，由市场主体按照市场机制进行交易就是不可能的或是不经济的（交易成本很高），“一种替代办法是政府的直接管制……强制性地规定人们必须做什么或不得做什么，并要求人们必须服从之”。④ 政府一旦介入，前述问题就迎刃而解了，政府在这方面的最大优越之处是它拥有强迫其辖区的所有成员为这样的公共物品的建造出资或出力的权力。政府可以向其所管辖的人民征税，然后用来提供公共物品。这就是说，政府一方面可以通过征税取得公共物品的建设资金，

---

① 沈玉平等：《公共选择理论与地方公共财政制度创新》，中国财政经济出版社 2004 年版，第 39 页。

② David N. Hyman, *Modern Microeconomics*, Times Mirror/ Mosby College Publishing, p. 10, 1996.

③ 宋功德：《论经济行政法的制度结构》，北京大学出版社 2003 年版，第 49 页。

④ ［美］罗纳德·科斯等：《财产权利与制度变迁》，上海三联书店、上海人民出版社 1994 年版，第 22 页。

另一方面可以将公共物品的建造纳入政府支出，从而以非市场方式的财政手段提供公共物品，实现资源在私人物品和公共物品之间的有效配置，并能较好地解决交易费用问题。“国家权力是保护个人权利的最有效的工具，它具有巨大的规模效益，因而是其他权利和保护措施无法相比的。国家的出现及其操作的合理性，也正是为了保护个人权利和节约交易费用之需要。”①

第三，维护公平正义是政府合法性的前提，也是社会发展和社会福利最大化的前提。由私人提供公共物品，会导致消费公共物品不均和成本分摊不均等社会不公平现象。因为公共物品的特征导致公共物品具有较强的外部性，所以由私人提供公共物品必然会导致他人“搭便车”，从而导致公共物品成本分摊不均现象；私人提供公共物品，必然会向消费该公共物品的消费者收费，按照市场机制的操作方式，市场主体必然追求利润最大化，而公共物品在很多时候属于高成本的垄断性物品，将这些成本和垄断利润都转嫁给消费者，可能导致对消费者的掠夺，再加上由于贫困人口从私营部门购买公共物品及公共服务方面的能力有限，必然导致一部分人无法消费公共物品，从而导致公共物品的消费不均现象。政府规制“不是根植于那种关于先于社会而存在的个人权利的形而上学和自相矛盾的观念之上，而是来自于那些构成社会联结的相同因素”。② 公共物品政府提供能够较好地解决公共物品消费中的公正性。一方面，国家供给公共物品对每一个公共物品消费者的消费来说是公平的，因为国家将公共物品作为一种福利向社会公众供给，不存在阻止消费或社会公众无力购买的问题；另一方面，对社会成员来说，通过税负公平原则实现公共物品成本分摊公平。由国家作为公共物品的供给主体向社会供给公共物品，有助于实现收入再分配，减少社会个体因经济意义上的贫困和个人发展的落后。因为公共物品是所有政府服务中对贫困人口来说最有直接价值的服务。

二、公共物品生产主体多元化并不能否认供给主体的唯一性

国家作为公共物品唯一供给主体并不否认其多元化的生产方式，相应地，公共物品生产主体多元化也不能否认国家作为供给主体的唯一性。

在此，我们必须清楚，公共物品供给与公共物品生产是不同的。“在私人经济交换过程中，很少有人关注供给（provision）与生产（production）的区分，这很可能是因为其区分太明显了。个人与家庭决定他们要为自己提供哪些私人物品以及如何提供这些物品，如对建车库的人所面临的各种决策，个人就可以决定是在他们

---

① 张曙光：“个人权利与国家权力”，载贺卫方等：《市场逻辑与国家观念》，上海三联书店1995年版，第4页。

② 转引自潘伟杰：《制度、制度变迁与政府规制研究》，上海三联书店2005年版，第53页。

自己家里生产这些物品与服务，还是从别人那里购买。然而，在公共领域，供给与生产的区分是相当重要的。有时提供设备与服务的政府单位也是相应设备和服务的生产者，即供给者与生产者是同一的，但通常的情况是，一个机构会依靠一个私人企业甚至另一个公共机构来建造和（或）经营设施。"① 所以，国家作为公共物品供给的唯一主体，并不是说任何公共物品都必须由国家进行生产，也并不是说国家生产任何公共物品都是有效率的。公共物品的生产可以是国家，也可以是国家指定的企业，还可以是国家通过市场提供公共物品，当然，自愿合作和社会捐赠也是公共物品的供给方式。

在现实中，公共产品不一定要由政府直接生产，私人部门也存在着短期或长期提供公共产品的情况，但这往往与政府在背后的支持分不开，这实际上仍然是政府在提供公共产品，只不过是提供方式不一样。"近代社会以来，人类社会需求的满足主要通过四种途径：一是法定途径，即按照法律要求设立公共部门如政府组织和其他公共组织来为其提供特定的服务；二是商业途径，即通过以私人营利企业为核心的市场交换来提供基本的消费服务；三是非正式途径，即依靠家庭、亲朋和邻里间的互助提供基本的日常生活服务；四是志愿途径，即依靠介于政府和私人企业之间的第三部门提供特定服务。"② 所以，人们对公共物品的需求也会通过多元的途径得到满足，也即公共物品的生产主体也会出现多元化。

公共物品生产主体多元化的原因主要有以下三个方面：

第一，政府财力不足使公共物品多元化生产成为可能。西方财政理论认为，政府收入包括税收、公债、通货膨胀、使用费和规费等。税收是政府收入的主要形式，公债是有偿性的政府收入形式，通货膨胀是政府为了弥补提供的物品和服务费用而扩大货币供给，从而造成物价的普遍上涨，此外，政府还可以对由政府提供的特定公共设施的使用按照一定标准收取使用费，为公民提供某种特定服务或实施行政管理而收取手续费或工本费。③ 但是，这些政府收入方式均受到社会成员的合法性约束。国家利用税收来增加收入就是通过开征新的税种或提高税率，但无法无限开征新的税种和无限提高税率；国家利用公债并不能从根本上增加收入，因为公债是以国家信用担保的到期还本付息的有价证券；通货膨胀方式受到市场货币流通量和经济发展的限制，无节制地发行货币会危及社会经济基础的稳定进而危及政府的统治；收取手续费和规费等也是有限度的。由此看出，政府收入是有限度的，政府

① ［美］埃莉诺·奥斯特罗姆等：《制度激励与可持续发展》，上海三联书店2000年版，第86～87页。

② 转引自席恒："公共物品多元供给机制：一个公共管理的视角"，载《人文杂志》2005年第3期。

③ 王传纶、高培勇：《当代西方财政经济理论》，商务印书馆1995年版，第161～172页。

的资源短缺并不意味着他可以用任何方式从社会中获取资源。随着社会经济的发展，人们为满足其生产、生活和精神需要，对公共物品的数量和质量需求在日益扩大，凭借政府现有的财力和物力无法满足这种日益扩大的需求。

第二，国家直接生产有些公共物品的效率低下要求生产主体的多元化。“造成公共企业缺陷的主要原因有四个：在决定生产什么时，计划人员的选择不如人们的市场需求有效；公共投资者和管理者缺乏利润追求者所具有的个人经济激励；对私企雇员来说，如果他要求的工资及其他各种条件超出了其雇主的支付能力，他就可能保不住饭碗，而对于有组织的、善于谈判的公共雇员来说，他们能从纳税人那里榨取多少，则没有这种市场约束；低效率的私营企业会被市场力量自动淘汰，而政府却能够使低效率或不必要的公共企业继续生存下去。”① 新福利经济学家从市场失灵的角度，理性地探讨了政府应该提供纯公共物品和部分准公共物品，然而，受到信息不对称及财力不足的困扰，现实的政府只能提供部分公共物品。这也就是说，政府应该做的、政府所能做的以及政府正在做的之间有很大差别，而传统的政府提供公共物品的观点却将这些等同起来。国家直接生产公共物品一般是通过设立公共部门或国有企业，由其进行具体的生产，生产什么、如何生产、生产的产品如何分配均由政府决定，这种生产机制有效运作的一个主要前提是信息的对称和充分，但现实完全不是这样。国家直接生产有些公共物品的效率低下要求生产主体的多元化。

第三，随着社会经济的发展、技术条件的变化，公共物品的生产模式也会改变。公共物品政府提供只是社会发展到一定阶段的产物，并且这种提供模式会随着经济条件、技术条件的改变发生变化。公共物品的公共性会随着社会的发展而不断变化，与这种变化相适应的是其提供者也应有所变化，政府直接生产只是提供公共物品的一种选择，而不是唯一选择，还存在着公共物品的其他生产模式。虽然公共物品的特点导致市场失灵，但是市场的发展以及人们对于各种各样公共物品需求的增加，促进了市场失灵的有效解决，市场同样也可以生产公共物品。而就政府提供公共物品本身而言，也可以分成政府直接生产与政府利用市场来生产两种模式。

由于以上原因，国家虽然作为公共物品的供给主体，但并不是说国家就能够提供所有公共物品（国家财力的限制），也并不是说国家生产任何公共物品都是有效率的（公共部门或国有企业低效率的表现），同时，社会公众多元的需求偏好和对公共物品的需求量在日益扩大，国家无法满足人们日益增长的多元的物质、文化需要。所以，“对于公共物品的提供者的研究，应首先把公共物品定位于社会发展所

① ［奥］休·史卓顿、莱昂内尔·奥查德著，费昭辉等译：《公共物品、公共企业和公共选择》，经济科学出版社2000年版，第100页。

必需的一种客观存在的商品或服务，而作为一种产品或服务，可能的提供者无非就是政府、市场或两者兼有”,① 这样就出现了非国家生产公共物品的可能和需要，如是产生了国家利用市场生产公共物品模式与自愿合作和社会捐赠生产公共物品模式。

但是，公共物品的生产主体多元化，并不能否认国家作为公共物品供给的唯一主体，这是因为供给公共物品是国家的责任和义务，市场和自愿合作与社会捐赠生产公共物品也只能说是国家利用社会资源实现国家职能的表现，而不是国家责任的转嫁。有人提出，公共物品生产主体多元化是政府职能的让渡,② 这种观点是值得商榷的。“民营化的反对者往往是这样一些人，他们忽视服务提供和服务生产之间的区别，进而错误地认为，如果政府放弃了服务生产者的功能，它自然放弃了服务提供者的角色。……其实，即使实施民营化，政府仍然保留服务提供者的责任并为此支付成本，只不过不再直接从事生产。”③ 政府移交的是服务项目的提供，而不是服务责任的移交。④ 因为，基于国家在社会中的特殊地位和作用，它是社会利益的主要代表，“国家是整个社会的正式代表，是社会在一个有形的组织中的集中表现”,⑤ 国家供给模式可以提供任何公共物品；国家利用市场供给模式实际上是为了解决国家直接供给模式的效率低下的弊端而产生的，自愿合作和社会捐赠组织生产公共物品模式是对国家供给模式的补充。

公共物品生产主体多元化，并不意味着脱离政府，相反，政府仍然在发挥着重要作用。首先，政府要为公共物品生产提供制度激励；其次，政府有责任对公共物品的生产者进行必要的规范制约，以切实保护公共物品消费者的公共物品权。政府允许其他主体生产公共物品，并不意味着政府在此方面的责任让渡；最后，在其他主体生产公共物品的过程中，政府有责任提供信息以及其他必要的支持。如罗纳德·科斯（Ronald H. Coase）分析了英国早期历史上灯塔这种公共产品的供应情况，这实际上仍然是政府在提供公共产品。因为私人收费是在政府许以特权的前提下进行的。只不过政府采取了间接方式，利用了市场机制来提供公共产

① 雷晓康、贾明德：“公共物品公共性的变化及其有效提供”，载《长安大学学报（社会科学版）》2003年第2期。

② 金红磊、王守宽：“公共物品提供主体的多元化——兼谈政府职能的让渡与拓展”，载《浙江工商大学学报》2005年第6期。

③ ［美］E.S. 萨瓦斯著，周志忍等译：《民营化与公私部门的伙伴关系》，中国人民大学出版社2002年版，第69页。

④ ［美］戴维·奥斯本、特德·盖布勒：《改革政府：企业精神如何改革着公营部门》，上海译文出版社1996年版，第24页。

⑤ 《马克思恩格斯全集》（第23卷），人民出版社1975年版，第367页。

品。① 在政府提供中，既有政府直接生产的公共物品，也有政府通过财政支持的方式间接提供的公共物品，这种公私联合提供公共物品的格局在发达国家已经形成。

三、公共物品不同供给模式的相互关系

公共物品生产主体多元化是社会资源优化配置的需求，也是人们日益增长的物质文化需求的必然结果和充分实现公共物品权的客观需要。多元化的需求是市场经济发展的必然，多元化需求的满足导致公共物品的国家直接供给模式、国家利用市场间接供给模式和自愿合作与社会捐赠的供给模式。

（一）国家直接供给模式与国家利用市场间接供给模式的关系

政府提供的任何物品的数量和质量都是由政治决策过程决定的，对于公共物品的提供也不例外。在不存在投票交易的简单多数模型中，投票结果往往反映了中位选民的需求，而留下了大量不满意的选民群体。“所谓中位选民是这样一种投票者，其最偏好的结果处于所有投票者最偏好的结果的中间状态。”② 只要反映中位选民需求的政治决策过程存在，即在简单多数规则下的反映中位选民意愿的那个提案会最终获得通过，就仍然不能满足异质性较强的消费需求，这为其他组织机制的介入提供了前提条件。另外，社会贫富差距的加大，使人们对公共物品的需求也产生了多元化，而公共物品本来是应该由政府提供的，但政府提供的公共物品在差异性上显然不能满足人们对其不同的质和量的需求。

对国家直接供给公共物品模式与国家利用市场间接供给公共物品模式的关系，我们可以这样理解，即国家直接供给公共物品是常规形式，而国家利用市场间接供给公共物品是变通形式。首先，有些公共物品只能是国家直接生产而市场无法供给。市场无法提供公共物品分为三类：第一类公共物品是市场在原则上无法有效率地提供的物品，如基础科学研究、基础设施建设、基础教育、公共卫生、司法、国防等，即使在完全竞争的市场条件下，市场的作用达到了最理想的状态也不能提供；第二类公共物品是为市场有效率地运转提供条件的物品，如保护财产所有权、消除垄断、建立和维护社会制度、消除外部性等，市场并不是一个自足的体系，也就是说它并不能创造出使自己达到有效率的状态的全部条件，而这类公共物品的缺失总是对应着某种市场失灵的情况；第三类公共物品是市场根本无法提供的，如宗教信仰、价值观念、社会理想、人权保障、社会公正、宏观经济稳定等。③ 其次，

① ［美］罗纳德·科斯：《论生产的制度结构》，上海三联书店1994年版，第215～240页。

② 王传纶、高培勇：《当代西方财政经济理论》（上），商务印书馆1995年版，第88页。

③ 康晓光：《权力的转移——转型时期中国权力格局的变迁》，浙江人民出版社1999年版，第23页。

国家利用市场间接供给公共物品的原因或者说是市场生产公共物品的优势表现在两方面：一是市场上有大量的社会资源，而国家直接供给公共物品受到国家财力的限制，无法满足社会对公共物品的全部需求，利用市场上的社会资源能缓解国家财力不足并增加公共物品供给；二是利用市场机制提高公共物品的供给效率，有些公共物品，国家直接生产会产生效率低下的政府失灵现象，此时利用市场机制的竞争会提高效率。也就是说，国家利用市场间接供给公共物品只有在这两方面满足时才会出现，否则，国家就会直接生产并供给公共物品。

（二）国家供给模式与自愿合作和社会捐赠供给模式的关系

国家供给公共物品模式与自愿合作和社会捐赠供给公共物品模式之间的关系是自愿合作和社会捐赠补充国家供给公共物品的空白。多元化需求的满足是政府和市场自身的力量所无法实现的。政府、市场与自愿合作和社会捐赠都是满足个人需求的手段。“正是政府和市场在提供公共物品方面的局限性，导致了对非营利部门的功能需求。这是非营利部门存在的主要原因。”“志愿部门往往被视为在政府失灵和市场失灵之后的辅助性衍生物，是由于政府或市场的局限而产生的提供公共物品的替代性制度。”①

自愿合作和社会捐赠供给公共物品模式能够补充国家供给公共物品模式的不足，其原因主要有：第一，社会有大量的闲散资源，用于供给公共物品能弥补国家财力不足。在一些发达国家和地区，合作组织与慈善组织所吸收的社会资源数额非常大，在供给公共物品方面发挥着巨大作用。根据赛拉蒙的研究，“美国非营利组织每年的收入相当于国民生产总值的 10%，他们的财产也相当于全国总值的 10%，更主要的是，非营利组织的服务规模，几乎相当于整个政府部门的服务规模，相当于州和地方政府服务规模的 2 倍，比联邦政府的服务规模要大 20%。如果把非营利组织提供的职员服务业计算在内的话，这个差距会更大”。②“在香港，其社会福利服务一直是公、私合营的混合福利模式”，③“在香港的社会服务提供，政府相当依赖志愿机构，超过一半以上的服务都是由社会机构办理的”。④ 第二，自愿合作和社会捐赠具有灵活性，能满足社会公众对公共物品不同层次的需求。在赛拉蒙等人看来，非营利组织之所以能够对社会需求反应灵敏，其关键在于它们具有较多的

---

① 田凯：《非协调约束与组织运作——中国慈善组织与政府关系的个案研究》，商务印书馆 2004 年版，第 12 页、第 19 页。

② 莱斯特·赛拉蒙：“非营利领域及其存在原因”，载李亚平、于海编：《第三域的兴起》，复旦大学出版社 1998 年版，第 196 页。

③ 赵维生：“社会服务私营化：讨论与启示”，载《社会工作研究》1996 年第 1 期。

④ 黄黎若莲：“‘福利国’、‘福利多元主义’和‘福利市场化’探索与反思”，载《社会保障制度》2001 年第 1 期。

自主决定权，能够避免国家官僚体系的僵化、教条、迟钝的弊端。① 自愿合作组织和社会捐赠组织可以不考虑整个社会的需求或者不接受纳税人的偏好的限制，自由地做一些事情；能够做政府不能做的事情，它们还可以激发志愿者的参与和鼓励人们工作，这方面政府是很难效仿的。

在美国经济学家韦斯布罗德看来，志愿部门是专门提供集体类型物品的部门。志愿部门提供的公共物品数量取决于公共部门能够满足选民的多样性需求的程度。在其他条件相同的情况下，对政府使用的税收价格体系不满意的公共物品需求数量越大，志愿部门的规模就越大。对于特定的政府输出，消费者需求的差异性越大，志愿部门的输出就越大。如果其他条件相同，消费者需求的同质性越高，不满意的需求就越少，相对于政府部门的规模来说志愿部门的规模就越小。② 自愿合作等志愿组织和政府是合作而不是隶属关系，它可以接受政府委托去完成某项任务，但不能改变组织自身的性质。也就是说，自愿合作与社会捐赠供给公共物品模式是国家供给模式的补充，而不是替代。

第二节　国家直接供给公共物品模式

一、国家直接供给公共物品的原因

自由竞争理论认为，完全竞争的市场机制能够使资源配置达到最有效率的状态，即配置在每一种物品或劳务的资源的社会边际效益等于其社会边际成本。所有的消费者将其消费量调整到了其私人边际效益等于该物品的价格水平，所有的生产者将其生产量调整到了其私人边际成本等于该物品的售价水平，并且在所有的市场上和通过市场进行交易的物品或劳务上都得到了满足时，自由竞争的市场机制可以通过供求双方的自发调节，而使资源配置达到最佳状态。

由于市场机制配置资源是通过自由竞争，依靠供求规律而出现的价格信号来实现的。市场经济是一个具有自身的内在逻辑的体系，“是一部复杂而精良的机器，它通过价格和市场体系，无意识地协调着生产者、消费者及其活动”。③ 但是价格信号并非总是能充分地反映社会边际效益和社会边际成本，主要原因表现为：第一，垄断价格指示器的显示功能丧失。垄断是市场自由竞争不可避免的结果，垄断

---

① L. M. Salamon: *Partners in Public Service: Government Nonprofit Relations in the Modern Welfare State*. Baltimore: The Johns Hopkins University Press. 1995.

② 田凯：《非协调约束与组织运作——中国慈善组织与政府关系的个案研究》，商务印书馆2004年版，第14页。

③ ［美］萨缪尔森、诺德豪斯：《经济学》，北京经济学院出版社1996年版，第64页。

导致资源配置并非完全由市场机制决定，而是由垄断主体人为限制资源的配置。在垄断条件下，垄断主体为保障自身的竞争优势，其控制的资源量并非是由市场配置的，而是主观控制的结果，并人为阻止资源向其他产业流动。垄断主体利用垄断地位通过减少产品产量并削减就业人数，而使该产品的社会供应量不足以抬高价格；当有新的竞争者进入该产品的供应时，垄断者又会利用垄断地位（占有资源优势、技术优势、沉淀成本小等）迫使新进入者望而却步或利用低价挤垮竞争对手。由此看出，无论是高价还是低价都是人为的，不是市场竞争的结果，无法反映效益与成本之间的关系。第二，价格信号自身的缺陷。即使完全竞争理论的原子型市场存在，不存在垄断主体时，价格信号也无法实现资源的最佳配置。一方面，价格信号是通过市场交易后才出现的，它只反映在市场主体进入该产品或退出该产品之前的市场供求状况，它不能反映市场主体进入或退出该产品之后的市场供求状况；另一方面，价格信号的显示过程具有时滞性特征，即价格信号的显示过程不是迅速的并具有波动性。此外，作为市场主体来说，不能迅速、完全地获取市场信息，也使价格信号的作用大打折扣。

公共物品供给方面，价格信号更是不能起到显示器作用。由于公共物品具有共同受益或消费的非排他性特征，其所提供的效用不能分割为若干个单位，从而无法向私人出售，也不能为其定价。公共物品效用的不可分割性使得消费者不愿为此付出代价，市场也无法通过供求双方的力量为其求得一种均衡价格。其之所以如此，就在于私人边际效益和社会边际效益、私人边际成本和社会边际成本在公共物品上发生了分离，或者说公共物品的社会边际效益大于社会边际成本。① 增加一个人消费公共物品的边际社会成本或机会成本等于零。② 并且，由于公共物品存在正的外部性，社会边际效益超过私人边际效益，而在市场机制调节下，决定市场供应量的是私人边际效益，因此会导致社会供给不足；在存在负的外部性时，社会边际成本超过了私人边际成本，而在市场机制调节下，决定市场的价格是私人边际成本，因此会造成物品的过度供给。也就是说，在市场机制调节下，公益物品会严重供给不足，而公害物品会供给过度。

在现实生活中，个体追求自身利益最大化的理性行为，却造成了公共利益受损的灾难性后果；或者是，个体经常在拥有共同利益的情况下不能或不会采取有效的集体行动，去谋求共同的公共利益。③ 市场制度所包含着的机会主义和“搭便车”行为就是典型的例证。

---

① 王传纶、高培勇：《当代西方财政经济理论》（上），商务印书馆1998年版，第18页。

② 这样说并不是意味着生产公共物品的边际成本为零，社会多提供一个单位的公共物品，就需要相应的资源耗费，所以，生产公共物品的边际成本是正的。

③ 潘伟杰：《制度、制度变迁与政府规制研究》，上海三联书店2005年版，第5页。

任何社会存在的基本条件是确立一些机制，以便作出权威性的决议来规范各种利益分配。公共物品的供给更是如此。公共物品的供给与消费必然涉及一个权威结构，即由谁来供给、由谁来生产、由谁来分配。权威结构的产生实质上涉及公共物品的生产成本分摊问题。人们的社会性活动需要稳定的秩序，否则行动者的机会主义倾向就难以制约；如果人人都想通过“搭便车”的办法来享用公共物品，就没有人愿意提供公共物品了，公共物品的供给就会严重短缺；如果行动者给他人造成“外部性”，私人协议又不能克服，整个社会就会处于无序状态，社会福利水平便会大大降低。

正是由于公共物品的非竞争性和非排他性特征，导致没有一个有效的价格体系来控制公共物品的消费，进而由竞争性市场所推导出的资源最佳配置状态就不适用于公共物品市场。在此种条件下，市场显然不能按照有效的产量水平供给公共物品。市场机制作用在公共物品上的失灵，还表现在市场机制的调节作用无力解决公共物品分配的公平问题。这些就决定了政府介入该领域，担负起供给公共物品责任的必要性。

二、国家直接供给公共物品的机制分析

“政府是人和制度的组合体，它依赖并从属于国家，是国家表达意志、发布命令、处理事务的机关，它的一系列职能都是国家职能的具体化。”① 政府职能实质上是国家职能的具体化，其职能由国家的本质所决定。政府在执行职能过程中，必须围绕着国家所肩负的各项使命而展开活动，政府职能是政府活动范围的综合反映，体现着政府实质和政府效率。

现代政府的产生，是社会成员“权利让渡”的结果。各利益主体所“让渡”的权利形成了一个以维护每个人利益为目的的公共利益的代表者——政府。因此政府的理性目的是追求社会福利最大化，实现公共利益。国家直接供给公共物品，是政府进行社会资源配置的重要手段，在计划经济体制下，包括纯公共物品和所有的准公共物品甚至私人物品均由政府提供。在市场经济体制下，由于政府直接提供所有物品造成政府压力过大和效率过低，再加上政府直接供给公共物品受到众多限制：种类限制（categorical constraint）、多数限制（majoriatarian constraint）、时限（time horizon）、知识限制（knowledge constraint）、规模限制（size constraint）。② 于是，政府将私人物品全部交由市场提供，而仅提供公共物品。随着经济水平的不断

---

① 吴大英、沈蕴芳：《西方国家政府制度比较研究》，社会科学文献出版社 1996 年版，第 6 页。

② 金红磊、王守宽：“公共物品提供主体的多元化——兼谈政府职能的让渡与拓展”，载《浙江工商大学学报》2005 年第 6 期。

提高，政府在供给准公共物品方面的投资占其全部公共物品投资的相对比例在不断下降，并且准公共物品内部的投资结构也在发生变化，自然垄断类公共物品的比重下降，优效型公共物品的比重上升。这是因为，随着收入水平的不断提高，人们对于教育、文化、保健与福利服务、法律与秩序等优效型公共物品的需求在不断增加。① 所以，部分准公共物品可以通过各种形式由市场来间接提供，政府只负责纯公共物品、部分准公共物品的生产与提供。

政府的理性目的是追求社会福利最大化，政府经由社会成员“权利让渡”后拥有的公共权力，可以动员各种公共资源来为政府的理性目的服务，从而实现政府对纯公共物品和一部分准公共物品的有效供给和社会福利最大化。但由于政府是人和制度的组织体，“除非一个集团的人数很少，或者除非存在强制或其他特殊手段以使个人按照他们的共同利益行事，有理性的、寻求自我利益的个人不会采取行动以实现他们共同的或集团的利益”。② 由于“经济人”的假设同样适用于政府官员，他们可能垄断有关公共物品的实际成本的真实信息，很难确定政府的产出是否帕累托最优，而且政府所追求的效率往往是无法量化的，难以客观地评价。经由社会成员让渡形成的公共权力和提供公共物品的职责，使政府在现实社会中必须承担公共责任，接受公共监督。也就是说，政治家和官员在追求权力最大化的同时，也必须关心公共物品的生产和供给，使政治家和官员的自利行为与供给公共物品的公益行为相互兼容，从而使政府行为成为大规模的社会性公益行为。

政府一般通过财政安排来提供公共物品，利用税收机制来筹集公共物品的资金，税收机制就是确定以何种方式对哪些商品进行征税，既符合效率原则，又符合社会公平。政府决定供给什么类型的公共物品及供给的数量时，必须了解其国民对于公共物品的需求偏好，只有比较准确地掌握社会公众对于公共物品的需求，才能将政府配置的这部分社会资源的效用发挥到最大。为了达到这一点，政府在有限理性及信息不对称条件下必须通过设计一些偏好显示的激励机制，让公众真实显示其对于公共物品的偏好。政府掌握公众偏好的最一般方式是利用中位选民的偏好代替公众偏好，运用多数原则投票作出公共物品的供给决策。由于公共物品具有很强的外部性，并且对于某些必需的公共物品的消费反映了一个社会的公平与公正，所以，政府应该对社会发展和人们生活所必需的公共物品进行公平分配，这也是政府提供公共物品的最基本内涵。

由于公共物品消费的不可分割性以及公共物品“搭便车”行为导致的市场失灵，政府应该对市场失灵通过政府干预的方式予以解决，然而政府应该做的和政

① 孙钰、姚晓东：“提供公共物品配置效率问题研究”，载《现代财经》2001年第2期。

② ［美］奥尔森著，陈郁译：《集体行动的逻辑》，上海三联书店、上海人民出版社1996年版，第2页。

府正在做的是完全不同的概念。从理论上讲，政府是社会公众让渡权利的产物，应该为社会公众服务，但现实中的政府作为经济生活中的一个利益主体以及政府行政过程中会受到很多因素的阻碍，政府所做的会偏离政府应该做的，有时这种偏离还很大。

三、国家直接供给公共物品模式的缺陷

我们知道，法律的出现源于社会生活的需要，经济法也是为满足社会经济的发展，因国家自觉干预经济、弥补市场缺陷和矫正市场失灵而产生。国家直接供给公共物品也是国家弥补市场缺陷和矫正市场失灵的措施之一。但是，“政府事实上会遵从经济学家和哲学家所开出的处方吗？政府会利用‘看不见的手’保证让公共政策决定使经济更平稳更有效率地运行吗？或者，与市场失灵平行地存在着‘政府失灵’吗？”① 同其他任何组织一样，政府工作也存在效率问题。在市场经济中，政府干预本来是弥补市场缺陷、矫正市场失灵的一种力量或促进经济发展的方法，但在政府干预过程中，必然同其他市场组织、市场本身一样，也会出现效率的损失。政府作为一个组织的存在和活动，会产生组织的缺陷与失效，政府和市场一样参与资源的配置，其资源配置行为也会产生失效。“当政府政策和集体行动所采取的手段不能改善经济效率或当政府不公正地进行收入再分配时，政府失灵就会发生。”② 政府失效也称政府失败或政府失灵，实际上就是政府在市场上为某一行为时，不能达到预期的社会公共目标，或者是损害了市场的效率。导致政府失灵的原因主要有：

第一，政府有限理性的限制。传统市场经济学的资源最佳配置和利益最大化的假设，是以行为人的完全理性为前提条件的。但是，由于人的理性是有限的，也就是说，人总是想把事情做得最好，但人的智力是一种有限的稀缺性资源，所以人们要了解所有备选方案及其实施后果实际上是办不到的。因此，决策过程中人们寻找方案的标准并非“最优标准”而是“满意标准”。在政府对经济生活进行干预时，强调决策相对有效而不是绝对有效，故认定政府对市场缺陷的依法克服是万能的，从而不适当地助长政府对经济生活全面依法干预的这一经济行政法规化。殊不知，政府作为经济干预主体，也受有限理性的限制。政府所面临的是一个复杂的、不确定的市场社会，并且政府不可能获得完全的市场信息，不可能迅速及时地获得市场信息，所获得的市场信息也不一定是真实有效的信息，政府的各种活动中，并不存在着完全的信息，信息不对称现象普遍存在，这更加限制了政府的理性程度。故政府对市场的认识和预测能力是有限的，政府在利用国家权力进行配置资源时，就会

---

① ［美］萨缪尔森、诺德豪斯：《经济学》，北京经济学院出版社 1996 年版，第 556 页。

② ［美］萨缪尔森、诺德豪斯：《经济学》，北京经济学院出版社 1996 年版，第 567 页。

出现效率的损失而导致政府失灵。

第二，决策规则的内在缺陷。政府是人和制度的组合体，所作出的决策是集体行动的结果。熊彼特对民主政治的定义是：通过职业政治家个人之间竞争人们投票的方式取得政治决定权的制度性装置。① 然而决策规则存在内在缺陷：首先，“一致同意规则”要求征得每一个人的同意直至说服最后一个持不同意见者，这种决策过程极为艰难、成本太大，而且一票否决的权利使投票者可能对赞成这一决策的人们进行敲诈。其次，“多数规则”可能导致“多数人的暴政”，多数人可以把他们的政治意志强加给少数人。在不存在投票交易的简单多数模型中，投票结果往往反映了中位选民的需求。并且可能导致循环投票的投票悖论，也就是说，采用多数投票规则按照不同的投票顺序所得到的投票结果是不同的，投票顺序起着关键的作用，谁决定投票顺序对谁有利。② 最后，对社会整体来说，投票机制无法自动将人们对各种各样物品的各种各样的偏好转成偏好序列，并且投票人对他们的选择可能缺少责任感，因此不去努力搜索有关信息。这样，政府决策时就会根据自己的偏好选定投票顺序，而政府偏好并非最佳选择。

第三，政府的性质必然导致失灵。政府是国家表达意志、发布命令、处理事务的机关，这种垄断地位很难使政府部门提高工作效率，政府部门的活动大多不计成本，部分政府活动难以计算成本。主要原因有：一是公共物品估价或评价上的困难。官僚机构提供公共物品所追求的是社会效益，而非经济效益，社会效益的衡量缺乏准确的标准和可靠的估算方法和技术；二是公共机构尤其是政府机构部门垄断了公共物品的供给，缺乏竞争机制；三是政府机构及其官员缺乏追求利润的动机。政府维持一项活动的收入与他的成本无关，“同市场产出的效益——成本描述相比，非市场产出总的来说没有一个评价成绩的标准”。这种不把活动的成本与维持活动的收入联系在一起的政府行为，缺乏降低成本的内在动力，也缺乏外在压力，其行为必然是低效率的。政府机构内部难以采取促进民主决策的方式，多数投票规则不一定能产生“好政府”、“好决策”。另外，由于政府官员的利益追求与政府的利益追求不一致，就存在寻租行为的可能性，使政府干预经济的行为脱离了社会利益最大化的目标。

---

① 转引自潘伟杰：《制度、制度变迁与政府规制研究》，上海三联书店 2005 年版，第 77 页。

② 萨缪尔森、诺德豪斯：《经济学》，北京经济学院出版社 1996 版，第 562 ~ 565 页。

第三节　国家利用市场供给公共物品模式

一、国家利用市场供给公共物品的必要性

国家利用市场供给公共物品实质上就是国家把本来应由其直接向社会公众供给的公共物品，通过市场机制的作用由其他主体供给。除国家或政府之外存在大量的公共物品的其他生产主体，这已经是一个不争的事实。这就必须说明为什么国家供给公共物品要采取通过市场机制的间接方式，也就是说，国家利用市场向社会公众间接供给公共物品的必要性是什么。

导致国家利用市场供给公共物品的消极原因主要有二：一是政府失灵；二是政府供给某些公共物品效率低下。国家利用市场机制间接供给公共物品的积极原因是市场机制的功能。“在社会发展事业中，市场机制有两个基本功能：一是提高公共物品的生产和使用效率；二是利用市场机制融资用于发展社会事业。”①

首先，公共物品的市场供给，源自于现实世界的“政府失灵”。前文已述，政府作为一种制度安排，其自身在市场上为某一行为时，存在不能达到预期的社会公共目标，或者是损害了市场的效率，即政府失灵现象。政府的运行以及向公众提供公共服务和公共物品同样存在交易成本问题。由于政府系统缺乏明确的绩效评估制度，其成本和效率较私人部门难以测量，加上政府官员也是理性的“经济人”，公共物品的政府供给中难免存在特殊利益集团的“寻租”现象。因此，政府提供公共物品某种程度是一个政治过程，其交易成本甚至比市场制度昂贵。“在许多国家中，基础设施、社会服务和其他商品及服务由公共机构作为垄断性的提供者来提供是不可能产生好的结果。”② 而在公共物品和服务的提供上加强竞争将会提高供给效率和实现资源的充分利用。

其次，公共部门生产的低效率及浪费问题。在政府直接供给公共物品的过程中，最让政府头痛的是公共部门的低效率及浪费问题。这主要是由于以下三方面的原因：政府部门垄断着公共物品的供给，没有竞争的压力，企业越来越缺乏活力；政府部门是非营利机构，没有利润动机的刺激，因而缺乏一种动力去实现成本最小化和利润最大化；政府部门的支出来自于预算，不同的政府部门为了各自的利益，

---

① 胡鞍钢：“发挥政府在社会发展中的作用”，载胡鞍钢、王绍光：《政府与市场》，中国计划出版社2000年版，第206~207页。

② 世界银行：《1997年世界发展报告：变革世界中的政府》，中国财政经济出版社1997年版，第4页。

往往希望得到尽可能多的预算，使政府官员有能力实施政绩工程和实施腐败的资源，结果导致政绩工程类公共物品的过度供给。再加上公共物品是一种数量和质量都难以直接界定的物品，社会公众很难对政府的产出进行有效的监督。政府部门预算扩张趋势导致的直接后果是政府部门的膨胀，人浮于事，成本增加。1994 年世界银行的发展报告指出，“平均而言，发展中国家发电能力的 40% 不能用于生产，这是低、中、高收入国家中业绩最佳的电力部门的两倍”。①

另外，低效率和浪费问题还表现在公共物品的质量上。随着人们生活水平的提高，人们在关心公共物品提供数量的同时，也增加了对于公共物品质量的关注。一方面，政府直接供给公共物品的模式由于缺乏市场竞争，失去了优胜劣汰机制对于产品质量的保障作用；另一方面，没有最终用户的直接参与，也导致对于公共物品质量的忽视。导致公共物品质量差的另一个重要的原因是缺乏日常的维护。而公共物品的日常维护对于延长公共物品的使用寿命、提高公共物品的质量有着非常重要的意义。“如果没有足够的资源或者没有分配足够资源用于基础设施的运行和维护，基础设施会随着时间而退化。而且，由于最初的投资没能持续下去，常常使这些设施陷于废弃状态。”② 1994 年世界银行的发展报告分析指出，“维修良好的铺设道路路面在重新铺设之前应能使用 10 至 15 年，但缺少维护能使它在使用一半的时间后就严重损坏。世界银行援助的道路维护项目的收益率几乎比道路建设项目高出一倍”，③ 因此，应当鼓励对公共物品的维护进行必要的投入。

最后，市场机制能够提高公共物品供给的效率。政府干预和市场机制是目前两种典型的资源配置方式，政府干预主要是通过强制力，在整合全国资源方面，集中有限的资源供给公共物品方面取得了很大的成功，所以，政府能有效地供给纯公共物品和一部分准公共物品；市场机制也是一种有效的资源配置方式，市场经济归根结底是竞争经济，在市场经济条件下，没有竞争也就无法实现资源的合理配置，市场调控经济运行过程只有在竞争前提下才是相对有效的，“竞争是市场经济内在要求的基本制度原则”。④ 所以，对于一些具备竞争性的公共物品，由政府来直接供给，往往因为垄断而缺乏效率。市场机制就不一样，它通过引导资源在各市场部门以及各生产主体之间的流动，使资源在各部门之间的配置适应社会需求的变化，进

---

① 世界银行：《1994 年世界发展报告：为发展提供基础设施》，中国财政经济出版社 1994 年版，第 1 页。

② ［美］埃莉诺·奥斯特罗姆等：《制度激励与可持续发展》，上海三联书店 2000 年版，第 34 页。

③ 世界银行：《1994 年世界发展报告：为发展提供基础设施》，中国财政经济出版社 1994 年版，第 4 页。

④ K. 赫德齐纳：《竞争理论》，转引自陈秀山：《现代竞争理论与竞争政策》，商务印书馆 1997 年版，第 18 页。

而实现资源的优化配置。因此，资源的有效配置也说明了国家利用市场间接供给公共物品的必要性。

二、国家利用市场供给公共物品的可能性

众所周知，市场失灵理论已经说明市场没有办法供给出具有消费的非排他性和非竞争性的公共物品，然而随着经济和社会的发展，政府利用市场机制提供公共物品的范围在不断扩大，特别是20世纪70年代后，随着经济自由主义的复兴，西方国家公共物品供给领域中市场力量的作用越来越大，一些原来由政府提供的准公共物品转向由市场提供。来自发达国家以及部分发展中国家的事实，说明市场可以提供某些公共物品，客观事实需要理论予以解释。

（一）国家利用市场供给公共物品的理论支撑

1. 公共选择理论。公共选择理论是将微观经济学运用于政治和社会领域的一种理论，它根据理性的“经济人”假设解释政治与行政问题，与传统行政学致力于改革完善政府本身不同，公共选择理论关心的中心是政府与社会的关系，认为政府组织与官僚并不像人们以前所认为的那样，是没有自己独立利益的明智主体，相反他们和常人一样都是个人效用最大化的理性“经济人”，如同市场一样政府同样也会失灵。“官僚和任何其他人一样，不是受到公共利益的激励，而被认为是受到利己的利益激励。当我们用这种观点观察问题时，官僚制组织的运行状况并不好，因为官僚个人只被认为是牺牲其机构的利益而使其个人利益最大化；他们是使其个人福利而不是使公共利益最大化。”① 所以，“没有任何逻辑证明公共服务必须由政府官僚机构来提供”，摆脱困境的最好出路是打破政府的垄断地位，建立起公私之间的竞争，把政府事务更多地采取合同外包的方式让多个部门就提供同一项服务展开竞争，以提高服务质量和效率。“最好的社会政策是不妨碍经济规律发挥作用的政策，是充分利用市场解决问题的政策，而不是硬性取消市场或限制市场机制的政策。”② 因此，公共物品供给的市场化改革也就成了公共选择理论的必然逻辑结论。

2. 新公共管理理论。新公共管理理论起源于英美，是一组政府针对现实问题的政府行为和政府管理的新理念、新方法和新模式，主张在研究方法革新的基础上，以公共利益的实现为核心，对“公共机构与公共部门经济效益之间的关系”问题进行研究。“新公共管理就是增强和提高公共产品和服务能力的两个途径：一

① ［美］欧文·休斯：《公共管理导论》，中国人民大学出版社2001年版，第13页。

② 此乃弗里德曼所言，转引自方福前：《公共选择理论》，中国人民大学出版社2000年版，第2～3页。

是提高公共组织的供给绩效；二是充分利用私营部门”，① 认为公共部门和私营部门之间的管理没有实质性的差异，在私营部门被证明是行之有效的经验和做法同样适用于公共部门，主张将市场竞争机制引入政府内部以提高政府部门的管理绩效和水平，政府改革要以自由化、市场化和社会化为价值取向，并提倡构建“企业家政府”。将公共服务的提供通过市场的方式进行，改变传统上所有的公共物品都由政府直接提供的模式，是新公共管理理论的主导方案。

3. 治理理论。治理理论在20世纪90年代兴起，是一个主张多元、民主、合作、非意识形态化的理论模式。它讲求的是市场效率和管理的灵活性，强调公共管理主体多元化和平等性，主张通过合作、协商、伙伴关系等方式，依靠合作网络的权威对公共事务进行管理，其实质是建立在市场原则、公共利益和认同之上的合作。所以，在治理模式中民营化是实现社会“善治”的必然选择。

此外，以代理人选择与对代理人的激励为核心的委托——代理理论和产权理论对公共物品的供给主体和供给方式均产生一定的影响。

（二）国家利用市场供给公共物品的现实可能性

传统理论认为，所有公共物品均由国家直接供给是因为公共物品的非竞争性和非排他性特征，但是，随着生产力的发展，导致技术和管理的创新，公共物品排他性技术成为可能或排他成本较低，公共物品本身的变化及其质量、数量的可测性，使市场力量供给公共物品成为可能。

1. 技术与管理的创新。“市场力量与竞争可以改善基础设施服务的供给与提供，这是根据以往的经验、技术变化以及法规设计的新思路对部门重新评估后所产生的一致结论。这种新的一致结论正在取代长久以来所持有的观点：基础设施服务由垄断企业来经营能达到最好的供给和提供效果。”②技术的不断更新一方面使得某些公共物品可以实现排他性消费，即原来不存在排他技术或排他成本很高，而技术发展导致出现新的排他技术或降低排他成本；另一方面也降低了自然垄断类公共物品的投资成本，使得有实力的私人企业进入原来只有政府才能进入的公共物品提供市场。技术上的变化，更重要的是管理上的创新，使得以多种形式进行竞争成为可能。管理上的创新使得经营活动的分解成为可能，将原来由垄断组织经营的业务按其业务、地域等因素进行分解，使它们接受各种形式的竞争，为市场机制进入公共物品供给创造了条件。如在电信行业，市内电话、长途电话、蜂窝式电话、数字传输的分解，卫星和微波系统正在取代长途电缆网络，蜂窝式电话系统正作为地方交

---

① 转引自陈振明等：《竞争型政府》，中国人民大学出版社2006年版，第123页。

② 世界银行：《1994年世界发展报告：为发展提供基础设施》，中国财政经济出版社1994年版，第52页。

换局域网的替代物出现。这些技术创新消除了电信行业中基于局域网的垄断，而且使竞争成为可能。电力部门中电力供给与输变电的垂直分解也是如此。

技术和管理的创新也使得规制公共物品供给的法律制度必须创新。长期以来，制度供给不足是导致公共物品供给不足的重要原因之一。出于规模经济的考虑，对于自然垄断类公共物品，政府只允许一家企业进入，然而，随着经济与技术的不断发展以及人们对于公共物品多样性的需求，只允许一家企业供给某种公共物品的格局就应该改变，这时政府就应该放宽准入条件，使有条件的市场力量成为潜在的公共物品的提供者。经济和技术的发展，使国家利用市场供给公共物品成为可能，让有实力的市场力量能够提供公共物品就成为制度创新的必然选择。

2. 公共物品本身的变化。一方面，准公共物品具有私人物品的性质为市场机制发挥作用提供了条件。从公共物品的分类中我们可以看出，既具有非排他性又具有非竞争性的纯公共物品只不过是其中的一部分，还有许多公共物品，它们中有一部分属于具有排他性和非竞争性的公共物品，有一部分属于可能发生拥挤的公共物品或俱乐部物品，即非排他性的“公共资源”，在一定程度上也有竞争性。这些一定程度上或者具有排他性、或者具有竞争性的混合物品或准公共物品，实际上在一定程度上具有私人物品的性质。具有私人物品性质的准公共物品，便给市场的进入找到了很好的基础。另一方面，公共物品的变化也使市场机制发挥作用成为可能。公共物品的公共性会因经济发展水平、技术条件、公共物品的需求弹性、规模经济等因素的改变而发生变化。与此同时，市场本身也在不断地发展，私人提供者为了长期得到顾客，其机会主义的行为会不断减少，不同潜在的公共物品的提供者之间会相互竞争，迫使企业不会通过降低不可观测的产品质量的方法来降低成本。

3. 产品质量的可观测性。为了防止私人企业利用产品质量的不可观测而依靠降低质量的办法获得利润，政府倾向于直接供给那些质量不易观测的公共物品。然而随着时间的推移，产品的质量在以下两方面因素的影响下变得可以观测：一是受到政府对于质量观测技术需求的激励，私人部门不断发展可以信赖的方法，以使其产品的质量可以观测，观测技术不断提高，而不断提高的产品质量检验技术也促进了私人竞争者之间的良性竞争；二是即使公共物品的质量不可以直接观测，私人部门仍可对用户发出可靠的质量信号。非营利组织在美国很多公共物品领域里存在的事实就说明了这一点。Logan 指出私人企业努力建立自己的信誉以求得到更多的政府合同。若私人提供者想得到长期顾客，那么其机会主义的行为就会减少。私人企业之间的相互竞争迫使企业不会通过降低不可观测的产品质量的方法来降低成本。①

自由竞争市场是最有效率的，是一种最好的经济体制，市场主体“受着一只

① Logan, Charles, *Private prisons: cons and pros*, New York, Oxford University Press, 1990.

看不见的手的指导，去尽力达到一个并非他本意想要达到的目的。也并不因为事非出于本意，就对社会有害。他追求自己的利益，往往使他能比在真正出于本意的情况下更有效地促进社会的利益”。① 在公共物品领域，竞争能给予消费者更多的选择，以更好地满足其需要。竞争对公共物品提供者形成了压力和动力，使之提高效率并对消费者负责。在公共物品供给过程中，引入竞争机制可以采用直接引入和间接引入的方法，“直接引入竞争的方法可以是对没有技术障碍的活动实行自由准入。间接引入的方法是对那些存在自然垄断条件的专有服务的提供权进行竞争性投标，以及替代服务的提供自由化”。②

三、国家利用市场供给公共物品的实践

（一）公共物品供给主体的民营化动力和实践

20 世纪 70 年代末以来，以英国为代表的许多经济发达国家以自然垄断产业为起点，掀起了民营化改革浪潮。民营化的英文是 Privatization，也常被译为私有化。1969 年，美国学者彼得·德鲁克在《不连续的时代》一书中第一次明确提出“私有化”这个术语，然而关于私有化的概念，至今国内外尚未统一，根据各国相关法律、政策法规和权威辞典的解释，其内涵比较广泛。③ “广义而言，民营化可界定为更多依靠民间机构，更少依赖政府来满足公众的需求。它是在产品服务的供给和财产拥有方面激活政府作用，增加社会其他机构作用的行动。” “从狭义上看，民营化是指一种政策，即引进市场激励以取代对经济的随意的政治干预，从而改进一个国家的国民经济。”④ “民营化可以通过许多不同的技术和方法来实现。因此，不同国家和不同情境中讨论民营化会产生混淆和争论。人们使用许多概念来表述民营化，如非国有化、非政府化、非国家化、股份化、政府撤资等。这些都是民营化的同义词。其他词如公司化、商业化、市场化等既可以用来指民营化，也可以泛指使政府企业在市场环境下运营的一切努力。”⑤ 所以，“民营化就是要充分利用多样

---

① ［英］亚当·斯密著，郭大力等译：《国民财富的性质和原因的研究》（下），商务印书馆 1972 年版，第 27 页。

② 世界银行：《1994 年世界发展报告：为发展提供基础设施》，中国财政经济出版社 1994 年版，第 2 页。

③ 陈凌、熊艳艳：“从政府到市场：国外国有企业民营化文献综述”，载《经济社会体制比较》2004 年第 3 期。

④ ［美］E. S. 萨瓦斯著，周志忍等译：《民营化与公私部门的伙伴关系》，中国人民大学出版社 2002 年版，第 5 页、第 12 页。

⑤ ［美］E. S. 萨瓦斯著，周志忍等译：《民营化与公私部门的伙伴关系》，中国人民大学出版社 2002 年版，第 127 页。

化的所有制形式和运作关系来满足人们的需求，从而实现公共利益”。①

根据企业所处市场竞争程度的高低，民营化可从以下三个层次来理解：一是在竞争性行业中，民营化是指将国有企业完全转变为私人所有；二是在垄断行业中，例如民航、电信、铁路等，民营化是指消除市场禁入、开放市场、引入竞争，政府逐步出让、转售一部分国有股权甚至全部股权，主动变成小股东或者全面退出；三是对于其他公共部门的企业，区分其垄断性部分和竞争性部分，民营化是指将企业中竞争性部分外包，允许私人部门进入公共企业。

我们知道，在市场经济条件下，竞争对效率有促进作用。私有化的经济合理性主要是以它能促使市场更具有竞争性或可竞争性这一假定为基础的，但事实上，没有证据能说明私有化本身就能刺激竞争。伴随私有化产生的竞争程度主要取决于私有化的形式和有关市场结构重组程度。把垄断企业简单地从公共部门转入私人部门丝毫不会刺激竞争，因为这没有影响市场结构。例如，英国对电信和煤气供应等实行改革的初期，通过出售原来国有企业的股份实行所有制变革，虽然这些企业的所有制发生了变化，可是，它们的垄断性市场地位没有发生变化，只是把垄断性国有企业变为垄断性私人企业，由于这些私有制企业不存在竞争的压力，其结果并没有产生提高经济效率的刺激，恰恰相反，由于急于对原来国有企业实行私有化，这使后来对市场结构的调整，即把原来垄断性市场结构改变为竞争性市场结构造成了很大障碍，从而增加了政府管制体制进一步改革的难度。② 必须把民营化与放松管制、引入竞争结合起来，没有竞争，只有民营化，不会有效果。同时，供给活动的私有化，尽管很可能会增加供给效率，但却解决不了内容广泛的公共物品供给问题。

民营化不等于私有化。自然垄断产业的民营化，是一个在自然垄断产业逐渐增加民营经济的比重，扩大民营企业的经营范围的过程。不少人认为，民营化就是私有化、就是非国有化，即把国有企业的资产出售给私人部门。产生这种观念的主要原因是，在英国私有化的初始阶段，确实是以出卖国有企业资产作为私有化的主要措施的。但通常认为，各种经营活动由原来的公共部门转移到私人部门都属于私有化。有的甚至把运用竞争机制以提高公共部门绩效的任何改革活动都称为私有化。③ 实际上，民营化具有更为广泛的含义，民营化不仅包括把国有资产出售给私人企业或个人，而且还包括向社会公众发行股票，对自然垄断行业放松进入管制，引入竞争机制，通过特许投标、签订合同等形式鼓励民营企业提供公共物品等。“民营”是一个与“政府直接经营”（或称“官营”）相对应的概念，“民营”与生

① ［美］E. S. 萨瓦斯著，周志忍等译：《民营化与公私部门的伙伴关系》，中国人民大学出版社 2002 年版，第 5 页。

② 王俊豪：《中国政府管制体制改革研究》，经济科学出版社 1999 年版，第 38 页。

③ 王俊豪：《中国政府监管体制改革研究》，经济科学出版社 1999 年版，第 65 页。

产资料所有制没有必然联系，在供给公共物品方面，带有私有性质的“民有民营”很少，大多是“国有民营”，所以，“民营”不等于“私有”，民营化也不等于“私有化”。

民营化的目的也不是私有化，而是为了使公共物品领域形成多元竞争主体，避免原来国有企业垄断经营的低效率。“任何民营化努力的首要目标也是（或者说应该是）将竞争和市场力量引入到公共服务、国企运营和公共资产利用过程中。”①因为在国有企业垄断经营公共物品的情况下，即使存在竞争，也只是国有经济内部的事，在微观方面不能使国有企业成为市场风险的真正承担者，在宏观方面难以克服政府对国有企业直接干预的制度惯性。由于国有企业属于政府所有，通常实行政企合一的管制体制，公共物品的投资、价格等重大决策都是由政府制定的，这就使国有企业不是真正的决策者，而只是决策的执行者。而且国有企业要承担政府要求的多种目标，在这些目标中，利润目标被排在相当次要的位置，加上不承担市场风险和不存在破产倒闭的压力，其结果自然就不会是追求成本最小化、利润最大化的高效率。

当安排者和供给者合一时，官僚制的成本就产生了，即维持和管理层级系统的成本。当安排者与供给者不同时，又产生了交易成本，即聘用和管理独立供给者的成本。两种成本的相对值决定了安排和供给功能分开是否值得。②

在实践领域，西方学者一般都认为公用事业民营化的现实动力主要表现在以下几个方面：一是政府在公共服务的供给过程中出现了政府失灵并引发了政府危机。自20世纪80年代初期以来，公共部门的规模和能力受到了公众的质疑，人们普遍认为政府规模过于庞大，干预范围过多，浪费了很多紧缺资源，各国政府大都面临财政危机、信任危机和管理危机三大困境，而私营部门则通过不断革新取得了巨大成就，这对公共部门形成了极大的压力。③ 二是官僚制行政模式受到了前所未有的批判。在经历了近百年的辉煌之后，以效率为目标的官僚制遭到了普遍的怀疑，理性形式、不透明性、组织僵化以及层级制等特征使其成为了官僚主义的代名词，从价值与技术两个层面来考察，它已不再被视为有效率的组织形式。从宏观经济的角度来看，西方经济发达国家实行民营化改革的原因，可以追溯到这些国家在20世纪70年代中期所发生的高失业率、高通货膨胀率和低经济增长率这三大并发症。

---

① ［美］E. S. 萨瓦斯著，周志忍等译：《民营化与公私部门的伙伴关系》，中国人民大学出版社2002年版，第124页。

② Oliver E. Williamson, Transaction - Cost Economics: The Governance of Contractual Relations, *Journal of Law and Economics* 22, No. 2 (1979), pp. 233 - 261. 转引自［美］E. S. 萨瓦斯著，周志忍等译：《民营化与公私部门的伙伴关系》，中国人民大学出版社2002年版，第69页。

③ 王明华、房正国：“论公共部门民营化改革的动因及其缺失”，载《新疆社科论坛》2002年第6期。

主要经济发达国家在这三大并发症的冲击下，在意识形态上对政府干预理论发生了很大的变化，一方面，依赖政府补贴的国有企业无以为继；另一方面，政府也没有足够的财力对国有基础设施部门进行扩大投资，国有化后国有企业的低效率和严重亏损问题也凸显出来，政府财政负担日益增加，难以支持国有自然垄断产业的生存和发展。这些因素都共同促进了自然垄断产业的民营化改革。① 三是经济与技术的进步大大缩小了某些公用事业的自然垄断属性。由于经济与技术的发展，某些自然垄断产业或领域，就会逐渐丧失部分或全部自然垄断的特性，加上替代物品的发展，引入竞争机制是可行的。正如科特勒在《国家营销》中所指出的，“最近的技术发展已使不同行业部门间的界限变得模糊。有着相同基础技术的相近行业的公司至少已成为其他行业潜在的竞争对手。此外，对相关市场的描述已变得日益困难了。所以，许多领域的竞争似乎是增强了而不是减弱了”。这种变化，从根本上动摇了政府对公用事业实行垄断的理论基础，客观上需要放松甚至解除政府管制，代以市场竞争机制。②

（二）国外民营化实践对我国的启示

公共物品的供给与公共物品的生产之间的区别是公共物品供给主体民营化概念的核心，也是政府公共部门角色界定的基础。政府本质上作为一个制度安排者或者提供者，用其强制的征税权来筹集资金，并决定什么公共物品通过国家直接供给。民营化只是一种工具，以市场化的方式提供公共物品，追求经济、效率、效益是其主要特征。

国外公共物品供给主体民营化的成功经验，对我国现阶段公共物品供给主体改革可得出以下几点启示：

第一，公共物品供给主体民营化应在建立竞争机制的基础上进行。政府之所以要对公共物品供给主体实行民营化，就是要改变原有政府直接供给公共物品缺乏活力的状况，因此有效的竞争必不可少。美国总统经济顾问斯蒂格利茨（J. E. Stiglitz）指出：“竞争有两个重要的经济功能：选择与激励。参与竞争的企业会供给更新、更好的产品，并提供更新、更好的服务。”③ 前文也述及民营化的目的不是私有化，而是为了使公共物品领域形成多元竞争主体，避免原来国有企业垄

① 王俊豪、周小梅：《中国自然垄断产业民营化改革与政府管制政策》，经济管理出版社2004年版，第72～78页。

② 马桑：“运行中的嬗变——公用事业的政府管制理论变迁”，载《学术探索》2003年第8期。

③ ［美］约瑟夫·E. 斯蒂格利茨：《社会主义向何处去——经济体制转型的理论与证据》，吉林人民出版社1998年版，第127页。

断经营的低效率。私营的服务提供者如果没有必要竞争，那么，也会像公营部门的垄断组织那样效率低下。竞争是加强公共企业外部压力和约束，提高效率的最有效的手段。借鉴国外改革的经验，在公共企业经营过程中引入竞争首先要对公共企业的供给过程、提供的产品和服务进行更加细致的分类，将非自然垄断业务从自然垄断业务中分离出来。而对于市场进入者的选择，应采用多种方法以提高选择的科学性和高效率。政府在国有企业民营化之前应逐步完善竞争机制，使得民营化后的公共物品供给能适应竞争的要求，真正摆脱原有旧体制的束缚。

第二，产权改革是提高公共物品供给效率的根本出路，明确而清晰的人格化产权才能使社会资源得到最有效的利用，其他产权形式都是次优选择，都会导致一定程度的效率损失。民营化应是改革的方向，股权多样化是效率的保证。“私有化是政府箭袋中的一支箭，但同样明显的是，私有化并不是唯一的解决办法。”① 并且，在有些领域，私有产权制度安排是不适用的，如安全、空间资源等。“一种公共资源，如果要维持而且必须维持公共或集团产权制度的话，它至少应该满足以下三个条件：其一，对具有不确定价值性的资源再分割具有很高的风险；其二，界定和守护私人产权制度的成本很高；其三，资源的供给具有强烈的外部经济特征。”② 可见，对那些共享性可能性非常大，以及排他费用和成本极高的公共资源，最好采取政府规制的公共产权制度。同时，政府在国有企业民营化的过程中，应采取稳妥渐进的方式转移所有权，以保证国家重点经济部门的稳定。英国政府采取的“金色股票制度”③ 就是一种很有效的方式，可在一定程度上实现政府对该企业的扶助和干预作用。

第三，公共物品供给主体的民营化具有多种形式。首先，国有企业的存在，不一定以独资形式才能实现，通过资产关系的混合化，只要保持国有股的控股地位，依然可以保持国家对国民经济结构的控制调节作用。其次，不是关系到国计民生的国有企业，通过上市实现资产混合化，实行国有民营或民有民营形式。最后，对于产品有市场、内部管理好、但资产负债结构不合理的企业，可以进行不良资产的剥离，实行债转股方式。

第四，提高政府直接供给公共物品的效率。政府资源应主要用于社会利益的提

---

① ［美］戴维·奥斯本、特德·盖布勒：《改革政府：企业精神如何改革着公营部门》，上海译文出版社1996年版，第22页。

② 转引自潘伟杰：《制度、制度变迁与政府规制研究》，上海三联书店2005年版，第25页。

③ 金色股票是指只有政府能拥有的特别股，持有特别股的目的并不在于掌握企业的所有权或经营权，而是为了在企业利益与国家利益及社会利益不一致时，政府有能力干预企业的不正当行为。英国政府采用金色股票制度的目的是，不允许任何个人或企业拥有民营化国有企业股票的15%以上，防止其他企业夺走经营权。

高，而不要拘泥于经济效益上，应逐步弱化经济目标，使其更集中地服务于社会目标，因此，国有资源应尽快退出竞争性行业。同时，国有资产管理体制改革的意义在于降低从政府到企业层面的委托代理费用，减少委托代理过程的效率损失。改革的关键在于设计规则来降低受委托的经营者偏离所有者利益的行为的概率，使损失减少，提高其效率。

第四节　自愿合作和社会捐赠供给公共物品模式

一、自愿合作和社会捐赠供给公共物品的必要性

对社会组织的非私即公、非公即私的划分过于粗糙，忽略了一大批处于政府和私营企业之间的社会组织。它们所从事的是政府部门和私营企业“不愿做、做不好，或不常做”的事。

人类活动的本质特征之一是目的与手段的统一。按照人类活动的目的性，人类活动可分为公益性活动和私益性活动，公益性活动提供公共物品，私益性活动提供私人物品；按照人类活动的手段或组织方式，可分为志愿或自由的活动和强制或民主的活动。依据目的和手段相统一的原则，两向度的排列组合出现四种排列矩阵：强制性公益、强制性私益、志愿性公益和志愿性私益。公益、私益与志愿、强制所组成的排列组合可用下表直观表示，即：

	公益	私益
强制	强制性公益	强制性私益
志愿	志愿性公益	志愿性私益

以“强制谋公益”作为政府领域的规则有赖于现代民主制度形成的国家对公民负责的机制；以“志愿谋私益”作为市场领域的规则有赖于现代法治维系的自由交易、公平竞争机制。而在这些机制未形成之前，无论政府领域还是市场领域都会存在大量的“以强制谋私益”的成分。① 强制性公益就是通过权力运作、政策法律和制度规范等手段，强制性要求其成员为公共利益服务的一种机制；志愿性私益是通过市场的自由交易为私人利益服务的一种机制。强制性私益是通过强权手段，强制性要求其成员为私人利益服务的一种机制。志愿性公益是通过成员的志愿行为，自主地为公共利益服务的一种机制。

① 秦晖：《政府与企业以外的现代化——中西公益事业史比较研究》，浙江人民出版社1999年版，第9页。

按通行的说法，市场是以志愿（自由交易）方式满足私人利益的机制，而国家则是以强制（权力运作）方式满足公共利益的机制。由于这两种机制的不足，于是产生了以志愿为特征的自愿合作和社会捐赠方式满足公共利益的机制。① 经济学理论认为，由于公共物品具有消费的“外溢性”和“非排他性”，决定了这种物品通过市场机制提供时会存在“搭便车”的问题，从而导致公共物品的供给不足。这就是所谓的市场失灵。“市场失灵”决定了公共物品的提供需要某种“强制性”力量的介入，这就是政府干预。然而经济学者又发现，政府提供公共物品倾向于反映中位选民的偏好，即提供单一化、标准化的公共物品，而事实上不同的人对于某些公共物品的需求在质上和量上都是不同的，从而在公共物品的提供上也存在不同程度的“政府失灵”。首先，公共物品的社会供给，源自于政府与市场的双层失效。众所周知，萨缪尔森系统地探讨了市场机制无法有效地提供公共物品问题，认为只有政府才能弥补这一市场失灵。然而，政府也存在失灵的一面，为了解决弥补政府的失效，又把市场引入公共领域，市场在一定程度上解决了因政府垄断带来的低效、“寻租”等问题，但市场自身的痼疾仍然无法得到解决，这样仅靠市场和政府来提供公共物品，它们又显得有心无力，这就迫切需要一种新的力量来补充公共物品供给不足的问题。其次，公共物品的社会供给，也是由“第三部门”自身的特点决定的。“第三部门”具有非营利性、自治性和公益性等特点，决定了它也必然成为公共物品供给的主体。“‘非营利组织’就是作为对这两种形式的公共物品提供‘失灵’作出反应，它们的作用是在政府和企业之间‘拾遗补阙’，灵活多样地满足各个社会群体对公共物品的需求。”②

正是由于公共物品供给的“市场失灵”和“政府失灵”，随着社会经济及技术的创新，人们的观念也正在发生变化。一方面，当公共物品供给不足时，第一反映不再是抱怨政府为什么不提供，而是考虑市场能否很好地提供。当这种社会观念形成时，政府提供公共物品的压力就会减少，也为政府退出某些公共物品的供给准备了思想基础。另一方面，政府观念的改变导致制度创新。政府不再将全部公共物品限制为由国有企业垄断经营，而是放宽了准公共物品提供的进入条件，改革了公共物品项目的审批制度，制定新的适应市场经济的制度规则。

二、自愿合作和社会捐赠供给公共物品的可能性

“市场失灵”理论论述了公共物品供给必须要国家公权力介入，已经基本上排

---

① 秦晖：《政府与企业以外的现代化——中西公益事业史比较研究》，浙江人民出版社1999年版，第5页。

② 郑国安等：《非营利组织与中国事业单位体制改革》，机械工业出版社2002年版，第24页。

除了没有国家公权力介入时私人企业提供公共物品的可能，“政府失灵”理论论述了政府直接供给公共物品的数量不足及低效率，而出现国家利用市场间接供给公共物品的情况。“政府失灵”和“市场失灵”的存在，为一种新的机制——以自愿求公益的自愿合作和社会捐赠供给公共物品的机制创造了现实的需求，从而也为公共物品供给主体的选择机制创造了一定的条件和可能。随着社会经济的发展，人们对公共物品的需求日益增加，这就要求存在弥补国家直接供给和国家利用市场供给公共物品不足的组织。这些组织存在的原因是“市场失灵”和“政府失灵”理论难以解释的现象。美国学者 Hansmann 提出的“契约失灵理论”（Contract Failure）给出了有力的解释：在这些经济领域中，由于其产品或服务在提供者与消费者之间存在着“信息的不对称性”，使得消费者往往缺少足够的信息来评估服务或产品的质量（如家长对于学校、患者对于医院、捐款者对于慈善机构等）。这时，如果是营利性企业经营，它们作为利益最大化的追求者，有可能利用自己在信息不对称关系中所占的优势地位以次充好来欺骗消费者，谋求自己的利益；而如果由“非营利组织”来提供服务的话，他们由于受到不得分配营利的约束，则不存在投机钻营的动机。因此，与营利企业相比，非营利组织是一种更值得信赖的组织形式。

一般而言，政府对公共物品的供给，定位于大多数人的需求，或者“中位选民”的需求，无法满足其他人的特殊需求或者超额需求。自愿合作和社会捐赠供给公共物品模式有着巨大的作用和优势。首先，这种供给模式有助于填补政府供给公共物品方面的资金不足。合作组织和社会捐赠组织能够通过社会捐助，动员社会各方面的资源供给公共物品，帮助政府解决一些容易被忽略或政府无力供给的公共物品。“据统计，全世界每年有数以千亿美元被捐赠给慈善机构、政治组织、宗教和文化团体”,① “1999 年仅美国人就为慈善事业捐出 1230 亿美元，相当于当年美国 GNP 的 2.2%，用于提供各种各样的公共物品”。② 其次，自愿合作组织和社会捐赠组织供给公共物品增加了资源运用的透明度和合理性。由于广大民众的参与，能较好地避免官僚的寻租、浪费，而且能较充分地利用社会上过去闲置或未能利用的各种资源。再次，自愿合作组织和社会捐赠组织供给公共物品能推动社会广泛关注与帮助在经济与社会发展过程中资金与人力薄弱的某些部门，以及遭遇困难的弱势群体。最后，自愿合作组织和社会捐赠组织供给公共物品有利于扩大社会公平，缩小经济发展中的公共物品供给差距，促进市场化改革的过程。此外，相当多的学者论证了“非营利组织”在提供公共物品时相对于政府组织的优越性，比如有学

---

① Stevens, Joe B：《集体选择经济学》，上海三联书店、上海人民出版社 1999 年版，第 139 页。

② 王绍光：《多元与统一——第三部门国际比较研究》，浙江人民出版社 1999 年版，第 69 页。

者认为“非营利组织”以志愿主义的原则运行，因而在运行成本上会大大低于政府部门；“非营利组织”向公众提供服务，可以名正言顺地向目标公众收取部分费用，从而降低公共负担；“非营利组织”小型化、人性化的运营模式更加灵活有效，与之相比，政府部门的官僚机制显得更为人浮于事、缺乏效率等。①

那么，私人为什么愿意提供公共物品？或者人们为什么选择合作而不是选择“搭便车”？究其原因主要有以下几个方面：

第一，对公共物品的追求和利他主义的存在。人们的利他主义情结，使得自己的效用函数中包含了朋友和邻居的效用，并且他们的效用与自己的效用是一种正相关关系。若自己采取了“搭便车”的行为，造成公共物品产量过低甚至不能被有效提供出来时，由于此时公共物品与其他产品之间的边际替代率非常高，将使自己和其他人都为自己的行为付出非常高的福利代价。相反如果为公共物品作出自己的贡献，就会出现整个社会福利水平的帕累托改进。② 在自愿合作和社会捐赠组织供给公共物品的过程中，成员的行为动机存在着一种“公益人”假设，成员参与公共物品供给的目的之一，是自愿、自主和自发追求公共利益，他们的行为主观上存在着一种“利他”的倾向。正是由于这个原因，出现了那么多的社会自愿捐款，用于提供一定数量的社会公共物品。

第二，人们提供公共物品是为了获得某种私人物品。自愿合作供给公共物品，由于成员在追求个人利益的“经济人”出现“社会化”而使人们具有“社会人”的特征，使在追求个人利益的基础上出现自愿地为公共利益服务的“公益人”。某些公共利益集团为了鼓励人们加入这个组织，常常给其成员提供一系列的优惠服务，即享有优惠接受某种产品或服务，这些优惠服务只有在其成为集团的成员时才能得到。某些私营企业为了提升自己的社会形象，促进其产品或服务的销售，增加自己的利润，选择了通过供给某些公共物品的方法，如私营企业的社会捐助。

第三，社会道德的因素导致自愿合作和社会捐赠组织提供公共物品。造成“搭便车”行为的原因主要有两个：一是在个人行为与行动后果之间缺乏较强的联系，即如果一个人预期另一个人或另外一些人不管怎样都会为他提供利益，那他就不会自愿而主动地采取行动。相反，则会自愿而主动地采取行动。二是个人在行动之前很难估计其收益，而成本却是较明显和直观的。因此诺斯认为，为了能合理说明集体决策在实践中存在的原因，需要在传统的分析方法之外引进一个独立的变量，该变量能使当事人在对自我利益的计算不足以构成行动动机的时候促使他去行

① 郭国庆：“国外非营利组织的性质、分类与作用”，载成思危主编：《中国事业单位改革——模式选择与分类改革》，民主与建设出版社 2000 年版。

② 雷晓康：“公共物品私人提供的理论分析”，载《西安电子科技大学学报（社会科学版）》2003 年第 1 期。

动。这个变量就是意识形态。意识形态作为一套价值观念或认知学识，是每个人都有的，它的存在能导致人们限制他们的行为。概言之，意识形态一方面使得单独的成本—收益计算不构成人们是否行动的唯一原因。另一方面，它又可能被视为一种节约机制。因为在许多时候，如果人们被他们的价值观念所引导，他们将不再去像经济学所假设的“经济人”那样斤斤计较，而是直接选择一个方向行动。

第四，多样化的价值观。价值观的多样化与人类社会的进步并存。社会经济发展与政治发展都导致对于具体代表的利害关系以及优先次序的选择多样化。在以往，个人及其他社会机构之间常常相互竞争的目标和价值主要是由各国政府以行政体制加以吸纳、对应和平衡的，但是，基本上属于单一价值观的政府行政制度体系的这种能力很有限，特别是随着经济全球化的加速，这种能力的有限性就更加明显。可以说，在价值观多样化程度越高的国家和地区，单凭政府的力量整合社会就会越困难。在政府力量达不到的地方，替政府发挥吸收和对应多样化的价值观的新主体就会出现。于是，适应社会新的认识和多元价值观所对应的需要，形形色色的自愿合作组织和慈善组织作为社会新的功能的承担者就出现了。

三、自愿合作和社会捐赠供给公共物品的机制及其弊端

市场机制是以自愿求私益，通过平等的市场活动主体之间的合同与契约、自由交易、公平竞争、个人经济权利的满足等活动追求私人利益，经济领域是以市场机制为主要运作方式；政府机制是以强制求公益，通过公共权力的运作和政府组织之间纵向的“命令—服从”关系追求公共利益，政治领域是以强制机制为主要运作方式；社会领域的自愿合作组织和社会捐赠组织，其机制是以自愿求公益，通过具有平等地位的社会活动主体的个人选择、理解，形成共同的道德和信念等活动追求公共利益。

自愿合作组织和社会捐赠组织供给公共物品的方式主要有：

1. 俱乐部组织供给公共物品。俱乐部就是这样一个组织，它在只对其成员提供分享的集体物品，用其成员的付费支付该物品成本，成员费用按照某一种或多或少平均的税收规则，或者在某种情况下有差别的税收规则支付。典型的形式是会费或使用费。从这个定义中可以看出，俱乐部模型提供公共物品时，是以会员支付费用为前提的，当成员享受此种公共物品的边际收益与其承担的拥挤成本相等时，俱乐部规模实现了最优，俱乐部提供者则通过提供这种公共物品而直接获得相应的利润。①

2. 社区组织供给公共物品。社区组织作为政府提供公共物品不足的有力补充，

---

① 雷晓康：“公共物品私人提供的理论分析”，载《西安电子科技大学学报（社会科学版）》2003 年第 1 期。

近20年来发挥了积极的作用。在亚非拉各国，以社区为基础的组织，在诸多领域里为改善本地居民的生活质量作出了积极的贡献，这些领域包括改善卫生条件、提供清洁的饮用水、保护环境、普及基础教育、救助弱势群体等。① 社区组织提供公共物品的资金来源主要是社区成员出资。我国广大农村的许多公共物品就是按这种方式来提供的，如农田水利基本建设、农村交通等。城市社区内的治安联防、文体设施、卫生等公共物品的提供也是如此。

3. 社会捐赠组织供给公共物品。志愿组织除了带有利己色彩的自愿合作组织外，另一类是纯粹公益性志愿者组织，有的学者称之为非成员的志愿公益组织。所谓“非成员”是说它的目标或提供的公共物品，并非只由成员内部来享受，而是更广义的公共利益。这方面的例子像环保组织、人权组织、妇女权益保护组织、少数民族权益保护组织，以及形形色色的扶贫、慈善、公益基金、发展促进、文化交流组织等。② 但由于这些组织的外延很大，各种组织的运作差异也很大，分别论述它们供给公共物品的难度远非笔者力所能及，故只是论及社会捐赠组织供给公共物品的情况。

自愿合作与社会捐赠供给公共物品机制也有其自身的局限性，使之无法依靠自身力量推进公共物品的供给，亦即出现了“志愿失灵”（voluntary failure）或公益失灵。在我国，自愿合作与社会捐赠供给公共物品机制的局限性具体表现为：第一，供给公共物品数量上的有限性。社会公众对自愿合作与社会捐赠的公益性的各种要求，与现存自愿合作组织与社会捐赠组织的狭小范围、领域的现状有较大差距；自愿合作组织与社会捐赠组织运作所需要的开支与其所能募集到的资金之间存在着巨大的缺口。第二，公益机构的业余性。自愿合作与社会捐赠组织发展需要从业人员的专业化和科学化的管理，与大多数组织“业余性”存在巨大差距。公益事业发展必然产生对资源配置的竞争，这种竞争不仅来自于其他同类组织，也来自于企业和政府。因而，现代公益事业急需现代化的管理理念和专业化、职业化的管理人才。第三，公益机构组织内部的家长作风、官僚化、行政化作风，甚至腐败现象的侵蚀。第四，浓厚的官方色彩。第五，自愿合作与社会捐赠组织的非营利性和商业化经营的倾向产生的困惑。

自愿合作与社会捐赠供给公共物品机制有其自身的局限性，这也为政府对自愿合作与社会捐赠供给公共物品的规制提供了依据。一方面，政府应通过立法形式以鼓励和保护自愿合作与社会捐赠组织和从事志愿事业的志愿者，以避免自愿合作与

① 王绍光：《多元与统一——第三部门国际比较研究》，浙江人民出版社1999年版，第18页。

② 秦晖：“既要WTO，也要NGO”，载《中国改革》2002年第6期。

社会捐赠组织和个人在从事志愿服务中的尴尬。[1] 另一方面，政府对自愿合作与社会捐赠组织提供资金支持，同时还应强化对其公益服务过程中的审计和监督，以提高自愿合作与社会捐赠供给公共物品的效率。

本章小结

科学合理的公共物品供给模式是为了最大限度地实现公共物品消费者的公共物品权。公共物品供给与生产相分离，使得传统理论（认为除国家以外的其他主体不能提供公共物品的观点）受到质疑。但是，由于公共物品的特征导致的“搭便车”和外部性问题以及私人供给公共物品造成的资源配置缺乏效率，而国家职能就是实现公共利益，且国家权力能够实现公共物品供给的公平和避免私人供给公共物品造成的资源配置弊端，故国家是应然的公共物品供给主体。当然，国家作为公共物品供给主体并不否认其多元化的生产方式存在，相应地，公共物品生产主体多元化也不能否认国家作为供给主体的唯一性，多元化的生产模式是为最大限度地实现公共物品权的客观需求。国家利用市场供给公共物品模式是利用市场机制改变某些领域国家直接供给出现的低效率，而自愿合作和社会捐赠供给模式是弥补国家供给的空白和不足。国家直接供给模式、国家利用市场间接供给模式和自愿合作与社会捐赠供给模式均有其存在的必要，同时又有其弊端，为实现公共物品的有效供给和保障公共物品权的最大限度实现，就是如何用法律规制的手段实现不同供给模式的有机结合。

---

① 南香红：“志愿者事业的软肋”，载《南方周末》2002年12月12日。

第四章　国家直接供给公共物品的法律规制

公共物品具有的非竞争性和非排他性特征，使得公共物品供给过程中存在严重的“市场失灵”，致使社会公众无法实现公共物品权。公共物品供给必须由国家公权力介入，政府成为公共物品供给的主要责任者，但由于公共物品的复杂性和现实中“政府失灵”，人们对政府在公共物品供给中的角色和职责大加责难。诚然，政府是公共物品供给的主体，但并不是所有的公共物品均由政府直接生产。合理认识政府在公共物品供给中的角色，界定政府在公共物品提供与生产中的基本职能范围，对国家直接供给公共物品进行法律规制，是公共物品供给机制研究的重要内容。

第一节　国家直接供给公共物品模式下的生产主体

一、国家或政府

众所周知，公共物品不仅对社会及其经济发展有着重要意义，而且对于人类的生存和发展也有着极端的重要性。但是在市场经济条件下，由于资本追求利润最大化的本质特征和公共物品所具有的非竞争性和非排他性特征，我们根本不可能通过市场机制调节获得公共物品。因为市场机制通过供求规律、以价格为指示器、以自由竞争为手段实现资源配置，而公共物品的需求信息是生产者无法准确获得的，再加上自由竞争在公共物品领域是受限制的，价格指示器的作用也就无法发挥作用。同时，由于公共物品效用正的外部性，必然造成“搭便车”行为的存在，投资者在追求利润最大化过程中，必然将价格提高或将“搭便车”者应付的价格转嫁给付费的消费者，造成公共物品购买不足。况且，有些公共物品的使用是不可能排他的，私人主体又没有相应的强制力要求受益者付费，私人投资者就无法回收成本及获得利润，私人主体就不可能按照市场运作的方式来为社会提供无直接利益可图的公共物品。那么，公共物品生产的重任就责无旁贷地落在了政府的肩上。

从本质来说，政府也是一种社会组织。与国家不同，“政府是人和制度的组合体，它依赖并从属于国家，是国家表达意志、发布命令、处理事务的机关，它的一系列职能都是国家职能的具体化”。① 从社会结构、社会分工和政府所承担的公共职能及公共义务分析，政府的存在是必要的、合理的。为了使政府更好地履行自己的职责，公众赋予政府一定的公共职能和公共权力。从政治的角度来看，政府职能是国家机器的集中体现，在代表公共利益、公共意志和公共权力方面具有广泛性，在维护公共利益、公共意志和公共权力方面具有强制性。正是由于这种代表公共利益的性质，决定了政府的职能首先应当是公共职能，政府职能的基本任务应当是努力满足社会公众的公共需要，为他们提供公共物品和公共服务，并保障社会公众行使公共物品权。“为了保障这些权利，所以才在人们之间成立政府，而政府的正当权力则系得自被统治者的同意，如果遇到任何一种形式的政府变得损害这些目的的，那么，人民就有权利来改变或废除它。”② 从经济的角度来看，政府拥有任何机构和个人所没有的公共资源和依法对社会的经济活动进行宏观调控的职能和手段。“由于提供一项基础设施服务的单位成本一般随着产出的增长而降低，所以由一个单一的实体来提供这种服务似乎在经济上是合理的。为了限制市场力量带来的不太好的影响，人们就希望政府是提供这些服务的唯一实体，或是严格管理私人垄断企业的唯一机构。”③

根据公共物品的本质属性，将其分为两大类，即自然属性公共物品和社会属性公共物品。自然属性公共物品有阳光、空气等，没有地域属性和阶级属性，是一切生命赖以生存的基础。公共物品的社会属性通常包含公共物品的政治属性、经济属性、文化属性和社会公益属性。政治属性的公共物品主要是指为国家和公众提供政治服务的国家机器（如军队、警察、法院、监狱）和部分政府职能。经济属性的公共物品主要是指政府为社会创造的经济发展环境、对经济进行宏观调控的措施和手段，维持市场秩序、对国有资产进行管理等。文化属性的公共物品主要是指民族精神、道德风尚、公共教育、科学知识、文学艺术、文化遗产等。而社会公益属性的公共物品则主要包括社会公益性基础设施、环境保护、社会保障、公共服务等。公共物品的二重属性，决定了其生产方式也有两种：自然属性的公共物品主要是自然界自生自灭的，它们的产生和消亡是不以任何人的意志为转移的，更不能靠市场机制来生产和消费。但人类在对这些物品使用的过程中，也不同程度地对这些物品

---

① 吴大英、沈蕴芳：《西方国家政府制度比较研究》，社会科学文献出版社 1996 年版，第 6 页。

② ［美］杰斐逊：《杰斐逊文选》，商务印书馆 1963 年版，第 51 页。

③ 世界银行：《1994 年世界发展报告：为发展提供基础设施》，中国财政经济出版社 1994 年版，第 52 页。

产生了一些影响，如温室效应、污染等，这只需要国家对自然属性的公共物品进行维护。社会属性的公共物品的生产则主要由社会，具体地说是由国家、政府或社会公众来完成的。如政治属性公共物品的生产只能由国家及代表国家政治利益的相关部门来完成，私人不可能拥有真正意义上的军队、警察。经济属性的公共物品的生产，同样也只能由政府及其职能部门来完成。因为任何个人或企业都没有能力，也不可能来维护一个社会的经济秩序，更不可能对一个区域或一个国家的宏观经济进行调控。社会公益属性的公共物品的生产，原则上也同样只能由政府及其职能部门来完成。但在这一领域，我们不排除有些热爱社会公益事业的个人、企业或社团不以直接营利为目的而投资一些社会公益属性的公共物品的生产，但这毕竟是有限的，因为它不符合资本运行的客观规律。至于文化属性的公共物品的形成就更是人类长期以来精神文化生活和集体智慧的结晶。①

根据公共物品的地域范围，可以分为地方性公共物品和全国性公共物品。如果一种物品和服务的供给存在着利益和（或）成本的严重溢出，则这种物品和服务供给的现有责任分配可能是不适宜的，即如果服务在很大程度上使管辖单位之外的人受益，而成本只有管辖单位内的居民负担费用，则可能是一个小管辖单位在供给无效的低水平服务（从全社会的观点来看）。解决这一问题的办法有：把责任再重新分配给一个较大的管辖单位从而将负责供给管辖单位的规模扩展。在重大的空间外部效应可能产生的特别基础设施服务中，或者在由于基础设施的性质而在经济规模方面存在着严重问题的地方，供给决策可能最适于分配给较大的政府管辖单位。②

国家供给公共物品就必须涉及政府职能的转变。政府职能转变的内容有以下三个方面：一是政府职能的外部转移，即政府与企业、其他非政府组织之间发生的职能重新调整和组合。按照市场经济的要求，政府将不应属于自己的职能交还给企事业单位以及非政府组织，防止政府职能的“越位”，同时将属于自己的职能收归政府所有，避免政府职能的“缺位”。二是政府职能的系统转移，即政府系统内部纵向层级之间和横向部门之间的职能配置和划分。三是行政管理方式的转变，即政府行使职能的方式，包括工作方式、工作作风、运作程序等各个方面。政府行政管理方式的转变，就是按照市场经济的要求，将传统计划经济体制下的单一行政手段，转向综合运用经济手段、法律手段为主，辅之以必要的行政手段。③ 政府职能是国

---

① 卢先明：“公共物品与政府职能”，载《中南财经政法大学学报》2005年第1期。

② ［美］埃莉诺·奥斯特罗姆等：《制度激励与可持续发展》，上海三联书店2000年版，第230～234页。

③ 金红磊、王守宽：“公共物品提供主体的多元化——兼谈政府职能的让渡与拓展”，载《浙江工商大学学报》2005年第6期。

家职能的延续，通过政府职能转换，明确政府“能做什么、不能做什么”，“该管什么、不该管什么”，“做什么、怎么做”，这是政府职能定位的基本出发点，其核心是提供公共物品。因此，政府的职能也必须以社会对公共物品的具体需求为基础，既不能简单地理解为经济活动中的某种角色，也不能将政府职能按照近乎政府主管部门的分工一样细化。政府职能有其固有性，只能在基本职能的基础之上丰富与发展。换言之，政府职能是以政府的合法性为基础的，并随着人类社会的进步和经济形态的发展变化，在政府固有的职能基础上发展、演变而形成的一个完整的职能体系。世界银行将市场经济条件下的政府职能归纳为三类：一是基本职能；二是中介职能；三是行动者职能。①

	解决市场失灵	促进社会公平
基本职能	提供纯公共物品：国防、法律和秩序、保护产权、宏观经济管理、公共卫生	保护穷人、反贫困计划、救灾
中介职能	管理外部性：基础教育、环境保护 反垄断：竞争规制、反欺骗政策	提供社会保障 养老金再分配
行动者职能	协调私人活动、促进市场、调动积极性	再分配

围绕公共物品供给问题，政府所要解决的4个基本问题是：②（1）经济体制要首先确定在资源与产出水平一定的条件下，如何选择生产品种以及品种之间的比例，以使产品组合状态能满足社会福利最大化的要求。这些生产品种与品种比例主要内容之一是公共产品与私人产品的比例。（2）用哪些资源去生产、在什么地方生产、用何种生产方式去生产、用何种生产组织形式去生产等。（3）规定谁来消费生产出来的产品。（4）谁作出经济决策。

供给公共物品是政府的重要职责，但政府不可能、也不应该直接生产所有的公共物品，界定政府供给公共物品的范围十分重要。政府应该供给哪些公共物品呢？在现有文献中我们见到的多是对政府提供公共物品的必要性的论述，对于政府供给公共物品的范围却少有系统性的研究成果。虽然我们不可能罗列也没有必要开出该由政府供给的公共物品的清单，但完全有必要提出政府供给公共物品的范围的原则。武汉大学曾国安教授的研究成果具有借鉴意义，他认为，政府所应供给的是符

① 世界银行：《1997年世界发展报告：变革世界中的政府》，中国财政经济出版社1997年版，第27页。

② 刘彩丽：“浅析政府职能与公共产品的关系”，载《科技情报开发与经济》2003年第11期。

合以下条件的公共物品：①第一，公共性程度高的公共物品。公共性程度的高低可以用公共物品受益人或消费者的人数的多寡来衡量。公共物品的公共性程度越高，其供应状况对社会生产和居民福利的影响越广、越大，保证其充分供应就越重要。因此，政府应该首先供应纯公共物品，因为影响所及是全体国民，然后随着政府能力的增长，再逐渐延伸至公共性程度较低的公共物品。公共物品的公共性的高低决定着政府供应公共物品的供应顺序。第二，不宜或不应由非政府力量供应的公共物品。有许多种类的公共物品即使非政府组织能够提供，也不能由非政府组织来供应，这就是由那些非政府组织来供应可能会损害公共利益的公共物品。如国防物品，其公共性程度最高，若将其交由非政府组织供应，则可能会损害国家安全；再如立法和司法物品，若由非政府组织来供应，很可能会使其成为少数人谋取私利、损害大多数人利益的工具。诸如此类的公共物品都应由政府垄断供应，这是保证此类公共物品供应符合公共利益的必要条件。第三，非政府力量不愿意或无力提供且外部性大的公共物品。公共物品的非排他性程度越高，搭便车者一般来说会越多，市场力量和第三种力量会越不愿意提供。如传染病防治、基础科学研究等，其具有很大外部性，排他不易，私人或企业一般不愿意提供此类公共物品。非政府组织则又没有能力提供此类公共物品，就会出现此类公共物品供应不足。第四，非政府力量没有能力提供和虽有能力提供但非竞争性程度高的公共物品。这类公共物品主要包括跨地区的道路、大江大河的整治、桥梁、港口、消防设施等。这类公共物品由非政府组织供应，要么是供应不足，要么是利用不足。政府提供此类公共物品是使其得到充分供应和充分利用的必要条件。以上所论是要确定政府供应公共物品的边界，即旨在说明政府应该提供哪些公共物品。然而政府实际能够提供哪些公共物品，则要受政府能力的限制。政府能力越强，所能提供的公共物品越多。因此，随着政府能力的增长，政府实际供应公共物品的范围会相应扩大，当然这种范围的扩大是有限度的，即不超出政府所应该提供的公共物品的范围。

公共物品的供给模式和供给主体不是一成不变的，而是随着公共物品的特性、经济发展水平、技术水平的变化而变化。在公共事务治理中，不存在政府、市场、社会的完全分野，它们的作用实际上是互补的，不能够把它们的关系分割开来。同时，从宏观上，政府作为国家公共权力的执掌者应当在公共事务治理中居于主导地位。②

---

① 曾国安："试论政府供应公共物品的范围"，载《武汉市经济管理干部学院学报》2002年第2期。

② 李珍刚：《当代中国政府与非营利组织互动关系研究》，中国社会科学出版社2004年版，第175页。

二、特殊企业

特殊企业是依照特殊法律设立的，由国家直接或间接支配，以服务于社会公共利益为宗旨的，不完全以营利为目的的社会组织。这种企业组织的基本特征应当包括：

第一，特殊企业以服务于社会公共利益为目的。社会公共利益是社会整体的利益，不是单个人的利益或部分人的利益。特殊企业的服务对象是社会整体，而不是某个人或某一社会阶层及集团。从国外特殊企业的存在领域来看，特殊企业在产业结构或行业结构安排上的一个明显特征就是一般都存在于与国计民生息息相关的领域或行业中，特别是提供公共物品方面。

第二，特殊企业是由政府支配或控制的。特殊企业以服务于社会公共利益为目的，这就要求必须由政府对其进行或多或少的监控、支配或控制。这一特征说明：政府不仅可以对特殊企业的人财物、产供销等方面进行间接干预，也可以对特殊企业的经营运作进行直接干预。并且这种监管、支配或控制的原因不仅仅是根源于政府对特殊企业的投资，也不是政府公权力的性质使然，而是根源于社会公共利益。

第三，特殊企业不完全以营利为目的。特殊企业不能像一般市场竞争主体的企业一样追求利润最大化，特殊企业的首要追求是社会公共利益的最大化。特殊企业一般存在于关系到国计民生的领域，如军工企业、自然垄断及政策性垄断的基础性行业，公共物品也就属于这一行业。基础性行业从一国纵向产业结构看都是处于上游产业中，特殊企业追求利润的行为必然导致下游产业的成本增加，势必影响到社会公众的福利，这是与社会公共利益相违背的。

由特殊企业的特征，我们可以看出特殊企业与传统国有企业的区别：

第一，判断标准不同。国有企业的标准是国家的投资或国家的股份多少。世界银行政策研究报告将国有企业定义为：政府拥有或政府控制的、从产品和服务的销售中创造主要收入的经济实体。它包括 3 类企业：（1）直接由一个政府部门运作的企业；（2）政府直接或间接通过其他国有企业掌握其主要股份的企业；（3）剩余股份的分配能使政府有效控制由国家掌握少数股份的企业。① 而判断一个企业是否为特殊企业的标准在于该企业的经营领域、经济范围和经济活动是否与社会公共利益直接相关。

第二，经营目标不同。特殊企业的经营目标主要是为社会公共利益，提供的产品也主要是社会公共物品或与公共物品密切相关的产品，该经营目标所产生的社会效果主要是为社会经济发展提供基础性平台。而我国传统的国有企业分为两部分，

---

① 世界银行：《官办企业问题研究——国有企业改革的经济学和政治学》，中国财政经济出版社 1997 年版，第 21 页。

一部分是竞争性国有企业，这部分国有企业的经营目标应当是追求利润的最大化，与特殊企业有明显区别；还有一部分是垄断性国有企业，这部分与特殊企业非常相近，但在现实中，垄断性国有企业也在追求利润最大化，与社会公共利益的目标相左，所以对国有企业的改革有很重要的一部分就是对这些垄断性国有企业进行改革，其中一部分就是要改造为特殊企业。

第三，政府的控制程度不同。我国国有企业改革的过程就是放权让利，也就是说政府对国有企业的控制在逐渐的放松，特别是国有企业经营机制转换以后，政府的控制就主要是依靠一般的市场管理手段和促进国有资产的保值增值。而从世界各国的政府对其特殊企业的控制来说，要明显强于对市场竞争企业的控制。

第四，资本运作和绩效评估机制不同。由于特殊企业的经营效果作用的地域范围不同，所以国家对特殊企业的资本运作方式是按照不同的地域以“国家管理、分级所有”的原则进行的。而对国有企业的资本运作原则是按照“国家所有，分级管理”的原则进行的。由于经营目标的差异导致二者在绩效评估标准的差异，特殊企业以社会公共利益最大化为其经营目标，故其绩效评估不能看企业是否有盈利，而主要以社会效果的好坏来决定，对国有企业的绩效评估则主要看企业的利润情况，是否确保国有资产的保值增值。

从基本性质来看，特殊企业是不完全市场主体，同时又是国家社会经济职能的延伸。特殊企业相对于政府等行政主体而言是市场主体，而相对于一般竞争性市场主体而言又是不完全的、受到限制的主体。同时，国家要实现其社会经济职能，国家通过设立特殊企业来实现其社会经济职能与通过行政手段实现社会经济职能相比有着较大的优越性。从提供公共物品来看，政府设立特殊企业提供公共物品，只需要对特殊企业实行监管就可以了，相比而言，政府虽然可以通过对私人企业提供公共物品采取财政、税收、补贴、利率等经济手段实现社会福利目标，但一方面政府与私营企业在信息上不对等，无法使私人企业提供符合社会福利的公共物品；另一方面，政府采取财政、税收、补贴、利率等手段的成本较高，更有甚者，有些公共物品即使政府给予补贴，私人企业也不愿提供。而且特殊企业是一种较灵活的政策工具，能实现国家的经济职能。

第二节　完善我国公共物品供给的财政体制

国际直接供给公共物品是通过财政收支来筹集和支出公共物品的生产资金的，所以，对国家直接供给公共物品的法律规制，除了对国家直接供给公共物品的主体进行规制外，主要是对国家直接供给公共物品的行为进行规制，即对国家直接供给公共物品的资金收支行为进行规制，这就必然要完善我国公共物品供给的财政体制。

一、财政体制与公共物品供给

国家直接供给公共物品是通过财政收支来筹集和支出公共物品的生产资金的，所以，对国家直接供给公共物品的法律规制，除了对国家直接供给公共物品的主体进行规制外，主要是对国家直接供给公共物品的行为进行规制，即对国家直接供给公共物品的资金收支行为进行规制，这就必然要完善我国公共物品供给的财政体制。

财政是一个历史范畴，伴随着国家的产生而产生，并随着国家的发展而发展。各个历史时期的社会生产方式不同，国家基本制度和国家职能的不同，使得作为实现国家职能手段的财政职能自然也不同。财政是从一般分配中分化、独立出来的，同时又是制约和主导社会产品和国民收入分配、再分配的分配范畴，因而它随生产力的发展、生产关系的演变、生产方式的变革、社会制度的变化而变化。

在简单商品交换的自给自足的农业社会，人类社会治理还属于统治型的模式，“公”、“私”尚未分化。从财政的角度来看，奴隶社会和封建社会的国家只是为维护统治阶级的统治而实施的国家财政。只是到了资本主义社会，随着社会分工和生产社会化的发展，管理型社会治理模式的出现，在客观上产生了独立于生产和消费单位需要之外的社会共同事务的需要，使得财政不仅仅是国家财政，而更主要的是表现为公共财政。

公共财政立足于非市场营利性，包括两个层次：一是指公共财政活动范围立足于非市场竞争领域，不介入一般竞争性领域，不应“与民争利”；二是指公共财政活动立足于非市场竞争领域，也应立足于非营利性。政府向社会成员征收收入只应以弥补公共物品的生产成本为限。通俗说法就是公共财政活动中应做到“以支定收”，即根据社会成员对社会公共需要的需求确定公共物品的生产规模及相应的公共支出规模，以公共支出规模确定公共收入的规模，而不能以政府能够征得的收入多少来安排支出，即不能“以收定支”。“以支定收”是政府公共活动的行为准则，“以收定支”则是企业和家庭经济活动的行为准则。

政府一般是通过财政安排来提供公共物品，政府部门的支出分为经常性支出和资本性支出，在一定时期（如一年）的政府支出中，经常性支出直接形成当年的社会消费利益，而资本性支出所产生的利益不直接发生在当年，而是同时在今后若干年内发挥作用。根据这样的划分，政府对公共物品的支出一部分属于经常性支出，如政府提供的公共服务行为，另外大部分都属于资本性支出，如政府建造的公路、图书馆等混合公共品以及国防、照明等纯公共品，它们将在今后很长的时期内为整个社会提供利益，其建造成本不能全部视做当年提供的公共物品的成本，而应该分摊到今后的收益年份中去。

公共物品分为全国性公共物品和地方性公共物品，即公共物品具有层次性特征，这不仅揭示了各种类型公共物品的区别和差异，而且也为我们分析财政体制和各级政府行为目标提供了必要的依据。公共物品层次性对财政体制的基本要求，便是实行分级财政，为各级政府有效地提供受益范围各异的公共物品和服务创造制度条件，做到“一级政权，一级事权，一级财政，一级预算，相对独立，自求平衡”。如果把公共物品受益范围问题同各级政府职能联系起来的话，那么可以认为，中央政府及其财政在从全社会范围内关心资源的合理有效配置的同时，更重要的是承担收入再分配职责和调节经济的职责。一般来说，收入再分配政策要求具有一定的倾斜度，例如把对高收入者课征的累进税收的一部分转移给低收入者，以减轻贫富差异的程度。地方政府以经济稳定和增长为目标所采取的任何调节措施，均会超越本地域的界限，对其他地区产生或多或少的影响，从而降低该措施在本地区所产生的效力。相对于中央政府而言，地方政府经济行为的主要目标应该是达到本区域内资源的合理、有效配置，其中尤其是提供健全而有效的地方性公共基础设施。①

公共产品的层次性，必然要求中央政府与地方政府以及地方政府之间，在财权与事权之间具有与之相对应的层次性。换言之，由于各级政府分别提供受益范围各异的公共物品，因而必须对税收在各级政府间进行适当的划分。这样，就引申出了财权配置应如何体现事权要求或确定的事权如何配套财权的问题。

二、我国目前公共物品供给财政体制的弊端分析

政府直接生产公共物品，一般是通过财政融资设立公共部门，由公共部门进行具体的生产。公共部门生产什么、如何生产、生产出来的物品如何分配等一系列问题全是由政府来决定，公共部门只负责执行。近年来，公共财政问题已成为我国财政理论和实践的一大热点，财政理论界将其视为我国财政体制根本性改革的关键。所谓公共财政，就是为社会提供公共物品与公共服务的政府分配行为，是与市场经济体制相适应的一种财政管理体制。财政职能包括资源配置、收入分配、经济稳定、监督管理四个方面，围绕公共物品供给方面，我国财政体制存在与公共财政要求不相一致的地方。

围绕公共物品供给问题，直接源于现行财政体制本身存在的弊端，主要有以下几个方面：

第一，财政支出缺位，“养人”重于“做事”，应由政府承担的社会公共事务没有完全承担起来。一方面，财政支出“养人”重于“做事”，中国有着世界上独一无二的五级政府架构，各级政府机构庞杂、人员众多，行政经费膨胀。另一方面，财政供养范围过大、包揽过多，特别是对应由市场配置资源的经营性和竞争性

① 孙开：“公共产品学说与分级财政理论”，载《山东财政学院学报》1999年第4期。

领域延伸和干预过多，大大超出了政府职能范围和财力承受水平。一些不属于公共物品范围，可以由企业及个人举办，完全能够商业化经营的事业单位，仍然由国家掌握，财政供给经费。相反，应由政府承担的一些社会公共需要和事务却得不到应有的资金保障，要么推给市场竞争主体去承担，要么就严重不足，如基础教育和科研、社会保障、医疗卫生等投入不足。

第二，财政支出越位，对竞争领域的投资占据了相当一部分有限财力，挤占了公共领域的份额。“越位”表现在有些政府部门突破了市场经济条件下政府与企业、市场和社会之间应有的界限，承担了若干政府管不了和管不好的职能。如政府用行政手段强行推进企业的兼并重组，地方政府和企业一起争上市、争投资项目等。[①] 财政“越位”就是财政支出结构不合理。近年来，我国在财政收入占 GDP 的比重偏低的情况下，将财政支出逐步向重点领域倾斜，特别是 1998 年以来实施的积极财政政策，取得了良好成效。但是，从总体上看，由于财政预算的约束力逐步下降，财政资金远远不能满足重点支出的需要，教育、科技、农业等发展领域的支出在财政总支出中的比重提高的速度较为缓慢。相反，大量的资金（包括预算外资金）却被用于竞争性生产建设和行政管理开支等非重点领域，导致财政对国家重点支出项目难以实施更加有力的资金保障等一系列问题的发生。

第三，“财权上收事权下放”加大了公共财政难度。1994 年分税制改革以后，财权上移成为中国政府间财政关系的一个明显趋势，财力和财权越来越多地集中于上级政府尤其是中央政府。“目前，政府是提供基础设施资金的主体或中介人，大约 90% 的基础设施建设资金来自政府。在现有的体制下，基础设施融资的主要来源是通过税收和政府借款。借款——无论来自官方和私人——以政府的信誉做担保，即由其税收能力做后盾。这种体制下，政府实际上承担了与基础设施融资有关的一切风险。”[②] 但现阶段，我国的许多事权不是“公共财政”概念中的政府事权，上下级关系的不对称导致上级政府往往会将本身的任务推给下级政府，同时并不提供足额配套资金。强制性的事权配置造成很多问题，如迫使下级政府通过增加收费来弥补经费不足，或者向上级政府讨价还价形成倒逼机制。垂直的行政命令体系经常会对地方各级政府发出指令或设置考核指标，但相应的政府责任却完全由地方政府自行承担，“事”在下而“权”在上，支出责任和支出命令相脱节，造成地

---

① 樊继达、徐必久：“政府职能转变：构建公共财政体制的必由之路”，载《现代经济探讨》2005 年第 4 期。

② 世界银行：《1994 年世界发展报告：为发展提供基础设施》，中国财政经济出版社 1994 年版，第 89 页。

方财政困难。[①] "总体来看，1994 年以来中国实行的分税制财政体制，将每两级地方政府之间收入划分的权力给了上一级政府，造成了财政收入层层上收的情况。"[②] "1994 年至 2002 年期间，中央财权平均为 52%、地方财权平均为 48%，中央事权平均为 30%、地方事权平均为 70%。"[③] "错位"表现在不同层次和同一层次的政府部门之间存在着职能重复设置、交叉重叠以及财权与事权不统一等。这就直接导致政府收入机制不规范，突出的问题是在正常税收之外乱收费、乱摊派、乱罚款、乱集资、乱设立基金，这些"开偏门"现象屡禁不止。许多地方靠收费过日子，腐败现象由此滋生蔓延。这种现象必将直接导致收费规模的扩张和政府收入机制的混乱。同时，也将严重影响政府提供公共物品的资金来源保障。

第四，财政分配秩序不规范。目前，在财政分配中，仍存在将一部分财政资金切块分给主管部门，由主管部门自主安排使用的问题。与此同时，不少主管部门还设立了各种收费和基金，拥有大量预算外资金。不少地方政府（机关）热衷于"跑部"要资金，这种分配方式的结果，严重影响了正常的财政分配秩序。分税制导致东、西部地区实际税负不平等，转移支付制度实际上拉大了地区间财力差距。"在中国的财政转移支付中，财力转移支付所占比例很小，均衡地区间财力差距的作用非常有限。在这种财政补助体制和结构下，地区间财力差距不仅没有缩小，反而出现了扩大。"[④]

第五，财政预算管理不科学。现行的预算管理体制存在的突出问题是，在预算分配过程中，预算指标到位率低，执行中追加频繁，往往造成年度的实际支出数高于年初预算数；预算分配，特别是转移支出和专项支出缺乏可靠的科学依据，人为因素较多，随意性较大；预算年度的起始日期先于人大会议审批日期，造成预算审批通过前就已经开始执行，形成预算审批的法律空当以及预算约束的缺位；法与法之间的关系没有理顺，"以法压法"的现象严重，如教育、科学、农业等方面的法律和卫生、计划生育、环境保护、文化宣传等方面的规章，都对财政支出作了限定性的规定，要求某项支出增长必须高于财政收入或支出的增长等，而《预算法》却又要求在安排预算时要量入为出、以收定支、统筹兼顾。法律、法规的不统一性与不一致性弱化了法律、法规的约束性，造成了预算管理的不规范；预算编制方法

---

① 宋立、刘树杰：《各级政府公共服务事权财权配置》，中国计划出版社 2005 年版，第 22 页。

② 宋立、刘树杰：《各级政府公共服务事权财权配置》，中国计划出版社 2005 年版，第 26 页。

③ 宋立、刘树杰：《各级政府公共服务事权财权配置》，中国计划出版社 2005 年版，第 29 页。

④ 宋立、刘树杰：《各级政府公共服务事权财权配置》，中国计划出版社 2005 年版，第 26~27 页。

上欠科学性和合理性，不能真实反映实际情况，没有统一政府收支，大量财政性资金在预算体制外循环。国家财政实际上没有能力通盘掌握政府公共物品的供给规模、结构及效益，难以履行市场经济条件下公共财政的职责。①

三、建立科学的公共物品供给的财政体制

经过多年的努力，目前我国公共财政体制的框架初步确立。一是按照解决公共问题、满足公共需要的要求，财政支出结构调整取得了重大进展。大幅度增加了社会保障、教育、基础设施、生态环境建设和环境保护等重点公共需要支出。同时，逐步减少和退出对一般竞争性和经营性领域的财政直接投资和补贴。二是按照公平和规范的要求，财政管理制度改革迈出了重要步伐。改革了工商税制和税费管理制度，初步规范了国家与企业、个人的分配关系。实行了分税制财政管理体制改革和所得税收入分享改革，初步规范了中央与地方的财政分配关系。实行了部门预算、国库集中收付、政府采购和收支两条线改革，初步规范了财政资金管理，提高了财政资金安全性和使用效率。三是以实施适度从紧和积极财政政策为标志，财政调控经济的方式，由被动调控向主动调控转变，由直接调控向间接调控转变，由使用单一调控工具向多种调控工具并用转变等。② 但从公共物品供给角度看，应进一步完善财政体制。

（一）要区分纯公共物品和准公共物品供给的财政资金来源

逐步减少对一般竞争性领域的直接投入，加大对社会保障、公共卫生、义务教育、环境保护等社会公益性事业的投入和支持力度，是我国调整和优化财政支出结构的改革方向，以便充分发挥公共财政解决公共问题和服务公共目的的职能。

区分纯公共物品和准公共物品供给的资金来源实际上就是要划清中央政府与地方政府、上级政府与下级政府之间的财权和事权。1994 年实行的分税制财政体制虽然明确划分了各级政府的财权，增强了中央政府的宏观调控能力，调动了地方政府的积极性。但由于各级政府间的事权没有明确界定，致使各级政府间的事权与财权脱节，缺乏每一级政府合理的支出范围界定。同时，由于历史与现实状况，不同地区的发展水平的差距，出现不同地区的财政收入差距，也即不同地区的地方财权不一，导致地区之间苦乐不均，贫困地区公共物品供给水平偏低等新的矛盾。另外，事权划分不清易于造成上下级政府之间的互相推诿，致使政府间的正常公共职能很好衔接。所以，正确处理好各级政府之间的事权是非常必要的。

在划分中央与地方事权时，应遵循受益原则、行政管理原则、国家利益原则和

① 石喆、王辉："公共财政存在的问题及对策"，载《经济师》2006 年第 1 期。

② 王军："建立健全公共财政体制"，载《求是》2004 年第 7 期。

社会公共利益原则。受益原则简言之就是谁受益、谁管理；谁制造危害、谁负责，对于溢出效应较少的公共物品供给遵循这一原则。行政管辖原则就是对于无法用受益范围明显划分的上下级政府共同承担的公共物品，按照行政管理的一定标准来划分。如凡是属于全国范围内宏观调控的事务，应由中央政府来决定；凡是一个省范围内的宏观调控，应当由省级政府来承担。国家利益原则是从国家的政治、经济、社会的高度出发，为维护国家的统一和主权，协调中央与地方以及地方各级政府之间事权关系的准则。国家利益高于一切，一旦国家认为有必要，则国家有权将划归地方的事权收回来。同时，中央政府与上级政府有权对下级政府的各项具体事务进行检查、监督和指导。社会公共利益原则就是公共物品供给应遵循社会公共利益最大化的需求，使不同地区、不同种类的公共物品供给间平衡、协调。应根据各种公认的划分标准，尽快调整中央与地方的支出范围，将一些属于中央事权但地方财政承担支出的项目，划为中央财政支出，由中央财政承担；同时，属于地方政府事权范围的一些事务的决策权，中央应尽量少干预、不干预或在出台新的减收增支政策时，充分考虑地方财政的承受能力，对不同地区的不平衡差异进行区别对待。

（二）要完善预决算及其监督程序

市场经济是法治经济，一方面，政府的财政活动必须在法律、法规的约束规范下进行；另一方面，通过法律、法规形式，依靠法律、法规的强制保障手段，社会公众得以真正约束、规范和监督政府的财政活动，确保其符合公众的根本利益。公共财政要把公共管理的原则贯穿于财政工作的始终，以法治为基础，要求政府日常管理既要规范又要透明。

完善预决算制度及其监督程序的目的是增加预算的规范性、科学性和透明度，使财政部门的精力转到预算的执行和监督上。（1）细化预算编制程序，实行部门预算，要参照财政部的做法，首先，将预算编制细化到基层预算单位，由各部门根据具体情况和发展需要，编制年度所有收支预算，按“两上两下”层层报审；其次，把预算科目具体细化到款、项、目级，使各项目收支一目了然；最后，把预算资金按部门、按开支性质落实到具体项目上，便于事前、事中监督，改变现行一个部门有多种资金来源、多头申请款项的弊端。（2）改革预算编制方法，实行“零基数预算”。按定编、定员、定额标准采用成本分析等量化分析方法，把单位经费分为正常经费和专项经费，在此基础上编制滚动预算，提高资金使用效益。（3）将预算内外资金纳入编制部门预算，实行综合预算，创造条件实现预算内外财力综合平衡，统筹安排。① 部门预算制度要逐步实现科学化、规范化；国库集中收付制度要分步全面推开；“收支两条线”管理改革要实现全口径的预算管理；政

① 陈俐锦、蒲松林：“关于建立公共财政框架的思考”，载《特区经济》2004年第10期。

府采购制度改革要进一步扩大范围和规范操作。同时，还要注重研究建立绩效预算评价体系，促进财政支出效益的最大化，建立起较为完善的公共财政预算编制和执行管理体系。

公共财政改革需要规范和统一部门财权。推进公共财政改革特别是预算管理制度改革，将公平、公开、规范的原则贯彻到财政资金使用的全过程，可以从根本上防范财政资金分配中的“暗箱操作”和使用过程中的截留挪用问题。预算管理制度改革不仅要规范其他部门，也要规范财政部门。财政部门要带头转变工作方式，依法理财，公平理财，完善预算编制和执行的制衡机制，增强财政收入和支出安排的公平性和透明度，自觉接受各部门和社会的监督。

进一步规范和完善财政管理体制，尤其是要加大工作力度，尽快合理划分各级政府的支出责任范围，使各级政府的财权和事权相匹配，调动各级政府的积极性，促进财政协调发展，以实现公共物品的有效供给，从而充分实现公共物品消费者的公共物品权。

第三节　完善我国相关法律制度以充分实现公共物品权

一、完善供给公共物品融资的相关法律

我国目前供给公共物品的融资方式主要有：一是财政直接投资；二是政策性投融资；三是市场投融资。

（一）完善财政直接投资制度

完善财政直接投资制度实际上就是完善分税制和转移支付制度。公共财政的收支应坚持“取之于民，用之于民”，最终形成规范的财政收入机制，理顺分配关系。一是完善地方税制。改革现行的“基数加增长比例”下达任务和评定业绩的做法，建立以“税务登记、申报纳税为基础，以计算机信息网络为依托，统一登记，集中征收，属地管理，重点稽查”的税收征管体系。二是按照“强税抑费”的原则，加快实施“费改税”。对各种规费、基金要先清理、后规范，将已经具备税收特征的“费”，通过“并旧税”或“改新税”的办法予以征收，对必须保留的“费”实行规范的财政统一管理。三是进一步规范财政分配关系。根据“范围明确、两权对称、效率最高、分级管理”原则，健全分税制财政体制，实现“一级政府、一级事权、一级财权”，逐步实现统一的财政体制。四是完善转移支付制度。将专项补助纳入转移支付范围，同时根据实际情况，如经济发展情况和财政能力以及各自的产业发展定位等，借鉴国内外先进经验，建立科学的转移支付评定机

制，提高转移支付资金使用效益，形成公开透明的、多渠道、多形式、多方位的转移支付制度。①

根据加入WTO后的新形势，适时完善符合社会主义市场经济发展要求的税制体系，为各类市场主体公平竞争创造一个比较宽松的财税环境。要逐步将生产型增值税调整为消费型增值税，将出口退税机制改革落实好。此外，还要认真研究、积极探索、适时完善消费税，适当扩大税基；开征燃油税、遗产税等；实施城镇建设税费改革，条件具备时对不动产开征统一规范的物业税，相应清理取消有关收费。

（二）完善政策性投融资制度

政策性投融资即政府以其自身的财政信用为保障直接或间接融资，如国债、国际政府优惠贷款、政策性银行向各类金融机构发行的金融债券、社保基金中的沉淀部分、邮政储蓄等。与财政投资相比，政策性投融资有本金回收的要求，因而可收取项目使用费；与市场融资相比，它的投资回报率则显得很低。我国目前政策性投融资过于依赖行政性摊发国债或金融债券，机制单一，管理法规还不完善。必须逐步建立起以基础设施项目为投资主体，资金得到保证的政策性银行体系或政策性投融资集团，并充分利用政府信用资源，在建设期内从国家财政以外筹集建设资金，项目完成以后一段时间内以财政性资金逐渐还本付息或给予投资回报，② 如国际优惠贷款、“收益权”质押贷款。③

政策性投融资具体来说，可以从以下几个方面探讨：

1. 政府发行公共物品债券

财政直接投资于公共物品供给，远远不能满足对公共物品投资的需求。除税收以外，西方一些发达国家出现了发行公共物品债券的方式来为公共物品的生产融资。“在美国、加拿大，省级政府十分依赖于债券市场筹集城市公共物品建设所需资金，如1998年美国芝加哥基础设施投资资金来源构成中，市财政占21.5%，中央政府补助占8.7%，州补助占1.1%，而市政债券则高达49.6%，其他资金来源占19.1%。”④

政府发行公共物品债券不仅解决了公共物品生产资金问题，保证了公共物品供给数量以促进社会经济发展，而且从理论上更公平。在通过税费等财政手段筹资的情况下，收益者和成本负担者是一致的，而举债筹资把公共物品的受益与成本负担分割成两个不同的时期，使受益者和成本负担者变得不一致。政府部门的经常性支

① 陈俐锦、蒲松林：“关于建立公共财政框架的思考”，载《特区经济》2004年第10期。
② 陈振明：《竞争型政府》，中国人民大学出版社2006年版，第446页。
③ 朱卫东：“公益性基础设施项目融资新方式”，载《中国投资》2002年第8期。
④ 蔡龙、陆一、袁汝年：“城市建设举债适度规模研究”，载《城市研究》2000年第1期。

出应由财政资金承担，如果以举债收入来承担当年的经常性支出，意味着让现在的人无偿享受公共物品的利益，而让以后的人来承担偿还债务的责任。对于政府部门的资本性支出则不应以财政筹资作为唯一的渠道，通过举债筹资将成本分摊到今后的各个受益期，将有助于社会选择比较符合效率要求的公共物品提供水平。因为如果用当年财政资金来承担当年全部资本性支出，就意味着让现在的人承担公共物品的全部成本，而让以后的人免费享受它所产生的效益，从资源配置的角度来看，这会使公共物品的提供水平低于有效率的水平。①

2. 政府利用银行贷款和建立基础设施开发银行

银行贷款是城市公共物品资金的一个来源，且在很多国家普遍运用。如在东欧和中欧的一些转轨型国家已对地方政府向商业银行和其他资金渠道的贷款不予限制。在许多国家都有设立基础设施开发银行，投资于包括城市基础设施项目建设的经验，也取得了一些成绩。总的来说，发达国家基础设施开发银行的运作要比发展中国家好得多，其原因是发展中国家存在政府干预不当、官僚腐败、金融秩序差、资本不足等问题。

与此同时，政府还利用国际组织贷款提供公共物品。世界银行是城市基础设施类公共物品贷款的最大提供者之一。据统计，世界银行在1980年至1993年共贷款270亿美元用于城市基础设施与服务，其中1/3是城市基础设施贷款。同时，亚洲开发银行业贷款25亿美元以上用于港口和城市电气化等城市基础设施建设。但是，要注意利用贷款和发行债券等方式筹集公共物品资金的力度，因为“许多发展中国家长期积累的债务已经成为它们沉重的经济负担。特别是基础设施的发展项目往往是通过公共和私人贷款以及中央拨款的形式筹集资金。一项发展项目原本是为了增加不发达国家的生产能力和提高那里的收入水平，但在增加债务方面取得了更大的成功”。②

3. 政府建立市政工程开发基金

通过市政开发基金筹集建设资金在欧洲有较长的历史，最早是由私人资本市场不愿给小城市提供长期贷款而出现的。在这种情况下，中央政府利用其自身信用低价募集资金，再通过市场开发基金借出，同时中央政府还承担城市违约的风险。

除了专门有市政开发基金，还有面向全部基础设施建设的基础设施开发基金。目前，发展中国家的基础设施基金主要由政府资助的基金和多用于经营性项目的私有基金两种，如巴基斯坦的能源开发基金、泰国的环境基础设施担保基金、牙买加的能源基金等。

---

① 袁静：“城市建设举债的理论基础”，载《财经理论与实践》2001年第5期。

② ［美］埃莉诺·奥斯特罗姆等：《制度激励与可持续发展》，上海三联书店2000年版，第6页。

4. 政府拍卖公有资产所得，用于公共物品的投资

20世纪70年代西方国家的私有化浪潮中，政府将很多国有资产私有化，其拍卖所得用于提供其他纯公共物品。中国政府的国有股减持收入，用于增加社会保障基金等。

5. 政府利用合同性储蓄资金提供公共物品

合同性储蓄机构如养老基金、保险基金等，由于其有稳定的现金流入，很适宜为基础设施提供长期投资。在智利、菲律宾等国家都曾利用这种方式筹集公共物品建设资金，甚至这些基金可占到企业产权资本的1/10至1/3。

（三）完善市场投融资制度

通过市场机制筹集公共物品资金主要是利用商业贷款和吸引外资，完善公共物品市场投资制度主要是指完善筹集公共物品资金的商业贷款制度和利用外资制度。

我国商业贷款存在的主要问题是信贷资金的所有制“歧视”，即非国有部门从资本市场上筹资与国有部门从市场上筹资的难易程度不同。国有部门吸收了大量的银行信贷资金，在竞争力和效率不断下降的情况下，引发企业高额的微观负债，由于国有部门固有的产权性质和特殊的营运机制，再通过国有银行转换成国家的宏观负债。最终导致了“信贷萎缩”，增长不力。这是目前投融资体制改革滞后造成的。①

完善筹集公共物品资金的商业贷款制度，主要是一方面要完善我国金融体制的改革，使金融企业真正成为自主经营的市场主体，杜绝政府对金融企业的贷款干预；另一方面要完善我国资本市场的相关制度，遵循市场机制配置社会资源的规律来引导公共物品的市场投融资行为。

现阶段利用外资的主要问题：第一，外商直接投资产业结构不合理。“在我国国民经济三大产业中，急需优先发展的农业、能源、原材料等基础产业薄弱的第一产业吸引外资仅占总量的2%左右，第二产业占总量的70%左右，第三产业占总量的28%左右。在第二产业中，外资大部分集中在劳动密集型加工产业，基础产业和技术密集型产业相对较低。在第三产业中，主要集中在宾馆业、房地产业和游乐设施，投入交通运输、邮电通讯等国民经济‘瓶颈’产业的资金不多。”② 第二，外商直接投资区域结构不合理，表现在东部地区过高，中西部地区过低。第三，在吸引外资过程中重数量、轻质量的现象十分普遍。片面追求外资量的扩张，并把外资流入作为考核领导政绩的一项指标。

---

① 杨君、龚玉池：“有效制度供给不足与中国经济增长”，载《经济学家》2001年第1期。

② 方家平：“当前我国利用外资中存在的问题与对策”，载《鄂州大学学报》2001年第3期。

完善利用外资方面的法律以筹集公共物品资金的制度主要有：第一，转变政府职能，克服体制障碍。在利用外资的认识问题上，一是要解决领导的政绩观问题；二是要解决利用外资的盲目性，提高利用外资的自觉性。要努力把招商引资的商业性活动，从政府行为转变为企业行为和市场行为。同时，要继续改革开发区体制，完善开发区政策，逐步实现开发区管委会与开发区实体公司的政企分离。第二，外商投资优惠政策应体现新的政策目标，应改变目前的普惠制优惠做法，而只奖励那些在实现行业评价指标体系中，达到较高水平的外资企业，也可以采用优惠政策级差化的办法，即按实现指标高低兑现不同水平的优惠政策。第三，完善外资准入政策。制定不同行业新型工业化评价指标体系（包括资源耗费指标、环境污染指标以及工业效率方面的指标等），修订外商投资产业指导目录。中央政府只发布指导性的各行业评价指标体系，其实施性的行业评价指标体系应下放到省市区一级或再下一级行政单位（包括一些大城市）去制定。不同标准的评价指标体系应该公开透明，接受全社会监督。对于准公共物品产业的开放，并非像金融领域那样敏感，如科学研究和技术服务、商务咨询、医疗服务、物流、教育、城市基础设施和燃气、电力生产等，这些领域外资流入少，主要是体制和政策方面的障碍。为了扩大这些领域的外资流入，仍然要从削除体制和政策障碍入手。另外，要创新国家科研开发投资体制，加强与外资研发机构的合作。① 第四，完善公共物品领域利用外资制度还要规范跨国公司对国内企业的并购行为，特别是涉及国计民生的公共物品领域。尽快完善《反垄断法》和《反不正当竞争法》，以建立、健全竞争法律体系。

二、政府采购制度中的行政垄断规制

政府采购制度对于加强财政支出管理，节约财政资金并促进社会经济发展等方面有明显效果，更重要的是，政府采购制度也是国家干预社会经济的重要手段，有着明显的政策功能和社会功能。然而我国政府采购制度刚刚建立，还有很多不完善的地方，尤其是在政府采购过程中滥用行政权力的行政垄断行为。政府采购过程中的行政垄断行为造成了一种现象：政府一方面主导着政府采购市场秩序的建立，谋求公平竞争的政府采购市场环境；另一方面行政垄断行为又在破坏着政府采购市场秩序，阻碍经营者（供应商）的正当竞争，大大降低了政府的信用。同时，由于这种滥用行政权力的存在，政府采购也难以发挥出经济调控职能。现有的一些研究成果，均注重防范政府采购中的官员腐败问题，而没有关注政府采购中的行政垄断问题。

① 裴长洪："进一步完善外资利用的政策建议"，载《中国经贸导刊》2005年第3期。

（一）政府采购与行政垄断

政府采购，是指各级国家机关、事业单位和团体组织，使用财政性资金采购依法制定的集中采购目录以内的或者采购限额标准以上的货物、工程和服务的行为。它有三层含义：第一，政府采购的适用范围（采购人）为各级国家机关、事业单位和团体组织，不包括企业、公司、个人的采购行为。第二，采购资金来源仅为财政性资金，采购人用自有资金、银行贷款等其他资金进行的采购，不属于政府采购范畴。第三，采购人用财政性资金采购集中采购目录以外的或者采购限额标准以下的货物、工程和服务，不属于政府采购范畴，采购人可以自行采购，也可以委托采购代理机构采购。① 政府采购制度对于加强财政支出管理，节约财政资金并促进社会经济发展等方面有明显效果，更重要的是，政府采购制度也是国家干预社会经济的重要手段，有着明显的政策功能和社会功能。如调节经济总量（促进经济增长、支持民族经济发展）、调节经济结构（促进产业结构调整、促进中小企业发展）、促进地区协调发展、促进经济和社会协调发展（保护环境、支持就业、提升政府形象）等。② 这也就是政府采购的物有所值原则和公共政策原则。

我们知道，市场调节功能的缺陷与不足，导致国家对经济进行干预，并促成了现代经济法的产生。为了弥补市场调节的缺陷，政府运用经济手段和法律手段干预经济活动，其中一个重要经济手段就是通过扩大政府财政支出。财政支出则包括购买支出和转移支付支出两类，政府采购支出就是购买方面的支出。政府根据宏观经济总量与结构的变化态势，通过政府购买数量的扩大与缩小，以及购买结构的调整，就可以有效地调整经济运行，实现宏观调控目标。在有效需求不足并影响到经济增长的情势下，通过扩大政府采购来拉动经济增长、实现总量平衡。当经济结构不合理，单纯依靠市场的力量难以实现自我调整时，政府也可以通过政府采购，调整相应的经济结构，实现经济的持续发展。

政府采购的采购人包括国家机关和事业单位、团体组织。其中以国家机关（政府）最有代表性。由于采购人以国家机关最为典型，在政府机关采购过程中行政权力又不可避免地存在，这就为产生行政垄断提供了前提条件。

行政垄断之含义，目前国内学界基本达成共识，一般认为行政垄断指政府及其所属部门或其授权的单位凭借行政权力扶持或培植一定范围的经营者，使之限制竞争形成垄断状态和行为。③ 对这一概念，可从以下方面进一步理解：第一，行政垄

① 杨省世：“关于政府采购制度的介绍”，载《交通财会》2003 年第 1 期。

② 湖北省政府采购课题组：“论政府采购制度的经济社会功能”，载《湖北财税（理论版）》2003 年第 12 期。

③ 张淑芳：“行政垄断的成因分析及法律对策”，载《法学研究》1999 年第 4 期。

断的主体是政府行政机关，既包括地方政府行政机关，也包括行使中央政府部分经营管理职权的行业部门管理机关。这一特性使得行政垄断与经济垄断区别开来。尽管行政垄断也带有经济性，即从其垄断内容看均具有经济内容和经济目的，但是否实施行政垄断行为，以及实施什么样的垄断行为，都是由行政机关所决定的，行政垄断区域或行业内的经营者只不过是行政垄断借以实施的工具，所以，行政垄断的主体是政府行政机关而非具体经营者。显然，认为"行政垄断的主体是从事生产经营的企业"的观点是值得商榷的。第二，行政垄断也是阻碍竞争的一种表现形式。行政垄断在实施中往往是通过地方各级政府行政机关或经济行业部门行政管理机关发布的一种或明或暗的自上而下地在一定区域或一定行业部门内有约束力的经济命令的实施而实现的，① 其结果往往导致统一市场的条块分割，破坏自由、公开、平等的竞争秩序，它是一种制度型的具有取消竞争功能的垄断情形。第三，行政垄断不是国家垄断，而是一种滥用行政权力的行为。"国家垄断一般是和国家在一定时期的经济政策导向密切相关的，是国家对经济运行的一种干预和保护。"② 国家垄断在世界各国都不同程度地存在，并受法律保护。而行政垄断与国家经济政策无关，它往往是行政权力的滥用，即该行政行为（行政垄断行为）属于不合理、不恰当地行使行政权力。严格地说，行政垄断往往缺乏国家权力机关制定的法律作为依据，或同国家法律相抵触，它们所能依据的只是某些行政机关（主要是中央政府的一些部委和地方政府）自己所发布的行政性法规或命令指示。③ 同时，这些行政法规或命令指示应当说是与国家法律相违背的、是不合宪的规定，其目的只是维护某地区或某部门的利益。

政府采购是财政实施宏观调控的重要手段。由于政府采购的数量、品种和频率，影响着财政支出的总量和结构，反映一定时期的财政政策，政府采购制度能够通过一定的政策对经济进行反周期调节。在实施扩张性财政政策时，政策工具的运用主要是减税和扩大政府支出。体现在支出上，便是在经济周期的萧条阶段，经济增长速度下降时，政府可以扩大支出，包括增加公共工程支出、政府购买性支出和政府转移性支出等，以增加居民的消费和促进企业的扩大投资，提高社会总需求水平。反之，如需对增长过快的经济进行降温，政府则可以通过紧缩性财政缩减其支出规模。④ 这就是政府采购的政策性功能之一，而这种政策性功能是长期存在的。原因在于：一是政府采购是政府对公共资源的支配权，与政府的活动有长久的关系，政府的支配权将长期存在，政府采购的这种职能也会存在。二是政府采购与政

---

① 邓保同："论行政垄断"，载《法学评论》1998 年第 4 期。

② 文海兴、王艳林：《公平竞争法研究》，贵州人民出版社 1995 年版，第 128 页。

③ 漆多俊："中国反垄断立法问题研究"，载《法学评论》1997 年第 4 期。

④ 杨汉平：《政府采购法律制度理论与实务》，西苑出版社 2002 年版，第 4 页。

府的职能有着紧密的关系，不单单是普通的商业活动。政府只要有公共职能的存在，就会运用政府采购来实现它的公共职能。三是政府采购的商业效果对实现政府采购的职能是有限的。① 正是政府采购的政策性功能存在，国家机关就会利用采购来实现本地区或本部门的利益，产生行政垄断，阻碍公平竞争。

（二）政府采购中的行政垄断

政府采购是一项特殊的经济活动，它是政府为了保证其正常运行和实现对公共事务的管理而进行的经济活动。在活动中遵循公开透明、公平竞争和公正、诚信原则。但是政府机关行使国家行政权力，受到约束较少，尤其在当前行政人员普遍水平不高、法治不彰、滥用行政权力现象比较普遍的情况下，就越容易在政府采购过程中出现行政垄断。

政府采购实行集中采购和分散采购相结合的方式，所谓集中采购是指本级政府各部门及下级政府的采购由本级政府所设的集中采购机构统一实施，在我国就是地（市）级以上政府为本地区的采购需求交由其设立的集中采购机构统一实施；分散采购就是由各采购需求单位自行进行。这就说明我国的国家机关采购有两种形式，即地方政府进行的地区性采购活动和政府职能部门进行的部门性采购活动。而恰恰这两种形式都可能产生行政垄断。

目前，对于行政垄断的表现形式虽无统一认识，但绝大多数学者都承认行政垄断主要表现为地区性行政垄断和行业部门性行政垄断。地区性行政垄断即地方政府机关限制竞争的范围仅限于一定地域范围内的行政垄断，指地方政府行政机关滥用行政权，实行地区封锁、地方保护主义，限制和阻止本地区以外的经营者进入本地区市场参与公平竞争，破坏全国统一市场；行业部门性行政垄断即主管某一经济行业部门的机关限制竞争的范围仅限于一定行业部门的行政垄断，指经济行业部门的政府主管机关运用其合法拥有的投资权、资源管理权、财政权、企业管理权等，限制或阻止其他行业部门的经营者或本行业部门内其他经营者从事某种经营活动，使其所支持的企业实现垄断和限制竞争。

其一，地区性行政垄断无论其表现形式如何，都可以归结为通过“地方立法”的形式表现出来，如限制或禁止本地区以外的原材料和商品出入本辖区、对外地经营者采取各种歧视措施的地方立法或类似的“红头文件”、“土政策”。从这些行为来看，其表面虽具有经济性，但其实质是行政性。其二，行业部门性行政垄断表现为通过组建行政公司和通过扶持或培育一部分市场主体而限制其他市场主体，人为设置市场进入壁垒，从而限制竞争。部门垄断的基本形式有部门分割与垄断性定价

① “政府采购政策功能研讨会综述”中于安教授的发言，载《中国政府采购》2004 年第 4 期。

两种。[①] 这些行为虽然也存在经济内容，但实际上是我国计划经济的弊端在市场经济时期的新表现，从其性质上说仍是一种行政行为。所以，行政垄断无论表现形式如何，均表现为对行政权力的滥用，这种权力与市场权力没有丝毫联系，而是行政机关凭借国家法律所赋予的行政职权而产生的行政地位，超越行政职权的范围或不依法行使行政职权对经济活动进行干预。

我国颁布《政府采购法》后，初步构建了政府采购的监督管理体系，形成了财政部门、纪检监察部门和审计部门协作的监管机制。与此同时透明度建设也取得了突破性进展，初步建立了信息披露体制。但是在政府采购中仍然有许多方面亟待改进和完善，涉及公平竞争方面主要的问题是：政府采购队伍力量比较薄弱，知识结构普遍老化，缺乏专业化和高素质的人才，不能很好地适应现代化采购模式的需要，影响了政府采购的质量，导致政府采购运行管理不规范等问题；招投标机制不健全，供应商库、专家库、资料库等基础信息系统尚未建立，招标程序不够规范，存在少数政府采购机关与供应商相勾结，打着“公开”的幌子搞“暗箱操作”或“预先内定”等情形；纳入政府采购范围的主要是大宗货物、工程的采购，对大型会议、公务接待等服务行为的采购大部分地方尚未纳入政府采购范围；执行政府集中采购目录不全面，政府采购规模和范围较小；招标信息的公开范围较小，供应商对政府采购的运作方式和运作过程不熟悉，造成供应商的选择范围受到限制等。

在我国《政府采购法》规定的五种法定政府采购形式可分为两类：一是招投标形式；二是非招投标形式。

1. 公开招标和邀请招标。公开招标是指采购人按照法定程序，通过发布招标公告的方式，邀请潜在的供应商参加投标，采购人通过事先确定的标准从所有投标中择优选择中标供应商，并与之签订政府采购合同的一种采购方式。招标采购方式是政府采购的主要方式。邀请招标是指采购人根据供应商的信誉和业绩，选择供应商向其发出投标邀请书，由被邀请的供应商投标竞争，采购人依照事先确定的标准或条件从中选定中标者并与之签订合同的招标采购方式。这两种方式都是通过招投标方式完成的。有可能出现行政垄断的情况表现在：一是招标信息发布时，设置各种障碍，限定为政府机关“理想”的供应商，也就是说投标人（供应商）的资格要求是为政府机关“理想”的供应商“量身定做”的。这样就剥夺了外地供应商或本地的非政府机关“理想”的供应商参与投标的机会；二是政府机关通过控制评标小组选定其“理想”的供应商，因为招投标程序里只有经过评标后才能确定中标者；三是政府机关作为招标人与其“理想”的供应商（投标人）互相串通，既有可能损害国家利益，也有可能损害其他竞争对手（供应商）的利益；四是强制本地供应商联合抵制外地供应商或强制本地一部分供应商联合抵制其他本地供

① 郑鹏程：《行政垄断的法律控制研究》，北京大学出版社2002年版，第53页。

应商。

2. 竞争性谈判、单一来源采购和询价采购。竞争性谈判采购是指采购人通过与多家供应商进行谈判，最后从中确定最优供应商的采购方式。单一来源采购是指直接采购，是采购人拟采购数量达到了招标采购数额，但因为项目来源渠道单一或发生了不可预见的紧急情况而不能从其他供应商处采购时只由一家供应商提供的采购方式。询价采购是指采购人向有关供应商发出询价单要求其报价，然后在对方报价基础上确定最优供应商的采购方式。这三种法定的采购方式有可能出现行政垄断的情况表现在：一是供应商的选择上仍然由政府机关（采购人）单方面决定，损害了其他潜在供应商的公平竞争权；二是容易发生政府机关（采购人）强制性交易的垄断行为，因为本地供应商属于政府机关（采购人）的行政管理相对人；三是政府控制谈判小组或询价小组来限定某个供应商或排除某个供应商。

另外，在五种法定政府采购形式均可能产生行政垄断行为情形还表现为：政府滥用行政权力阻止本地的供应商参与外地的政府采购活动、阻止外地的供应商参与本地的政府采购活动、强制本地供应商联合参与外地的政府采购活动等；作为采购人的政府干预中标人选择采购物品所需的原材料或其他产品及服务，即为中标人指定采购物品所需的原材料或其他产品及服务的供货商或生产厂家等。

（三）对政府采购中行政垄断行为的规制

在对前述的政府采购中所存在的行政垄断形式进行分析之后不难发现，制度建设对于规制行政垄断已成为发挥政府采购功能不可缺少的内容，否则不仅不能使政府采购成为节约财政资金的途径，而且也使政府采购成为地方或部门利益的实现方式。

1. 应当建立评标、谈判或询价的专家资料库，按照相关专业或行业分为子库。对政府采购的评标/谈判小组的人员组成作出特别规定，由作为采购人的政府派出一至二人作为代表加入小组，其余成员均为专家。专家的选定由纪检监督部门在专家库中随机选定，选择专家当然要本着便于工作的原则，如果个别专家不便或不能参加时再从专家库中选择补充。专家库中的人员可以增减，如果发现某专家在采购活动中有违法或违纪时就应当从专家库中删除，有新的人员符合条件的也可以进入专家库。这样就限制了政府机关对评标、谈判或询价小组的影响力，使其可以独立地工作，减少滥用行政权力干预的可能，同时也便于专家发挥专业技能，确定真正符合要求的供应商。

2. 应当按行业建立供应商的资料库。建立该资料库时主要涉及三方面的内容：第一，建立供应商市场准入制度。在政府采购活动中，最有效的监督方法是充分调动供应商的积极性。因为供应商最关心政府采购活动是否透明、公开、公平，是否按法定程序进行。同时，参与竞争的供应商，对本行业同行情况更清楚。所以，建立供应商市场准入制度，不仅有利于形成充分竞争的政府采购市场，而且有利于供应商利用他们的行业信息对政府采购活动来进行有效的监督。故除特殊行业外应当允许所有该行业的潜在供应商都能参与政府采购竞争，这样才能营造公平的政府采购市场环境。第二，建立供应商资格确认程序标准化制度。由于政府采购项目的不同要求不同的供应商资质，所以要建立供应商资格确认程序标准化制度，明确有相应的资质就可以参与相应的政府采购项目竞争，减少政府机关的自由裁量，避免行政权力的干涉和国家机关临时的“量身定做”资格要求，实现公开、公平、公正的竞争。第三，建立供应商的信用考评制度。结合工商、税务、环保等部门掌握的供应商的纳税情况、环保达标情况、履约情况、生产规模情况、产品质量情况等，对其进行信用等级考评。信用等级高的供应商优先中标，信用等级非常低的供应商应拒绝其进入政府采购市场。对于已经进入政府采购市场的供应商，其信用情况应进行动态考核和评判，这样能避免一次考核、终生受益现象的出现。

3. 完善政府采购的投诉与质疑程序。供应商质疑和投诉是政府采购活动中经常遇到的问题，妥善处理这些问题，对于我国真正建立公正、公平和透明的政府采购市场，并融入世界采购的大市场，无疑是大有裨益的。我国《政府采购法》在第六章对质疑与投诉作出了规定。但在实际操作中还有几点需要引起注意：一是确保政府采购监督管理部门真正成为一个独立的审议机构，以此来理顺法律关系和保证公正、合理地处理质疑问题；二是要详细规定政府采购质疑程序，如政府采购监督管理部门在暂停采购人的采购活动时，应明确采购实体的作为方式；三是我国政府采购法律制度要遵循 WTO《政府采购协议》对质疑和投诉程序的有关规定，以其为蓝本，结合实际完善质疑和投诉机制。①

4. 要规范采购程序，尤其是招投标程序。采购程序要严谨，但不可烦琐，其运作过程必须细致、科学、规范，同时要严格按法定、公开透明的原则有序进行，特别是在具体环节上应借鉴发达国家的经验，使每一个环节紧密衔接又互相制约。一方面，要根据采购资金性质和采购对象来具体明确强制进入招投标的范围，各地应结合本地实际制定比较具体的招投标限额标准和管理办法，凡符合规定的必须进入招投标管理程序，接受政府采购的监督和管理。另一方面，各级政府应坚持实行公开招标方式，在广泛的范围内开展竞争采购。要严格落实采购资金、采购项目报批制度，维护决策层和监督层的审批权和知情权，实现采购管理机构与业务操作机构相分离，并断绝与其的经济利益关系。

5. 将行政行为公开化。所谓行政行为公开化，是指行政主体在履行市场管理职能的过程中依法定程序向管理相对人和利害关系人公开自己的相关行政活动、行

---

① 金香兰、金花：“试论当前我国政府采购所面临的问题及其监督机制的完善”，载《延边大学学报（社会科学版）》2003 年第 1 期。

政决定、文件材料及依据的一项行政法制度。① 政府采购中暗箱操作、滥用行政权力是产生行政垄断的根本原因，由于采购行为的非公开化，监督者、供应商等无法了解相关资料，即使有再完善的质疑与投诉制度，利害关系人的实际受损状况也难以知晓。所以，将行政行为公开可以有效杜绝行政行为的暗箱操作，使得政府采购行为处于社会、上级和利害关系人的多重监督之下，促使政府依法采购，同时也便于利害关系人对政府滥用行政权力的行为进行救济。

6. 加强对政府采购活动的监督。一是公证监督。主要对政府采购招投标过程、政府采购合同的签订、履行情况以及供应商和采购人的验收工作进行监督。二是纪检监察监督。纪检监察部门依法对政府采购活动进行全过程监察监督，确保采购工作的公开、公平、公正。三是审计监督。重点审查采购人员、采购项目、采购资金的合法性、真实性、公开性和效益性，确保采购依法合规。四是有关部门的监督。坚持邀请技术监督等有关部门的专家参与采购过程，对采购物品的质量、性能作出权威性的鉴定，杜绝采购不合格的物品。五是社会监督。公开政府采购各个环节，接受社会监督，使政府采购公开化、透明化、廉洁化。②

此外，为防止政府采购过程中的行政垄断，要特别强调对行政立法和“红头文件”、“土政策”的监督。众所周知，行政行为分抽象行政行为与具体行政行为，行政行为是行政垄断的外部表征。行政立法是行政主体作出的对不特定行政相对人的权利义务具有重要影响的抽象行政行为。③ 地方政府或各级政府部门利用行政立法和“红头文件”、“土政策”，对涉及政府采购的各方面均可设计行政垄断的规定，如地方保护、行业保护、限制交易、强制交易、强制联合等。由于这种抽象行政行为的对象不特定、可反复适用、不可诉等特征，所产生的行政垄断的危害性也就更大。因此加强对行政立法和“红头文件”、“土政策”的监督是防止“抽象行政垄断”④ 之必需。

三、完善特许经营法律制度

特许最初是指“特别的权利”，即封建帝王赋予他人的特权，到19世纪中后期，特许权被用到商业领域，演变为“特许经营权”。关于特许经营权在商业领域的含义，国际特许经营协会（International Franchise Association）作了一个权威的定

① 张武扬：“行政垄断的成因分析及法律对策”，载《安徽广播电视大学报》2002年第4期。

② 余阳春：“规范政府采购行为　治理腐败现象源头”，载《中国政府采购》2003年第9期。

③ 姜明安：《行政法与行政诉讼法》，北京大学出版社1999年版，第163页。

④ 郑鹏程：《行政垄断的法律控制研究》，北京大学出版社2002年版，第59页。

义：特许经营是特许人和受许人之间的企业关系，对受许人经营中的经营诀窍和培训领域由特许人提供并有义务保持关注；受许人的经营是在特许人的控制下按一个共同标记、经营模式和过程进行的，并且受许人从自己的资源中对其业务进行投资。①

通过获得特许经营权来经营公共物品已经有了很长的历史。如早在16世纪的英国，国王就向私人组织——“领港公会”颁发许可证，授权它建造和管理浮标、信标、灯塔等。到19世纪中期，英国议会颁布法令，把英国所有灯塔的经营权全部授予“领港公会”。② 20世纪下半叶开始的电力部门的改革，很多国家也使用了这种方式。特许经营在公共物品供给中的应用，其含义是指政府将特定的公共物品经营权交给私人机构，由其通过对消费者收取费用等手段以及其他有利条件，对该公共物品进行开放管理，并承担相应风险。“特许是一种私人团体为提供服务而从政府长期租赁资产的安排，私人团体在此期间有责任为特定的新固定投资提供资金；这些新的资产在合同期满时将返还给公共部门。”③ 我国建设部《关于加快市政公用行业市场化进程的意见》中把市政公用事业特许经营定义为：在市政公用行业中，由政府授予企业在一定时期和范围内对某项市政公用产业或范围进行经营的权利，即特许经营权，政府通过合同协议或其他方式明确政府与获得特许权的企业直接的权利和义务。

特许经营的基本特点就是，国家在任何时候都是公共物品的所有者。因此，国家有权对特许经营的公共物品进行调控，尽管由此而导致必须向特许经营权人支付合同里未曾预料的补偿，它也有权对特许经营的公共物品进行监察，有时还担负起直接管理的责任。

根据受许人在特许权下承担的责任和风险，将特许经营分为三类：全部风险特许经营，即特许权取得人承担投资和经营的双重风险，如通过BOT模式修建的公路等；共担风险特许经营，即特许权取得人不承担设施的投资，通过取得管理费或直接从最终消费者收取费用作为提供公共物品的收益，所承担的是经营风险和后续投资风险，原有投资风险由政府承担，如环境卫生等；有限风险特许经营，即特许权取得人不能从消费者身上获得足够的营业收入，就必须从政府财政预算中支取报酬，这种方式适用于客源不明，不完全依靠用户支付能力的公共物品的投资和经营。④

---

① 陈振明：《竞争型政府》，中国人民大学出版社2006年版，第223页。

② 胡家勇：《政府干预理论研究》，东北财经大学出版社1996年版，第208页。

③ 世界银行：《1994年世界发展报告：为发展提供基础设施》，中国财政经济出版社1994年版，第4页。

④ 陈振明：《竞争型政府》，中国人民大学出版社2006年版，第225~226页。

目前，很多公共物品项目中常采用的特许经营模式是一种名为 BOT（Build - Operate - Transfer）的模式（建设—经营—转让），即项目所在地政府授予由一家或几家私人企业组建的项目公司一定期限的特许经营权利，由项目公司对某项基础设施项目进行筹资建设，在约定的期限内经营管理，并通过项目经营收入偿还债务和获取投资回报，约定期限届满后，项目设施无偿转让给所在地政府。在公共物品供给具体实践中，BOT 模式有很多变形模式：BOOT 模式（Build - Own - Operate - Transfer）（建设—拥有—经营—转让），特许权取得人在项目建成后拥有长时间的经营权；BTO 模式（Build - Transfer - Operate）（建设—转让—经营），项目设施建成后由政府先行偿还建设费用而取得所有权，然后由项目公司租赁经营；BOO 模式（Build - Own - Operate）（建设—拥有—经营），特许权取得人在项目建成后取得永久性的经营权；ROT 模式（Renovate - Operate - Transfer）（重整—经营—转让），特许权取得人对过时、陈旧的项目设施、设备进行改造更新，经营若干年后再转让；POT 模式（Purchase - Operate - Transfer）（购买—经营—转让），由投资者购买基础设施项目的股权，经营一定期限后再将其转让给政府；BOOST 模式（Build - Own - Operate - Subsidy - Transfer）（建设—拥有—经营—补贴—转让），授权期内政府提供一定的补贴；BLT 模式（Build - Lease - Transfer）（建设—租赁—转让），项目设施建成后发展商将其出租给政府经营，授权期满后，将项目资产转让给政府。

公共物品特许经营是企业在取得一定期限内政府授予的某类公共物品的开发经营权（即特许经营权或称特许权、专营权等）的前提下对公共物品进行的经营活动。从理论上说，对于具有纯公共物品性质的公共设施与服务，由于无法制定价格也不可能收费，因此只能通过政府投入而免费提供；对于具有非纯公共物品性质的公共设施与服务，即准公共物品性质的公共设施于服务，让市场发挥作用有助于提高效率。

特许经营制度的核心问题主要包括三个方面：一是在经营主体的选择过程中，引入竞争机制；二是政府授权，这种权利是公共权力；三是主体双方用协议的形式界定各自的权、责、利。

公共物品生产经营主体按照与国家或政府签订的特许经营协议取得特许经营权后，并不意味着政府对该部分公共物品就可以不承担责任了，政府仍然应当对特许经营权人的经营行为进行监管。政府有关部门的监管内容是多方面的，包括技术监管、经济监管和社会监管等，针对市政公共物品具有自然垄断、公共性、公益性的特点，监管主要围绕专营权、价格、标准、服务质量、安全等方面。

首先，政府应按照特许经营协议的规定，加强对经营者行使特许经营权的监管。企业取得一定公共物品的特许经营权后，就意味着其在特定区域、特定内容及范围内拥有专营权，政府既要保护企业的合法权利，鼓励长期投资行为，降低投资者风险，避免重复建设和社会资源的浪费，又要监督企业履行法定义务和协议规定的义务，向社会公众提供有效的公共物品。

其次，政府应对公共物品和公共服务价格进行监管。公共物品和公共服务价格一般由物价部门根据行业平均成本兼顾企业合理利润的原则予以核定。价格监管一方面要有利于形成企业降低成本增加效益的价格机制，保障公共利益，避免由于垄断经营而带来的高额利润；另一方面要考虑投资的合理回报，促进企业的可持续发展。

最后，是对产品、服务、安全等标准方面的监管。公共物品作为社会公共利益的载体，其消费者具有不特定性，国家对其进行监管就是要使特许经营者供给的公共物品达到规定的产品和服务质量标准的同时，不断提高服务水平，特别是在目前的形势下，公共设施的安全影响到整个社会的运转，影响到社会公众的生活，监管机构要监督企业严格执行国家安全生产法规和行业安全生产标准规范，保证公共领域产品提供的可持续性。

四、构建特殊企业法律制度

我国广泛使用国有企业的概念，在法律制度方面几乎没有特殊企业的概念，但实际上，我国的法律制度中也涉及特殊企业的规定，只不过散见于立法之中，如《民法通则》、《公司法》、《反不正当竞争法》和相关的国有企业法律制度中，以及《电力法》、《邮政法》、《铁路法》、《民用航空法》等行业立法中。特殊企业立法的非系统性和特殊企业法律制度的不完善，阻碍了特殊企业的发展和社会职能的发挥。

社会公共利益性的主要特征是贯穿于特殊企业的设立目的、运作宗旨等方面及其存续始终，特殊企业的存在就在于最大限度地满足并服务于这个特性。国家直接供给公共物品有很大一部分是通过特殊企业来实现的。特殊企业的这一特性决定了传统民、商事法律和行政法无法对其进行有效调整和规制，因为传统民商事法律以个体为本位，以权利为主导，强调社会个体的权利，强调平等和契约自由，往往忽视甚至对抗社会整体的意志和利益；而行政法以行政权力为本位，在强调监督行政权力合法行使的同时，也坚持保障行政权力的高效性和权威性，用这种法律理念作指导来供给公共物品，就完全回到计划经济时期了。法学理论告诉我们，法律规范的性质主要是由其调整对象所决定的。与特殊企业有关的法律规范的调整对象可以概括为：特殊企业本身及特殊企业在产生、变更和终止过程中所产生的社会关系的总和。因此，调整特殊企业及其在设立、变更和终止过程中所产生的社会关系的法律规范，从其性质来看，应当是以社会整体利益为核心、以实质公平为理念的经济法律规范。

经济法体系是由多层次、门类齐全的经济法部门组成的有机联系的统一整体。

根据经济法规范的调整对象是否具有某种属性，可以把经济法划分为若干个较大的经济法部门，然后又可以将每个较大经济法部门再划分为若干个较小的经济法部门。为满足实践的需要，这样的划分可以进行多次。① 由此可以看出，特殊企业法律制度属于经济法主体制度中的企业制度的一种。所以，构建特殊企业法律制度是完善企业法律制度的一部分。

构建特殊企业法律制度对实现国家直接供给公共物品有着重要意义。从目前我国的实际出发，主要从两方面进行构建：

第一，制定全国性的《特殊企业法》。从世界范围来看，有关特殊企业的立法主要有三种模式：一是集中型立法模式。即特殊企业的法律规范较集中，且立法层次较分明。其典型代表就是日本。在日本，全国性的特殊企业由《公营企业法》统一调整和规制，地方性的特殊企业由《地方公营企业法》调整，此外还有针对单一特殊企业的专门立法，如《日本烟草株式会社法》、《日本电信电话株式会社法》等，形成了对特殊企业立法的“二级二元”的结构体系。② 二是相对集中型立法模式。采用这种模式的国家往往都制定了与日本《公营企业法》功能基本相同的全国性法律，但其缺乏相配套的法律，没有系统的调整特殊企业的法律规范。三是分散型立法模式。即既不存在调整特殊企业的统一且集中的法律，也不存在专门规制单一特殊企业的法律、法规，与特殊企业有关的法律规范分散在民事、商事法律制度及相关行业立法之中，我国实际上就属于此。这种立法模式缺乏对特殊企业调整的统一明确的调整目标、规制方式和调整手段。

《特殊企业法》作为调整特殊企业的基本立法，作为企业立法的一部分，必须体现其特殊企业的特殊性，主要规范的内容是：特殊企业法的立法原则，必须以最大限度地关注和体现特殊企业的社会公共利益性为最基本的立法原则；特殊企业与政府的关系，一方面，要体现政府对特殊企业的特殊扶持待遇，如财税、金融等扶持政策；另一方面，要避免政府与特殊企业的合二为一现象，即特殊企业一味依赖政府或政府直接操纵企业。通过设置政府与特殊企业的权利义务来设计科学合理的政府与特殊企业的关系；特殊企业的设立、变更和终止，即在立法中要体现特殊企业在设立、变更和终止方面的特殊性，如在设立上，必须采用核准设立而不得采用准则设立，设立程序要比一般企业严格，在终止上，不能采用企业破产法的一般规定；特殊企业的经营管理，如特殊企业的经营范围、特殊企业的竞争行为、特殊企业产品或服务对消费者的侵害等方面的特殊处理；特殊企业的治理结构，必须有社会化的董事会成员，特别是要有较大比例的社会化的监事会成员。

---

① 杨紫烜：《经济法》，北京大学出版社、高等教育出版社 1999 年版，第 53 页。

② 渠涛：“日本国有、国营企业的变迁及其相关立法”，载《中日民商法研究》（第一卷），法律出版社 2003 年版。

第二，进行特殊企业改造。我国长期以来的计划经济体制，国有资本习惯服务于政治，而不是服务于经济，基础性经济领域与非基础性经济领域皆采取国有企业的形式，特殊企业在制度上没有体现，在实践中也被国有企业所代替。但前文已述，国有企业与特殊企业在本质特性和基本特征上存在明显不同，这种界限不清的做法，不仅在制度上无法完善，而且在实践中也出现大量问题，典型的就是公共物品供给问题和国有资产的保值增值问题。因为生产不同种类产品的企业的评估绩效标准不能采取同一标准，这就造成本应盈利的国有资产的经营成果流失到私人所有，或者容易盈利的国有资产经营人能够容易得到所谓的政绩，这对生产公共物品的国有资产经营人来说是不公平的。另外，随着我国经济体制改革的深化，出现了供给公共物品的私人或民营企业，这些企业在市场中与容易盈利的企业使用相同的制度，这对于生产公共物品的企业成长是不利的，也不利于公共物品的供给。所以，我国经济体制改革的一个组成部分就是要进行特殊企业的改造。

比照其他国家的特殊企业情况，我国的经济学家提出相同功能性质的企业大约要保持6大类：① （1）银行与非银行金融机构、国家物资储备机构；（2）公共产业；（3）基础产业与基础设施建设；（4）高科技产业；（5）军工生产；（6）自然垄断部门。

进行特殊企业改造首先是要对法律制度进行完善，前文已述，要制定特殊企业基本法层次的《特殊企业法》，来统率不同行业的特殊企业，同时要对我国原有的行业性立法如《邮政法》、《铁路法》等进行修订、完善。其次，实现运作目标、治理结构方面的转变，因为特殊企业的首要目标是为最大化地满足社会公共利益，而不是营利。所以，在运作目标方面，要严格区分特殊企业和非特殊企业，特别是国有资产投资形成的企业。在治理结构方面，对生产公共物品的特殊企业，必须吸收社会化管理人员，这要求比一般国有独资公司的治理结构还要更加社会化，如监事会成员还要有消费者或接受服务的人员参加。再次，要改变绩效评估标准。由于特殊企业与非特殊企业在经营目标上的差异，这就要求有不同的绩效评估标准。

本章小结

国家直接供给公共物品是由国家或政府和国家直接投资设立的特殊企业完成的，是通过财政安排来实现的。但由于我国财政体制与公共财政的要求还存在差距，表现为：财政支出“缺位”、“越位”并存、财权与事权脱节、财政分配秩序不规范、财政预算管理不科学等，这就要求完善我国财政体制，使之符合公共财政

① 钱津：《特殊法人：公营企业研究》，社会科学文献出版社2000年版，第17页。

的要求。从公共物品供给角度来看，主要是应区分纯公共物品和准公共物品供给的财政资金来源，完善预决算及其监督程序。同时，要完善我国国家供给公共物品的相关法律，以最大限度实现公共物品权，即完善公共物品的投融资制度、完善政府采购法律制度、规制行政垄断法律制度以规制政府采购中的行政垄断行为、完善特许经营法律制度以及构建特殊企业法律制度。

第五章　国家利用市场供给公共物品的法律规制

国家利用市场供给公共物品的目的就在于避免政府直接生产公共物品的弊端，发挥市场机制的优势作用，从而有效地实现社会公众的公共物品权。“政府要求私营企业彼此竞争，以提供公共服务。这是最常见的做法。减轻负担也许是最简单的方法，即政府干脆撒手不提供公共服务，而把服务事业交给私营市场；采购是政府另一种常用的迫使私营公司竞争的途径；签订合同是把竞争机制注入公共服务事业的另一种常用的方法。”①

政府利用市场机制来提供公共物品已经成为发达国家提供公共物品的重要途径，其一般的做法是与私人部门签订合约，由私人部门生产和管理公共物品，但是政府拥有所有权，如政府拥有全部或部分股权，由私人企业经营，自负盈亏；在政府的监督下由私人资本通过招标取得政府特许的经营权来经营某项公共物品的生产和提供；政府进行补贴和资助等。同时，为保证私人投资者供给公共物品的行为不至于偏离社会公共利益和社会公众实现公共物品权的目标，政府对其供给行为进行规制是必不可少的。

第一节　国家利用市场供给公共物品的形式

技术上的变化，更重要的是管理上的创新，使得（公共物品供给）以多种形式进行竞争成为可能。因为大规模生产与提供服务所带来的经济效益虽然在某些基础设施经营活动中仍然很重要，但总体上已经降低，在电信与电力生产中更加如此。管理上的创新使得经营活动的分解成为可能，即：将经营活动分解为不像以前那样重要的各项业务。通过将先前由垄断组织经营的业务分解并使它们接受各种形

① ［美］戴维·奥斯本、特德·盖布勒：《改革政府：企业精神如何改革着公营部门》，上海译文出版社1996年版，第64～65页。

式的竞争。即使当基础设施服务由单一实体来提供最为经济时——这使得在市场内的竞争不太明智甚至不可能——多家企业为获得向市场提供服务的权利而竞争也会提高效率。① 借鉴国外供给公共物品的形式，国家利用市场供给公共物品主要有以下形式：

一、合同承包形式

20 世纪 70 年代开始的民营化浪潮，将合同承包这一私人领域交易的方式开始引入到公共领域。合同承包由私人领域进入公共领域之后，它所具有的合约性质并未消失。合同承包，指政府将一部分公共物品的生产推向市场，通过契约方式由政府对公共物品（一般是准公共物品）的生产进行发包，通过市场化操作，选择最优的公共物品供应商，以创造最佳社会效益。

合同承包本质上是一种委托代理关系，政府作为委托人，将公共物品委托他人生产运营，并通过各种手段（主要是竞争招标的手段）来选择代理人，即该公共物品的合同承包商。这种形式主要适用于具有规模经济效应的自然垄断类公共物品，这些公共物品可以以较低的成本实现排他，收费没有多大困难。政府一般是通过公开招标的方式选择私人企业，目的是借助投标者之间的相互竞争，将公共物品的生产成本压低到合理水平。政府在诸多企业提供的一揽子服务方案中选取收费最低者，或在接受政府方案的企业中选取要求补贴最少者。

“承包出租公共物品实际生产的主要理由是为了提高该物品的生产效率。合同机制提供了在公共物品的生产方面获取市场竞争受益的一种手段。”合同落实以招标为基础，也包括对其可靠性的某种评价，同时必须要有适当的机制确保这些合同的执行。“承包出租在高度集权的政体中也许不能提高公共物品的生产效率，因为在高度集权的政治体系中，对负责确定合同和监督合同执行的行政当局难以控制，在预期的合同竞标人之间的竞争因此可能很弱。同时，政府合同变成了一种任人唯亲的利益授予，而这些承包者的生产效率可能与公共生产部门的效率一样低或者更低。”②

我们一般所说的公共物品合同承包模式是指政府将公共物品的生产运营承包给私人供应商，也就是合同外包形式。“合同外包指引入私人承包商来提供公共服务，在这样的情况下，政府仍然保留其资金提供者的身份，但不再是服务的生产者

① 世界银行：《1994 年世界发展报告：为发展提供基础设施》，中国财政经济出版社 1994 年版，第 52 页。

② ［美］埃莉诺·奥斯特罗姆等：《制度激励与可持续发展》，上海三联书店 2000 年版，第 240～241 页。

和直接供给者。”① “政府保留设施和资产的所有权，让私人企业去经营。……这和租赁有所不同，因为私营企业不能将所租用的资产用于自己的其他业务，而只是代表政府从事经营并从政府获得相应报酬。”② 这些公共物品的最终所有者是政府，但其生产者和经营者都是私营企业。在具体实践中，有两种做法：一是对有些公共物品，供应商合同承包项目完成后可以在一定期限内对其经营，即政府进行项目发包，承包者根据政府要求完全由自己进行方案设计、融资建设，项目完工后供应商拥有独立经营权，用经营所得弥补成本和获得利润。二是承包者在项目完工后立即将经营权转移给国家。其一般的做法是，政府主管部门与在竞争中获胜的私营企业就某种公共物品的生产签订合约，当私营企业完成任务并达到合约规定的标准，政府支付合约规定的报酬。当然，“合同承包也可能出现负价格（negative price）：私人企业向政府付费以获得从事某项服务的权利”。③ 如不少城市通过招标方式，由私营企业承担弃置车辆的回收工作，招标书中有的向政府索要报酬，有的则为经营权向政府付费，这取决于汽车回收品的市场价格。

二、政府购买形式

与合同承包有密切关系的另一种形式就是政府购买。政府通过合同将公共物品的生产委托给一个私人企业，可以看做是政府向这个私人企业购买某产品，当然这种购买不同于一般的买卖关系，它是以政府与企业签订合同为前提的。

除这种购买以外，政府还可以向市场上直接购买产品而不需要提前签订合约。如政府可以直接购买市场上提供的住房，分配给穷人，政府也可以从市场上购买保险，提供给自己的公职人员。一般称这种政府购买为政府采购。所谓政府采购，是指各级政府为开展日常的政务活动或为公众提供公共劳务的需要，在财政监督下，按照法定的方式和程序，从市场上为公共部门购买商品和劳务。这种制度的特点是具有公开性、公正性和竞争性。它是政府消费行为的市场化。政府采购往往采用竞争性招投标方法，通过引入竞争机制，在保证质量的前提下，采用较低价格购买商品。通过价格竞争节约大量的财政资金，提高了财政支出的效率。当然，政府所采购的商品并非都是公共物品，因为用财政支付而购买的商品属于公物，其中只有一部分属于公共物品。

---

① Young Chool Choi, *The Dynamics of Public Service Contacting*: *The British Experience*, Bristol: The Policy Press, p. 19, 1999.

② ［美］E. S. 萨瓦斯著，周志忍等译：《民营化与公私部门的伙伴关系》，中国人民大学出版社2002年版，第74页。

③ ［美］E. S. 萨瓦斯著，周志忍等译：《民营化与公私部门的伙伴关系》，中国人民大学出版社2002年版，第74页。

三、特许经营形式

特许最初是指“特别的权利”，即封建帝王赋予他人的特权，到19世纪中后期，特许权被用到商业领域，演变为“特许经营权”。特许经营权在商业领域的含义，根据国际特许经营协会（International Franchise Association）的定义是指：特许经营是特许人和受许人之间的企业关系，对受许人经营中的经营诀窍和培训领域由特许人提供并有义务保持关注；受许人的经营是在特许人的控制下按一个共同标记、经营模式和过程进行的，并且受许人从自己的资源中对其业务进行投资。① 特许经营在公共物品供给中的应用，其含义是指政府将特定的公共物品经营权交给私人机构，由其通过对消费者收取费用等手段以及其他有利条件，对该公共物品进行开放管理，并承担相应风险。“特许是一种私人团体为提供服务而从政府长期租赁资产的安排，私人团体在此期间有责任为特定的新固定投资提供资金；这些新的资产在合同期满时将返还给公共部门。”② 特许经营的基本特点就是，国家在任何时候都是公共物品的所有者。因此，国家有权对特许经营的公共物品进行调控，尽管由此而导致必须向特许经营权人支付合同里未曾预料的补偿，它也有权对特许经营的公共物品进行监察，有时还直接担负起直接管理的责任。

四、政府经济资助形式

当政府考虑到某些公共物品的社会收益与私人提供者私人收益之间的不对称，会有选择地对提供这些公共物品的企业给予经济资助，以确保其提供对全体公民有效的公共物品。通过这种模式，政府可以间接地进行收入再分配。

这种方式主要适用那些盈利性不高或只有在未来才能盈利、风险大的公共物品。资助的方式有：凭单、补贴等直接资助和优惠贷款、无偿赠款、减免税等间接资助方式。

凭单是“政府部门给予有资格消费某种物品或服务的个体发放的优惠券”，有资格接受凭单的个体在特定的公共物品供给组织中“消费”他们手中的凭单，然后政府用现金兑换各组织接受的凭单。凭单的目的在于政府希望特定群体购买特定公共物品而消费者购买该物品的积极性不足时，对消费者的补贴。因为如果直接补贴现金，消费者就可能不购买特定公共物品而购买其他物品。凭单体现政府对特定消费进行鼓励、帮助的政策意向，如教育和医疗卫生事业。

补贴是指政府对由民营部门承担的准公共物品供给的价格补助。政府要求民营

① 陈振明：《竞争型政府》，中国人民大学出版社2006年版，第223页。

② 世界银行：《1994年世界发展报告：为发展提供基础设施》，中国财政经济出版社1994年版，第4页。

部门把准公共物品的价格控制在基本的生产成本水平，并由政府将因此项公共物品的提供而获得的其他部门的财政收入（如税收增加）作为补助转移支付给民营部门。高、精、尖技术的基础研究和应用技术的超前研究风险大、周期长、预付资本量大，是政府资助的主要领域。另一个重要领域是教育，政府着眼社会利益，对私立学校给予一定的资助。为了鼓励私人企业向偏僻的农村社区提供必要的公共物品，政府也会采用补贴的办法来吸引投资者。“在智利，政府采用了补贴拍卖法来解决这个问题。这种类似市场竞争的创新方法，促使企业公开其成本信息，从而有利于社会低收入者。政府在竞争的基础上向为小地区和偏远地区提供电话服务的企业提供补贴，企业为了获得在这些地区提供服务的权利而互相竞标。这种方法实施后取得了意想不到的结果，竞争企业愿意在没有任何补贴的条件下在较远的地区提供收费电话服务。”①

政府对公共物品的私人生产运营主体给予优惠待遇，减少其生产运营成本，以刺激私人主体供给的积极性和供给数量、质量，如优惠贷款、无偿赠款、减免税费等措施。优惠待遇可以基于各种不同的标准或政府目标，但不管基于什么目标和标准，优惠待遇的本质都是一种人为的、局部的激励扭曲现象。当然，这种扭曲可能是一种“反市场”导向的，也可能是市场导向的（对“反市场”导向的扭曲的“再扭曲”）。② 显然，优惠是运用市场机制的一种手段，它的结果有两种：一种是适应了市场更优发展的需要；另一种就是违背市场规律，阻碍经济的发展。优惠待遇中政府扶持市场主体进入特定市场是我国产业政策的重要组成部分。市场进入政府扶持的理论依据在于市场调节失效所造成的市场进入不足，特别是在发展民族幼稚产业、先导产业以及反市场垄断时，往往需要政府予以必要的扶持。但进入扶持政策并不是万能的，不能片面夸大进入扶持的作用。在实施进入扶持政策中，要充分重视产业政策的成本与收益分析，要注意抑制与削弱进入扶持中所诱发的创租、寻租的不当行为，以免陷入政府扶持的政策误区。③ 也就是说，优惠待遇的资助形式，对于公共物品供给的影响，存在积极的一面也存在消极的一面。

五、政府参股形式

政府参股形式是指在私人投资生产的某些公共物品中，政府以不同的比例参股。政府参股的目的有二：一是为取得对涉及国计民生的重大项目的控制权；二是为私人投资者提供生产公共物品的资本和分散私人投资者的投资风险。为私人投资

---

① 世界银行：《1998/1999 年世界发展报告：知识与发展》，中国财政经济出版社 1999 年版，第 10 页。

② 张军：《特权与优惠的经济分析》，立信会计出版社 1995 年版，第 103 页。

③ 陈明森：“市场进入不足与政府扶持政策选择”，载《东南学术》2002 年第 3 期。

者提供生产经营公共物品的资本类似于提供经济资助，但不同于前面所述的经济资助形式，因为政府参股是有偿的，要么政府可以按照参股比例取得经营收益，要么政府可以转让股份而收回投资，而前述政府资助形式是无偿的。政府参股形式主要适用于初始投入较大的基础设施类公共物品项目，如桥梁、道路、发电站、高速公路、铁路、电讯、港口、机场等。政府参股又分为政府控股和政府入股。根据不同项目和项目的不同时期，政府参股的比例和投资数额会发生变化。一般来说，针对那些具有举足轻重地位的项目，政府采取控股方式，参股比例和投资数额较大，否则就会较小；在项目建设初期，政府股份一般较多，一旦项目进入正常经营，能获得较稳定的正常利润，政府便开始出卖自己的股份，抽回资金转向其他项目。

第二节　国家利用市场供给公共物品的法律规制

由于公共物品毕竟不同于私人物品，它的消费不可分割，它的生产具有很强的正的外部性，公共物品供给实践和相关理论都证明了私人提供的可能性和现实性，但是为了防止私人在追求利润时对于社会目标的过分分离，保障公共物品消费者公共物品权的充分实现，都离不开政府的必要管制。

一、公共物品价格规制

正是由于公共物品的非竞争性和非排他性，没有一个有效的价格体系来控制公共物品的消费，也就是说，在私人物品市场中存在的供求市场并通过供求平衡形成价格，在公共物品市场不存在。当公共物品市场中配置资源的价格体系缺失时，政府变成为公共物品市场上的价格主导配置者。

市场力量并不会消除对价格和利润进行管理以保护消费者的必要性。① 由于生产公共物品的企业都具有某种垄断地位，如果不存在任何外部约束机制，它们就成为价格的制定者而不是价格的接受者，就可能通过制定垄断价格，把一部分消费者剩余转化为生产者剩余，从而扭曲分配效率。这就要求政府对公共物品的价格进行管制，以促进分配效率。

（一）我国公共物品定价机制的缺陷

第一，公共物品定价标准不规范。目前我国对公共物品的政府定价基本上是以公共物品生产企业上报的成本和相关主管部门提出的调价方案为依据，遵循“成

① 世界银行：《1994 年世界发展报告：为发展提供基础设施》，中国财政经济出版社 1994 年版，第 52 页。

本加合理利润”原则①或者说是按“成本加成”的方法确定价格。② 虽要计算成本、利润，但成本只以上报成本为准，没有从控制价格需要的角度设计成本规则和具体的标准，没有法定的预测成本的依据，也没有明确量化的效率提高标准和要求。“据2001年1月11日《人民铁道》报登载全国铁路里程与运速最新数据及有关问题显示，1994年以来，铁路运输企业连年亏损，至1997年年底亏损累计达156亿元，1999年全国铁路提前一年实现扭亏目标。而据《粤港澳价格》2001年第3期载文，最近铁路部门算出南昌至北京一次客车的运营成本，该文发出疑问，‘铁路运营50多年，改革开放20多年了，才算出成本来。以往说铁路全行业亏损又扭亏是如何根据呢？’”③ 至于“合理利润”是事先确定且长期不变，利润的确定没有不同行业科学的合理利润标准。

第二，公共物品定价管理机构与生产主体信息不对称。从价格管理机构来看，我国对准公共产品定价管理的相关行政机构有物价局和各行业主管部门。物价部门作为政府的职能部门，本身不参与市场准入、需求管理及运行成本的监控，与其他相关部门协调不畅，形成了与公共物品生产主体信息严重不对称。各行业主管部门参与行业管理，有部分定价权（如铁道部对基本运费外的杂费有定价权），并且知晓公共物品生产主体的部分信息，但在行业或部门利益驱使下，行业主管部门的定价也不能令人信服。这种价格管理体系，一方面使定价职能被割裂；另一方面缺乏统一、全程的监管能力，其定价结果很难合理。

第三，价格听证制度不完善。《价格法》中确立了价格听证制度，但实践中还存在以下问题：（1）政府部门不依法办事，绕开这一程序，擅自定价，使消费者的呼声得不到反映。（2）价格听证会的具体规定仍过于简单、疏漏，无统一详细的规范。目前，实践中多由各地物价部门自行规定实施办法，使价格听证会质量效果不一，作用未得到充分发挥。有的甚至流于形式，致使价格的制定仍带有强烈的行政色彩。（3）价格听证会的主持者、经营方的利益代表有时角色混同、部门不法利益时有体现。这些均需进一步完善。④ 价格听证制度应当说是对价格的事前监督，至于事后监督就是价格主管部门对物价的检查，通常情况下仅限于违规罚款，而对公共物品消费者没有任何救济措施。

---

① 史际春、肖竹：“公用事业民营化及其相关法律问题研究”，载《北京大学学报（哲社版）》2004年第4期。

② 陈小安、陈玉闻：“试论我国准公共产品的竞争性供给改革”，载《温州师范学院学报（哲学社会科学版）》2004年第3期。

③ 单飞跃、危薇：“公共产品定价行为中的消费者权益透视”，载《南京大学法律评论》2002年春季号。

④ 单飞跃、危薇：“公共产品定价行为中的消费者权益透视”，载《南京大学法律评论》2002年春季号。

（二）国外对公共物品的价格规制

国外对公共物品的价格规制以英美为代表，这也就是我们所知道的，在西方国家，政府对于公共物品价格进行规制的两种主要方法。

在美国，公用事业价格调定的原则有如下几项：一是要考虑生产经营企业的收益，保证有一定的投资回报率；二是要考虑社会的承受能力，即注意消费者和用户的利益；三是要考虑对社会总体经济增长的影响，处理好优化价格结构与提高价格水平的关系，在总水平内分别确定大宗用户和居民的价格；四是要考虑透明度，调价理由、措施公开。①

成本加上公平利润的方法，即在生产经营成本之上加上一个按照企业投入的资本总额和政府主管部门确定的接近“竞争的”或“公平的”利润率计算的平均利润确定价格的方法。也就是成本（报酬率）规制，成本（报酬率）规制是传统的美国式规制，一般的做法是政府部门规定一个允许的资本报酬率，政府规制的资本报酬率可依据平均利润来确定。受规制的公用事业的实际资本报酬额，除了政府规制的资本报酬额（计划值）之外，还要受计划成本与实际成本之差和风险负担比率的影响。也就是说，当实际报酬率与计划报酬率不一致时，允许马上通过修订价格或收费来保障企业获得计划资本报酬额。如果实际报酬额超过计划报酬额，从而使企业获得超额利润。因此，企业要在自己承担的风险范围内，在价格批准期间，最大限度地发挥降低实际成本的积极性。如果计划成本大大超过实际成本，企业不能获得计划报酬额时，就需要批准改定价格（收费）。在一般情况下，规制当局应当要求企业使价格（收费）长期保持不变，这样也可激励企业提高内部效率。②

按照成本加公平利润的方法制定或调整公共物品的价格，虽然比较简便，也可以保证经营者获得一个比较合理的投资回报。但是，在信息不对称的条件下，经营者往往倾向于向政府主管部门提供偏高的成本信息，使得政府确定的价格偏高，损害消费者的利益。而且，由于利润是按照经营者投入的资本进行计算的，因此，经营者也倾向于增加资本投入，使得成本进一步膨胀。还有，在利润率的确定上，也容易出现讨价还价的问题。更重要的是，这种定价方法严重影响经营者降低成本和提高效率的动力，因为成本增加总是能够通过价格提高转嫁给消费者。对于公共物品经营者来讲，与其努力降低实际成本，不如申请批准更高的计划成本，更容易确保超额利润。

有鉴于此，西方经济学家又提出了一种把价格调整与效率改善及价格总水平变

---

① 王海玲：“西方公用事业价格管理”，载《价格月刊》2002 年第 5 期。

② 张念瑜：“国外市场经济国家公用事业价格规制的理论、实践与借鉴”，载《广西市场与价格》2001 年第 12 期。

动幅度挂钩的定价方法，有人把这种方法译为“最高限价管制法”，也有人直译为“价格帽法”。这种价格管制方法主要是解决经营者在价格管制下的改善效率的动力问题，通过某种制度设计，可以使企业获得因效率提高而带来的收益，从而对经营者产生激励作用。

价格上限规制是英国政府在20世纪80年代初对自然垄断产业管制改革中设计的一个价格管制模型。价格上限规制类似于在政府规制机构和被规制企业之间签订价格变动合同，规定价格上限，使价格原则上只能在这个限度内变动。价格上限规制最初在英国称RPI－X模型。企业的加权增长被保持在一组价格内，比特定的价格指数（零售价格指数，RPI：Retail Price Index即通货膨胀率）的增长要低X%，“X”是由规制当局确定的在一定时期内（一般4至5年）公共物品生产主体生产率增长的百分比。这个价格管制模型意味着，企业在任何时期制定的名义价格取决于RPI和X的相对值，其涨跌幅度是RPI－X的绝对值。企业的实际价格就等于原有价格乘以（1＋RPI－X），如果RPI－X是一个负数，企业就必须降价。假定企业成本和RIP不变，企业的实际生产率增长的百分比大于规制当局确定的平均利润率，则企业的名义价格小于规制价格，企业的利润就比平均收益率高，反之企业收益率就比平均收益率低。这种价格规制方式，将企业的价格变动与物价指数和企业效率的提高挂钩起来，实际上就是要求企业以其效率的提高来抵消通货膨胀对价格的影响；同时，在RPI和X的值既定的条件下，企业要想获得更多的利润，就只有通过提高生产效率使其实际生产增长率超过规制当局设定的生产增长率才能够实现。因此，价格上限管制具有刺激企业提高内部效率的效用。

（三）我国公共物品价格规制的完善

第一，制定科学合理的价格标准。为确保民营化后公共物品和公共服务价格的科学合理，政府可以制定出一个科学的价格标准，以便于为公共物品和公共服务的定价提供一个参照标准。改变“成本加合理利润”的定价思路，参考英国的最高限价模式，设计一种符合中国国情的、具有操作性的定价方式，通过一个公式，预先设定一段时间的价格，在此期间，经营者可以通过提高效率来增加收益。从利润水平管制到价格水平管制的转换，将会产生风险与利益在企业和消费者之间的转移，在投资回报率的价格管制下，消费者是提高成本引起的风险与降低成本带来的利益的承受者；而在最高限价管制下，这种风险与利益都由企业来承担和享受。这也就是说，在投资回报率价格管制下，消费者只能通过企业降低成本才能得到利益，但企业却没有降低成本的动力，因为企业只有通过提高投资回报率水平或扩大投资基数才能获得更多的利润；而在价格水平管制下，由于企业受到最高限价的制约，它们只能通过降低成本才能取得较多的利润。①

第二，树立合理的价格规制理念。促进社会分配效率、刺激企业生产效率和维护企业发展潜力三者共同构成公共物品价格管制的三维政策目标体系。而我国公共物品现行价格管制体制中存在的问题就是脱离了这个三维目标，管制价格要么过高，要么过低，不利于促进社会分配效率，同时还存在与管制者初衷严重背离的现象。由于较低的管制价格不能刺激企业的生产效率，国家作为唯一投资者受到财政支出的限制无力进行大规模投资，其结果使公共物品的供应能力与需求存在很大缺口，严重阻碍社会经济的发展。改革价格管制的基本思路就是利用多种手段，实现价格管制的三维目标。② 一方面，要保护生产主体和消费者的利益，确立保本微利的收费原则，公共物品除了具有一般私人物品的特点外，还具有一个典型的特点就是其公益性。“这个特点决定了民营化后的公用企业必须按照成本加微利的原则进行收费”③ 才能保障社会公众公共物品权的实现，否则就是生产者、经营者对消费者的掠夺。另一方面，公共物品价格管制还涉及整个物价水平和通货膨胀等，规制价格要符合社会稳定和社会发展的要求。

第三，完善公共物品价格的事前、事后监督体系。《价格法》中业已规定，制定关系群众切身利益的公用事业价格要召开听证会，对此应当着力落实、普及，无须赘言。我国价格听证制度的缺陷：听证会缺乏广泛性和代表性，参加听证会的人员由政府主管部门指定，实行封闭式听证，难以代表社会各方利益；缺乏反馈性，通常是举行一次性听证会，没有将有关信息进行反馈就正式制定有关政府监管政策。针对这些缺陷，应建立公众多方面、全方位参与和监督的机制，如网上参与、舆论监督、投诉和与政府直接沟通、公益或他益私诉，等等。同时可以借鉴外国的经验，一方面是建立专业消费者组织。如英国根据 1986 年的《煤气法》，建立了煤气消费者委员会，根据 1989 年的《自来水法》，建立了自来水顾客服务委员会，根据 1989 年的《电力法》，在英格兰、苏格兰和威尔士建立了 14 个电力消费者委员会，它们独立于政府监管机构和经营企业，只代表消费者利益。④ 另一方面，借鉴国外先进的做法，如美国调控公用事业价格以考虑经营者的收益、社会承受能力、透明度、对社会总体经济增长的影响、调价理由和措施的公开性为原则，设立公用事业价格调节基金等。法国对公用事业价格由社会中介机构测算得出、经过市政议会讨论确定，同时，对价格和企业收入定期复核调整，在发生争议的情况下，

---

① 王俊豪：《中国政府监管体制改革研究》，经济科学出版社 1999 年版，第 104～105 页。

② 王俊豪：《中国政府监管体制改革研究》，经济科学出版社 1999 年版，第 54～61 页。

③ 褚东惠：“我国公用事业民营化改革制度构想”，载《城市管理与科技》2006 年第 1 期。

④ 仇保兴、王俊豪：《中国市政公用事业监管体制研究》，中国社会科学出版社 2006 年版，第 33 页。

通过专门的仲裁机制来解决。①

二、公共物品质量规制

产品质量是产品应当具备的符合人们生产或消费所需要的各种特性、功能的总和。但是，各国立法规制产品质量时，几乎均将不动产排除在调整范围之外。借鉴ISO（International Standard Organization）对质量的定义，公共物品质量的第一层含义是满足消费者约定或潜在需求的特性和功能两个基本特征。第二层含义的探讨比较多：有学者认为，公共物品质量与公共物品的覆盖范围（规模）有关；有学者从效率角度（经济学上的资源配置问题）认为，公共物品质量高低取决于有效性，如果有效，投入越多，质量越高；全面质量观认为质量是设计质量（物理特征）、维持质量和改进质量的统一。全面效率观认为公共物品质量是经济效率、社会效率、生态效率的统一。公共物品质量的第三层含义是从满意度的角度定义的，认为质量的主要内涵已被消费者的满意度所替代，当代西方公共管理改革实践就是证明。

公共物品质量就是公共物品具有的满足利益相关者要求的功能性、实用性、可靠性、安全性、有效性、时间性、竞争性、和谐性、文明性、合法性和满意度等特性的总和。

政府对公共物品实行监管的一个重要目标就是维护和增进消费者的利益，实现消费者的公共物品权，而增进消费者利益要求企业所提供的产品和服务不仅价格低，而且质量高。质量只能由顾客来决定，这就是顾客驱使制度。顾客驱使制度对公共物品质量具有多重意义："顾客驱使的制度迫使服务提供者对他们的顾客负有责任；顾客驱使制度使选择提供者的决定不受政治影响；顾客驱使制度促进更多的革新；顾客驱使制度让人们在不同种类服务之间作出选择；顾客驱使制度使浪费减少；顾客驱使制度授权顾客作出选择，而被授权的顾客成为更加尽责的顾客；顾客驱使制度创造更多公平机会。"② 在竞争性行业，市场竞争机制会促使企业自觉提高产品和服务质量，以吸引更多的消费者，扩大市场份额，从而增加企业利润。但在公共物品领域，由于在一定地区范围内，只有一家或少数几家企业经营，企业拥有相当的垄断力量，而消费者也往往缺乏对不同企业产品和服务质量的比较，这使消费者处于被动接受垄断企业产品和服务质量的地位。因此，为维护并不断增进消费者利益，政府对公共物品实行价格监管的同时，还应该对公共物品质量实行监管。

公共物品主要是由政府直接提供或由政府通过市场间接供给。公共物品不仅是人们生产、生活必不可少的，而且随着经济发展和社会发展，还将呈现出重要性的

① 徐宗威："法国城市公用事业特许经营制度及启示"，载《城市发展研究》2001年第4期。

② ［美］戴维·奥斯本、特德·盖布勒：《改革政府：企业精神如何改革着公营部门》，上海译文出版社1996年版，第164～168页。

提升、涉及面的扩大、供应品种的增多、内容的增添和质量的提高等显著特点。不可否认的是，目前我国的公共物品质量还相当低，人们的满意度也相当差。公共物品质量不能满足人们的需要，达不到人们预期的要求，就不能说人们的生活质量真正得到了提升，社会经济真正得到了发展。提升公共物品质量，应当是全面建设小康社会最重要的任务之一。

但是，我们知道，传统的质量管理理论和实践几乎没有涉及公共物品。如我国《产品质量法》规定虽然也有政府部门在推行 ISO 9000 质量体系认证制度（我国的税务部门就在推行，国外的更多），但从总的情况来看，全面质量管理的理论、方法、工具等还是不太适应政府部门的。

对公共物品实行质量监管的政策思路是：在竞争性业务领域，政府要培育市场竞争力量，尽可能地运用竞争机制，促使企业自觉提高产品和服务的质量。而在自然垄断性业务领域和目前尚未形成竞争机制的可竞争性业务领域，政府就要采取一定的监管措施，强制企业保证一定的质量水平，主要政策措施是：政府监管机构应采取定期检查、随机抽查等方式对企业的产品和服务质量进行检测、评估，并向社会公布其结果，接受公众监督，促使企业提高产品和服务质量。同时，要根据具体公共物品的特点，制定质量监控标准，并制定实际质量水平与价格挂钩、对低质量的企业实行经济制裁等具体政策措施。情节严重的企业应当强制取消其公共物品的供给主体资格。

“即使一项基础设施被设计得很好，但是，如果在建造过程中没有遵守设计或者使用了不合标准的材料或运用不准确的施工技术，已竣工的基础设施的质量也可能受到损害。”① 所以，公共物品的质量规制是全方位的，而不能等到生产出来后进行处罚或重新生产，这样都会损害社会资源的最佳配置和社会效率。

公共物品的质量规制还涉及质量的维护问题。公共物品生产出来以后，“需要多少以及何种类型的维护，不仅仅取决于基础设施的设计规划和地方性因素（例如天气的影响），而且，也在很大程度上取决于设施的使用水平和类型”，“维护需要由基础设施开发的其他阶段决定，因此任何对设施维护失败原因的分析也必须考虑那项基础设施的设计、建造、运行和使用”。② “维修良好的铺设道路路面在重新铺设之前应能使用 10 至 15 年，但缺少维护能使它在使用一半的时间后就严重破坏。……平均而言，维护不足意味着发展中国家的电力系统中在一定时间内只有其发电能力的 60% 可供使用，而最佳情况应该在 80% 以上。它还意味着供水系统只

① ［美］埃莉诺·奥斯特罗姆等：《制度激励与可持续发展》，上海三联书店 2000 年版，第 40 页。

② ［美］埃莉诺·奥斯特罗姆等：《制度激励与可持续发展》，上海三联书店 2000 年版，第 42 页。

能将其供水量的平均70%提供给用户，而最佳供水率是85%。维护不足还会降低服务质量并增加用户的费用。”①

三、公共物品结构规制

公共物品规制包括宏观市场结构的规制和微观企业行为的规制。宏观市场结构规制的重点是控制市场结构和企业进入资格影响企业行为；微观规制则主要是对企业行为的规制。

所谓市场结构，通常定义为对市场内竞争程度及价格形成等产生战略性影响的市场组织的特征。从根本上说，市场结构是反映市场竞争与垄断关系的概念。在产业组织理论的发展过程中，市场结构、市场行为和市场绩效构成了分析产业内部企业之间竞争与垄断及规模经济的关系和矛盾的基础。微观经济学通常把市场结构划分为4个类型，即完全垄断型、完全竞争型、寡头垄断型和垄断竞争型。在此讨论的公共物品结构不是指公共物品市场是完全垄断型、完全竞争型、寡头垄断型和垄断竞争型的哪一种，而是从宏观上讨论公共物品供给是否能有效满足社会公众的需要以及用于公共物品供给的资源是否是最佳配置的问题。所以，我们讨论的公共物品结构实际上包括三个方面：数量结构、地区结构和种类结构。数量结构是指公共物品与私人物品的比例问题；地区结构是指公共物品在不同区域之间的数量与种类结构问题；种类结构是指不同种类的公共物品之间的比例问题。

公共物品的数量结构、地区结构和种类结构实际上就是公共物品供给的准入问题和国家对公共物品供给的宏观调控问题。消费者及时知道自己对于公共物品的真实的需求曲线，“搭便车”的心理使得他们可能低报其对于公共物品的偏好，或者干脆报告说自己对公共物品没有需求，② 造成公共物品的低水平供给甚至不能有效供给。即使消费者非常自觉，坚决不“搭便车”，能够自觉地表达自己对公共物品的真实需求，进而愿意为公共物品的生产承担自己相应的成本分担，但在决定到底需要什么类型的公共物品、需求数量又是多少的问题上，众多消费者之间很难达成最后协议。这主要有两个原因：一是很难进行总量计算；二是消费者要就难以计算的公共物品总量以及难以计算的加总过程达成协议也非常困难。“由于各级政府提供的公共产品种类不同，所以财政集中度也影响到各地公共产品结构。”③

① 世界银行：《1994年世界发展报告：为发展提供基础设施》，中国财政经济出版社1994年版，第4页。

② Marwell & Ames将消费者低报自己对公共物品的需求称为“搭便车”行为的“弱表述”，而将消费者对于公共物品的需求为零称为“搭便车”的“强表述”。

③ 沈玉平等：《公共选择理论与地方公共财政制度创新》，中国财政经济出版社2004年版，第18页。

公共物品准入实际上是政府通过市场准入对准公共物品的生产经营主体利益格局进行直接界定，类似于对主体的承诺。如不允许潜在生产经营主体进入某一领域，实际上等于给现实生产经营主体独享市场成长带来的利益的权利。因而，准入规制虽然不是直接对公共物品结构的规制，但对公共物品结构有着十分重要的影响。进入许可是通过影响公共物品市场结构来影响生产经营主体行为的。

首先，准入规制通过影响现实生产经营主体的预期，进而影响其投资和竞争行为，继而影响到公共物品的供给数量、供给范围和供给类别。准入规制由于隐含着政府对企业的某种承诺，等于政府对现实生产经营主体的市场份额、进入者的投资回报给予的某种保障等，尽管这种承诺是隐性的，但给予企业的预期却是明确的。

其次，准入规制决定了公共物品生产经营主体的业务范围和并购行为，进而影响公共物品市场的竞争程度和公共物品的供给数量、范围和类别。准入规制是对企业业务范围的直接划定，如果政府实行分业经营制度，各种生产经营主体之间就不能交叉进入，公共物品市场互补性的跨业并购就不可能发生，生产经营多种公共物品的主体就不可能存在。由于单一业务市场的转换空间比较大，经营风险也较大，生产经营主体的市场压力也很大。如果允许生产经营主体交叉进入不同的公共物品市场，等于为生产经营主体提供了管网、业务上的腾挪空间，生产经营主体的竞争行为也会相应地进行调整。

最后，准入规制对企业价格行为和公共物品市场价格水平的影响，进而影响到公共物品的供给数量、范围和类别。政府规制对市场价格水平的影响有两条途径：一是通过影响市场结构间接影响企业价格行为和市场上的价格水平；二是通过价格规制直接影响企业价格行为和市场上的价格水平。相比而言，市场结构对企业价格行为的影响虽属间接，但因是来自市场内部的力量，比直接价格规制对企业价格行为和市场价格水平的影响力要大得多。

由于公共物品准入规制是对市场结构、生产经营主体的业务范围、市场边界的直接界定，并对企业行为和预期产生重要影响。因而，准入规制在某种程度上直接决定了公共物品市场运营成本和效率，是实现有效率竞争的关键环节。市场准入决定生产经营主体对公共物品的投资规模和投资方向，并影响着生产经营主体的预期；市场准入决定公共物品市场价格竞争水平和企业价格竞争行为；市场准入决定运营主体的多少和市场竞争的激烈程度；市场准入决定市场格局的演变方式并直接影响着市场效率。

国家对于公共物品市场的准入规制和宏观调控，必须要区分具体产业中的自然垄断性业务和非自然垄断性业务，并实行区别对待的规制政策。对于非自然垄断性业务，政府应放松进入壁垒，允许多家企业进入，以充分发挥竞争机制的作用。但政府仍然要控制进入非自然垄断性业务领域的企业数量，并要求这些企业必须达到最小经济规模，以避免低水平的过度竞争现象。而对于自然垄断性业务，由于这些业务需要大量的固定资产投资，其中相当大的部分是沉淀成本，如果由多家企业进行重复投资，不仅会浪费社会资源，而且会使每家企业的网络系统不能得到充分利用。因此，国家规制的基本政策是严格控制新企业进入这些业务领域。

四、公共物品供给的垄断规制

市场竞争机制能自动解决两个相关的效率问题：一是它能解决高效率的产业成本问题，实现生产成本最小化；二是它能解决高效率的价格结构问题，消费者按照等于边际成本或平均成本的价格购买产品，即市场竞争力量能促进生产效率和社会分配效率。①

在我国垄断性产业改革中存在一个突出的问题是，竞争机制的引入仅停留在“分拆”原垄断企业的层面，尚未形成规范的准入制度。② 仅仅是“分拆”式改革出现三种不良后果：一是改革可能蜕化为原垄断企业内部瓜分利益，将“大垄断”变为“小垄断”；二是改革的结果仅仅是打破了企业垄断而不放弃国有包办，“竞争”就演变为缺乏预算约束的国企之间的竞争；三是政府管制职能的改革也因此而延缓。

（一）公用企业市场化改革与观念变革：对公用企业自然垄断性的诘问

所谓自然垄断，是指单位产品或者服务的平均成本随着产量的提高而下降，从而要求该行业从最小有效规模出发，只是由一个企业进行生产。也就是说，某种行业存在着显著的规模或组合经济的效益，即可称其为自然垄断行业。由于公用企业对用户和消费者的服务主要通过管道和线路进行的，如果允许竞争，就会造成社会资源的浪费，不可能实现“帕累托最优”。从这个意义上说，公用企业自然垄断性不就是毋庸置疑的吗？其实不然！因为：（1）这种公用企业属于自然垄断的论证，采用在一个有限的市场框架下进行静态分析的方法，它根本忽视了市场不断动态变化的现实，③ 即公用企业作为自然垄断的领域，是限于某一地区和国家内，而不能达到全球化，而且这种有限性来源于一国的政策。经济全球化使得公用企业垄断的时间和空间具有明显的相对性。（2）市场需求的变化可以减少甚至消灭规模经济。同时“完整的规模经济理论包括规模经济和规模不经济两方面”。④ 一方面，规模

① 转引自王俊豪：《中国政府监管体制改革研究》，经济科学出版社 1999 年版，第 76 页。

② 王梦奎主编：《改革攻坚 30 题：完善社会主义市场经济体制探索》，中国发展出版社 2003 年版，第 87～90 页。

③ 王文宇：“公用事业管制与竞争理念之变革”，载台湾大学《法学论丛》第 29 卷第 4 期，第 25 页。

④ 刘大洪：“我国反垄断立法问题研究”，载《中国法学》1998 年第 2 期。

经济是以存在足够的市场需求为前提的，市场需求量的下降，规模经济会减少甚至消灭。因而，规模经济的存在是相对的。另一方面，规模经济不等于效益。规模出效益要有条件，即经济规模的扩大要合理化：首先，这种规模的扩大应当是经济发展的需要，是市场的选择，而不是违背经济规律单凭主观意志所为；其次，当企业扩大规模以后还要加强内部分工协作，建立管理机制，否则也不可能有效益；最后，企业扩大规模能带来效益也不是无止境的，当企业规模超过一定限度时，则会带来规模不经济。(3) 科学和技术的发展，减少了企业的规模收益，因而为许多行业引入竞争提供了可能。某些技术革命甚至事实上结束了过去自然垄断状态。如随着科学技术的发展，移动通讯的出现，无须铺架电话线路的客观事实，已对电信业是自然垄断的行业大打折扣。因而原来属于自然垄断的领域已变为非自然垄断领域，市场化改革就是其必然发展趋势。

20 世纪 80 年代以来，随着经济和技术的发展，过去被视为自然垄断的行业，如电信、铁路、能源和航空运输领域，在西方许多国家都被引入了竞争机制，实现了民营化或经营的自由化。如美国 1996 年颁布了新的《电信法》；日本对传统国有垄断经营的烟草专卖公社、电报电话公社、国有铁路公社进行股份制等改造；英国推行“民众资本主义运动”等，都取得了明显不同于以往的经济效益和社会效益。① 尤其值得一提的是，1997 年 1 月世界贸易组织 69 个成员国还订立了《全球基本电信贸易协定》，这是世界上第一个电信自由化的国际协定，从 1998 年 1 月 1 日起，缔约国必须按照约定的时间和程度，开放约定的电信市场，并且允许外国投资者包括外国电信经营者进入市场。

全球公用企业市场化改革浪潮及其成功的实践彰显了一个事实：公用企业的自然垄断性只是相对的，公用企业市场化是可行的。“传统理论与实践夸大了公用企业领域自然垄断的范围，从总体上说，公用企业领域呈现市场竞争与自然垄断动态交织的画面。”②

（二）公用企业市场化改革与有限的政府：反垄断与管制重建

1. 公用企业领域市场机制与政府干预的关系

市场机制与政府干预对市场经济作用的关系，是经济学家反复探讨、分歧颇大，而且至今仍无定论的一个话题。实践证明，由于政府干预、市场机制对经济的调节都不可避免地存在缺陷，对市场机制与政府干预非此即彼的选择均不可能一劳永逸地解决问题。但我们必须注意的是，政府调节和管理，最终要为市场良性发展

---

① 陈建：“政府与市场——美、英、德、日市场经济模式研究”，经济管理出版社 1995 年版，第 218 页。

② 曹博：“公用企业竞争与管制立法问题探讨”，载《法学》2002 年第 6 期。

服务，任何时候它都不能代替市场机制本身应有作用；保障市场竞争在合法有序的前提下充满自由与活力是政府干预的唯一出发点和目的。因此，在某种意义上可以说，市场机制是第一位的，竞争的需要优于政府的职能；政府干预为市场接受才有价值。①

就公用企业而言，传统经济法理论认为，公用企业由于其提供的公共物品或服务的特殊性，其事关社会福利和国民经济全局，其运行市场机制不能解决或不能有效解决，因而需要政府积极干预、严格管制甚至直接经营。实际上，政府对公用企业的积极干预（或管制）会产生许多弊端。因为：（1）不完善信息和不完全市场造成了政府活动中的诸多无效率。市场活动的因素错综复杂，而政府能力有限，"政府事实上很难做到能够在最合适的时机，以最恰当的强度实施对经济的干预"。② 而被管制企业掌握的市场信息比公共部门多得多，政府对公用企业的直接干预可能导致企业内部无效率，资源无法合理配置。（2）公共部门及其工作人员的经济人行为易背离社会公益目标。行政权力扩张产生部门利益的扭曲，直接充当管制主体的公共部门及其工作人员为自身利益实施的管制行为，往往有利于公用企业而形成"政企同盟"，背离社会公益目标。（3）不健全、不合理的价格形成机制与管理机制。公用企业领域一般实行政府指导价或政府直接定价。由于物价部门本身不参与市场准入、需求管理及运行成本的监控，形成了物价部门与被管制企业信息严重不对称的局面。另外，政府定价采用以保证企业能获得正常利润为原则的"成本加合理利润法"，这样，企业的利润与其成本无关，企业失去了降低成本的激励，行业成本居高不下，而政府定价以企业上报的成本为依据，因而其制定的价格是扭曲的。

相反，市场机制对公用企业领域经济运行和资源配置调节余地很大。因为：（1）公用企业领域存在竞争性环节，而且随着经济和科学技术的发展，公用企业竞争性环节会日益增多。（2）市场是刺激竞争和优胜劣汰规律起作用的场所，在经济当事人追求福利最大化的内在动力和外部激烈的市场竞争压力下，公用企业能实现运行的高效率和资源的合理有效配置。（3）从西方国家实践来看，公用企业市场化改革的成就就是公用企业市场机制作用的明证。

综上所述，公用企业领域，由于存在自然垄断环节，离不开政府职能的发挥，但由于其直接的管制会带来许多弊端，因而政府该发挥有限的作用。同时，公用企业要实现运行的高效率和资源的有效合理配置，迫切需要市场机制的调节。因此，公用企业领域要充分发挥市场机制作用，正确把握政府管制的范围和力度，构建市

---

① 孙虹：《竞争法学》，中国政法大学出版社 2001 年版，第 8 页。

② 吕忠梅、刘大洪：《经济法的法学和法经济学分析》，中国检察出版社 1998 年版，第 12 页。

场机制和政府机制互补的、以反垄断和间接管制为主体的二元调节机制，促进公用企业的发展，是理论上必须解决的问题。

2. 公用企业领域反垄断与管制重建

随着经济与社会的发展，公用企业领域以“限制竞争、直接管制”为内容的积极干预的政府职能定位，已不能适应新形势的需要。公用企业领域政府职能的发挥，应以保障市场竞争在合法有序的前提下充满自由与活力为唯一出发点。因此，公用企业领域政府管制中也应注入一些市场因素，必须构建反垄断机制和重建经济管制制度。

（1）公用企业反垄断

随着竞争机制的引入，公用企业属于反垄断法适用除外领域的法制观念已经改变。传统的经济法理论都认为公用企业属于自然垄断行业，应该是反垄断法适用除外领域。① 在垄断状态下，效率低下、漠视消费者权益、凭借垄断地位获得高额的垄断利润成为各国公用企业的通病。近二三十年来，随着科技进步、产业融合，公用企业走向开放竞争在技术上成为可能，一些国家不再认为公用企业是反垄断法适用除外，开始修改反垄断法。如德国的《反限制竞争法》的第六次修订就是以对传统的被视为自然垄断的行业，如电信、邮政以及其他经济领域取消管制和引入竞争机制为主要内容。

当前世界各国公用企业领域反垄断立法的主要表现：第一，对特定反竞争行为的行为豁免制度取代了行业豁免制度，也就是不直接规定公用企业为反垄断法适用除外。② 第二，确定基础设施理论，该理论认为无理拒绝入网或拒绝使用基础设施被认为是滥用市场支配力。如早在1912年美国司法部诉铁路终端协会的判决中就确立了“基础设施理论”，德国的《反限制竞争法》也有这种规定。第三，规定反垄断主管机构对公用企业的执法权，如英国新《竞争法》赋予了《竞争法》的主要执法机关（公平交易局）对公用企业的行政执法权。③

（2）公用企业领域的管制重建

在公用企业垄断经营的情况下，从维护社会公共利益出发，为克服市场失灵、防止垄断企业滥用市场支配力，保护消费者的利益，各国对公用企业普遍建立了行业管制制度。所谓管制是“政府运用控制权通过行政机构和行政法规对市场进行干预，以求达到纠正市场失灵，提高经济效率的目的”。④ 管制包括社会管制和经济管制。公用企业领域涉及的管制问题主要是经济管制。美国经济学家卡思在其经

① 曹士兵：《反垄断研究》，法律出版社1996年版，第78页。

② 孔祥俊：《反垄断法原理》，中国法制出版社2001年版，第660～661页。

③ 孔祥俊：《反垄断法原理》，中国法制出版社2001年版，第96页。

④ 成思危：《政府如何管理企业》，民主与建设出版社1998年版，第15页。

典教科书《管制经济学——原理和制度》中指出，经济管制是“对特种行业的结构及其经济绩效的直接的政府规定……如进入控制、价格规定、服务条件及质量的规定以及在合理条件下服务所有客户时应尽义务的规定”。经济管制的实质就是在垄断性产业中，在承认市场机制作为第一性的社会资源配置手段的基础上，政府以行政程序代替市场力量，干预企业关于价格、质量、进入及退出等一切管理行为。

然而，政府积极干预行为容易导致“管制失灵”，因此，有了放松管制、重建经济管制的必要。世界各国的普遍做法是：（1）放松进入管制，适度地将竞争引入受管制企业之中，迫使其降低成本，改进管理，预防或减缓企业内部非资源配置的低效率问题。（2）管制决策过程透明、公开，公开管制收费、加入、投资标准，甚而允许管制对象参与决策，由管制对象自愿、主动、积极地收集提供有关市场信息，使决策科学化，降低信息成本，防止企业欺诈和行政寻租。（3）建立独立的、有能力的管制机构。首先，管制机构不能与管制对象存在财产关系或其他关系，即是独立的；其次，管制机构有裁决权和专业能力，有一定数量的专家参加，即是有能力的。（4）对普遍服务的管制。建立普遍服务基金制度，保证某些最基本的、最低要求的、具有普遍公共利益的服务的实现。

（三）构建我国二元结构的公用企业法律规制体系

为了改变我国基础设施领域的落后面貌，适应 WTO 框架下竞争的需要，近年来我国开始了对公用企业进行市场化的改革，在电力、电信、铁路等领域，传统的垄断逐步被打破，竞争机制正在培育。我国公用企业这些改革虽然取得了一定成就，但这远未尽如人意。我国目前公用企业市场化改革主要集中在政企分开、以行政手段对原有垄断格局进行分拆重组、构建市场竞争的平台、引入竞争者等基本问题上，但缺乏相应的法律规范，没有一个透明的全面的法律框架。现有的公用企业立法无法适应公用企业市场改革的需要。

基于市场与政府的关系，在公用企业领域的恰当定位，为规范市场竞争行为，维护竞争秩序，适应 WTO 相关要求构建我国以反垄断规范和管制立法为主要内容的二元结构的公用企业法律规制体系，已是当务之急。

1.《反垄断法》规制公用企业滥用市场支配地位的行为，维护公用企业领域竞争秩序

（1）《反垄断法》中应明确规定公用企业市场支配地位认定标准。从我国的《反垄断法》规定及《反垄断法》适用除外的规定来看，所规范的经营者是指从事生产、经营或者提供服务的自然人、法人和其他组织，对公用企业或公共物品生产经营者的垄断问题，没有明确有效的规制内容。在关于“市场支配地位”的确定上，应当一方面坚持市场份额基准，另一方面，应将诸如企业者数目、市场行为自由度、购销渠道、资本额大小、与其他企业在财产上的联系等因素作为参考标准规

定下来，以适应全球反垄断立法趋势和规范企业竞争行为的需要。

（2）为明确公用企业竞争规则，《反垄断法》应直接列出公用企业垄断行为，如交叉补贴、拒绝交易、强迫交易或搭售、歧视对待等垄断行为。另外，由于公用企业往往存在自然垄断环节，更容易发生有市场支配地位的企业滥用优势地位的行为。因此，我国制定《反垄断法》时应当引入“基础设施理论”以规范“瓶颈”垄断行为。如德国的《反限制竞争法》第19条第4款规定：“占市场支配地位的企业作为一种商品或服务的供应者或者需求者，如果拒绝向对方支付适当报酬的企业开放其网络或者基础设施，而对方出于法律或者事实上的原因，不进入网络或者基础设施就不能在其上游或者下游的市场上与该企业相竞争，这种行为就是滥用市场支配地位。除非该企业能够证明，出于经营条件的限制或者其他原因，进入网络或者使用基础设施是不可能或者是不合理的要求。”我国《反垄断法》也该明确规定垄断企业负有向其他经营者开放网络式管道和义务。

（3）加强价格监督，公用企业利用自己优势不合理限定和提高价格，对消费危害最甚。我国《反垄断法》应当特别注重对其进行价格监督。借鉴日本的反垄断法中的“价格申报制”即规定占市场支配地位的企业在相继提价后，须向公平交易局报告提价原因、其成本和其他方面的数据。这样可以防止实际生活中竞争对手相继提价的现象的发生。同时，针对“行业价格自律”、“联合限价”等价格卡特尔严重破坏竞争的行为，应规定严格补救与惩戒措施，适用“本身违法原则”，废除卡特尔协议，禁止实施，罚款、恢复价格等。

2. 加强管制立法，重建政府管制制度

（1）修改和制定行业专门法

通过行业立法来约束企业行为，对其运营有以下几点好处：首先，可以针对各行业的特点有侧重地制定措施；其次，以立法形式明确公用企业与相应“部门之间的关系”真正实现政企分开；最后，可以确定相应行业目标，限制行政权的扩张。

为此，要修改《铁路法》、《电力法》、《航空法》等部门立法，促进有效竞争。要提高立法层次，由最高立法机关制定行业法律，同时采取有效的制度避免行业主管部门主导立法。另外，为适应WTO相关要求，其一些涉外内容要与国际接轨，力求其制定过程透明化、规范化。

（2）经济管制的主要内容

放松进入管制，通过特许拍卖、公开招标等方式适度引进竞争，这样会使服务多样化，提高公用企业效率和活力；价格管制，公用企业领域自然垄断环节需要价格管制，非自然垄断环节由市场定价；普遍服务管制，建立普遍服务基金，保证普遍服务质量及其目标的实现；加强质量管制，防止公用企业提供的物品和提供的服务质量下降；投资管制，政府要防止因投资过多导致价格波动；互联互通管制，企业应当承担互联互通的义务，禁止有市场支配力的企业滥用优势地位，如拒绝交易、掠夺性定价、交叉补贴等限制竞争行为。

(3) 建立独立的、专业的管制机构

公用企业领域建立独立的、专业的管制机构，首先，必须独立于政府部门与被管制企业，公用企业要有行政执法权和中立的态度，确保公益目标的实现；其次，其成员选任应充分体现独立性和超脱性，其成员不能与管制对象有财产关系或其他关系；最后，管制机构应有能力维护公用企业竞争秩序，其需要一定数量的专家学者参加。新成立的国家电监会对引入竞争后的电力行为监管是这方面的一次成功的制度突破，它采用的是证监会的模式，不是管理电力行业的政府部门，而只是一个事业单位。因为突破编制限制，建立一支技术、会计、法律等各方面知识结构比较完善的队伍就成为可能。

五、公共物品交易的法律规制

（一）格式合同与公共物品交易规制

格式合同，即采用格式条款订立的合同。格式条款依《合同法》的规定，是指当事人为了重复使用而预先拟订，并在订立合同时未与对方协商的条款。用格式条款订立合同是随着社会经济的发展而形成的，最早出现在西方国家公用事业领域，尤其是在公共事业、交通运输业、金融保险业等领域，至今已在世界各国被广泛地使用。格式合同是由当事人一方预先拟订合同条款，对方当事人表示全部接受或者拒绝的合同，亦即一方当事人要么从整体上接受合同条件，要么不订立合同，不能对合同内容进行要约与反要约的讨价还价。

一般格式合同应具备以下法律特征：首先，格式合同内容的确定乃单方意思表示，在拟订合同时提供格式合同一方未与对方协商。格式合同是由一方当事人预先拟订的，无须征得对方当事人的同意。其次，格式合同的要约具有广泛性、持久性和细节性。格式合同定型化，具有稳定性和广泛性，针对一切不特定的相对人，不因相对人的不同而有所改变。最后，提供格式条款方在经济实力上具有绝对优势，另一方当事人处于服从地位，二者之间不存在协商余地。

国家强制是指国家基于公共目的所施加的强制，私人强制既可以是发生在民间的一些人对另一些人的强制，也可以是一些人借助公共权力对另一些人所实施的强制。格式合同的本质是私人强制，为保护公共物品消费者的公共物品权，促进社会福利的最大化，必须对公共物品交易所涉及的格式合同进行规制。

1. 完善立法以规制格式合同

鉴于格式合同存在的种种弊端，各国均对格式合同在立法上进行规制。对不同国家和地区规制格式合同的主要立法进行考察并加以归类划分，可以看出，格式合同的立法体例主要有以下三种：一是制定专门的格式合同规制法。当前世界许多国家和地区都采取这种方法，其中比较有影响的立法有：以色列于 1964 年制定的《标准合同法》、瑞典于 1971 年颁布的《不当契约条件禁止法》、1976 年前联邦德国公布的《一般契约条款法》、英国于 1977 年颁布的《不公平合同条款法》、欧共体于 1992 年公布的《不公平合同条款指令（草案）》。二是在民法典中设立规制格式合同的条款。如《意大利民法典》、《荷兰民法典修正草案》等，除民事一般法的规制（诸如关于意思表示的真实、行为内容合法、行为不得违反共序良俗和诚实信用等原则）外，还特设了规制格式合同的强行性规定。三是在民事特别法中对格式合同加以规制。德国、卢森堡、我国台湾地区等均在消费者保护法中设有专门章节，对格式合同进行规制。

许多国家都认识到只有在一般法之外，另行制定有关的特别法，才能达到有效规制格式合同的目的。目前，以色列、瑞典、德国和英国等都制定了规制不公平格式合同的综合立法。尤其是德国的《一般契约条款法》已成为迄今为止不公平格式合同法律规制的典范。该法既规定了民事和行政的实施手段，又详细列举了格式合同不公平条款的主要表现形式，同时还系统规定了实体法、程序法、冲突法和施行法。事实证明，对格式合同颁布专门的法律实行行政、司法等综合管制手段，是较为有效的做法，能够防止大量不合格的格式合同进入民事活动领域，防止诉讼案件的发生，避免人力、物力的浪费，弥补司法救济的不足。① 我国的不公平格式合同大量存在，单靠事后规制方式不能从根本上杜绝或减少不公平格式合同的存在，我们应该充分借鉴德国的立法经验，针对我国国情制定一部较为完善的专门法律《格式合同条款法》。这部单行法应当集实体法、程序法于一身。

2. 完善格式合同的审查监督制度

一是建立格式合同事先审核制度。借鉴德国、日本等国对特定行业格式合同在使用前必须进行审核，审核通过后方能投入使用的做法，针对公共物品交易大多使用格式合同，导致不公平格式合同泛滥，严重损害消费者利益的情况，应对格式合同的内容进行审核，经审核通过后方可使用。在格式合同中出现弱方当事人的根本原因是：合同是由经营者起草规定的，未能体现消费者的意愿。消费者意思表达受限制致使消费者的利益不能受到合同条款的保护，只有消费者的代表自始就参与格式合同的起草，并在起草过程中充分发表消费者的意愿，消费者的利益才能得到有效保护。从我国目前状况来看，应作如下改革：消费者协会和相关职能部门参与格式合同的制作，或者由工商行政管理部门与行业主管部门共同制定和推行格式合同文本，涉及国计民生的重要格式合同还应报国家发改委批准。二是建立格式合同事中监督制度。借鉴法国和英国对不公平格式合同进行事后监督的做法，国家工商行

---

① 江群华："格式合同的法律规范之不足及对策"，载《湖南省政法管理干部学院学报》2002 年第 6 期。

政管理部门应会同行业主管部门或行业自律性组织定期对使用格式合同的企业进行调查监督，对于在监督检查中发现的不公平格式合同或条款，应责令格式合同使用人纠正，并在行业内通报批评，同时向社会公示以示惩戒。三是建立格式合同事后处罚制度。授权国家工商行政管理部门有确认格式合同是否有效和作出相应处罚的权力。当发生格式合同纠纷后，当事人直接向法院提起诉讼或不满行政管理部门的处罚向法院提起诉讼，法院根据有关法律规定对格式合同条款的效力予以解释、确认和保护以及对民事损害赔偿作出公平的判断，从而保护合同相对人的合法权益，维护社会公正和社会整体利益。

3. 加强自律性管理和社会监督

自律性管理又分为行业协会管理和企业内部的自律性管理。国家工商行政管理部门和行业主管机关应充分发挥行政指导、服务的作用，把市场主体组织起来，建立行业自律性组织和企业内部自律机构如合同管理部门。既要发挥行业协会自律组织的作用，对行业内格式合同进行监督检查，对不公平、不合理的格式合同不予以承认，促使其纠正，同时也要加强企业内部的自律性管理，健全合同管理制度，规范企业合同行为。

社会监督主要是通过国家有关机关、企事业单位和社会团体及公民个人以及众多的新闻媒体监督，对处于优势特别是处于垄断地位的合同提供者进行评价，使其认识到仅靠自身的垄断地位而不依靠自身的改革创新来降低成本，终将遭受市场法则惩罚。社会营造一种氛围，形成一种积极的不利于经营者实行不平等合同条款的社会环境，并促使其改变经营理念，置自身于平等市场经济的主体地位。社会监督的最终目的是通过维护真正公平的竞争环境从而推动企业竞争力，达到有效地保护相对方或消费者权益的目的。

此外，借鉴国外经验，当格式条款合法性发生争议时，赋予某些协会诉权。德国《一般交易条件法》第 13 条至第 22 条规定：当顾客与格式条款的使用方就格式条款发生争议时，不仅某个顾客对格式条款的有效性有权进行诉讼，而且赋予协会以诉权。该规定旨在阻止格式条款虽然不合法，但是相对于那些无经验、处于弱势地位的单个顾客仍然得以实施的现象发生。从我国目前的实际情况考察：一方面，公民的权利观念不强，为自己的权利而斗争的人只是极少数；另一方面，我国正处于社会转型时期，存在着不合法的格式条款。借鉴国外经验，当格式条款合法性发生争议时，赋予某些协会诉权，亦属必要。

（二）公共物品交易中的“搭便车”行为规制

“搭便车”（Free Rider）是集体决策活动中经常可见的现象，也是公共选择经济学和新制度经济学所研究的一个重要问题。

新古典理论认为，市场主体是理性的经济人，并且市场信息完全、充分、免费，市场通过相对价格配置资源的过程能在瞬间完成，并且配置过程不需要花费任何费用（交易成本）。在这种情况下，当个人面对一项活动时，他会理智地计算为此花费的成本和预期可获收益，在二者之间进行比较。如果净收益为正，他会积极行动，而如果净收益为零或为负，他将回避。一般认为，新古典的这一成本—收益法为分析个人行为提供了一个强有力的工具。

现在我们从个人决策转向集体决策。假设某一集体被施加了共同的外部影响，如某一社区需要修建一条道路，这对每个居民的生活质量和福利都有影响。为提高生活质量和福利，他们应该组织起来，共同来提供道路的建设。但作为理性的个人会预期，修路要花费时间和金钱，如果这种花费对自己来说意味着负效用而不是正的满足，那自己应努力降低这些花费。如果他进一步认为，只要不是全社区的人集体行动，一旦道路修好，就总有一部分人会坐享其成，他们是“搭便车”者。既然没有强制的规定要求自己去参与修路，自己当然也可以成为“搭便车”者。更何况，如果已有足够多的居民组织起来，自己去不去对结果可能都没有什么影响。出于这些考虑，当事者很可能会放弃行动，而把希望寄托在别人身上。如果社区中的每个人都这么预期，那最终将不会有任何现实的行动，道路就不会修好。

每个人都想让别人生产公共物品，让别人为公共物品付费，自己不付费享用，其结果是任何人都不愿提供公共物品，公共物品的供给量为零。因此，个人具有“搭便车”动机的直接结果是：公共物品不能由私人来生产和供给，必须由公共部门或政府来承担公共物品供给的责任。①

由于公共物品的特性，个人无论是否付费、付费多少，他享用的公共物品总是相同的。这种“搭便车”的可能性诱使追求效用最大化的个人隐瞒或扭曲自己的偏好，坐享由其他人的付费所形成的供给，由此造成公共物品的实际供给偏离帕累托最优水平。当“搭便车”人数众多时，资源配置就更加无效率。②

从中可以看到，造成“搭便车”行为的原因主要有两个：一是在个人行为与行动后果之间缺乏较强的联系。如果一个人预期另一个人或另外一些人不管怎样都会为他提供利益，那他就不会自愿而主动地采取行动。二是个人在行动之前很难估计其收益，而成本却是较明显和直观的。以运用制度理论分析经济史著称的道格拉斯·诺斯认为，“搭便车”问题的存在，使得新古典的基本分析方法成本—收益比较法，不再能合理地解释那些当一项活动的收益小于成本时，人们依然行动的现象。而这些现象在社会生活中却随处可见。因此，为了更好地解释现实，经济学需

---

① 方福前：《公共选择理论——政治的经济学》，中国人民大学出版社2000年版，第35页。

② 方福前：《公共选择理论——政治的经济学》，中国人民大学出版社2000年版，第46页。

要一个意识形态理论，以弥补新古典理论中个人主义理性计算的偏差。因此，诺斯认为，为了能合理说明集体决策在实践中存在的原因，需要在传统的分析方法之外引进一个独立的变量，该变量能使当事人在对自我利益的计算不足以构成行动动机的时候促使他去行动。这个变量就是意识形态。意识形态作为一套价值观念或认知学识，是每个人都有的，它的存在能导致人们限制他们的行为。概言之，意识形态一方面使得单独的成本—收益计算不构成人们是否行动的唯一原因。另一方面，它又可能被视为一种节约机制。因为在许多时候，如果人们被他们的价值观念所引导，他们将不再去像经济学所假设的经济人那样斤斤计较，而是直接选择一个方向行动。意识形态使集体决策过程简单明了。

前面社区修路的例子里我们指出，如果一项活动需要花费时间与金钱，并且这种花费在当事者的自我评判体系中被认为是负效用的，那么这种支出就是一种成本。除非给予足够的收益补偿，否则当事者不会行动。但如果在当事者的价值判断体系里，对某事而花费的时间和金钱持肯定态度，也就是说，他不仅仅从这种花费中感到痛苦，反而从这种支出中得到享受，那么，这时他并不需要外部利益的激励就会去行动。现实中各种形式的利他主义就属于此类。利他主义并不意味着个人不进行成本—收益分析，而是在他的效用函数里包括了他人的效用函数。

由于消费者无论是否对公共物品的供给付费，他都可以从公共物品的消费中获益，这个事实就给他提供了一种刺激，使他对公共物品的贡献尽可能小于他从公共物品中获得的利益。他之所以这样做，是希望别人贡献得足够多以便把公共物品生产出来，然后他来不付费享用。所以任何人都没有动力自愿为公共物品的供给付出代价，这就是为什么要通过税收强制人们为公共物品的生产作出贡献的理由。

有许多制度安排可以帮助集体行动的受益者防止“搭便车”。由当地政府或中央政府的一个机构进行供给是防止“搭便车”问题的一个策略，政府为一项设施承担责任大大有助于减少使用者“搭便车”的机会，同样，当由设施提供的服务不易衡量或不可减时，普遍性的融资如税收是必要的，政府继而就有权惩戒那种坐享其成却不付税的人，即那些尽量“搭便车”的人。但这不是唯一的办法。能够控制其成员数量的私人团体也有能力克服集体行动到来的问题。“严格的私人机构如果有协调机制确保其成员如下问题，则它们也能防止‘搭便车’：成员获得的收益比其付出的成本大得多；为了获得集体利益，成员有必要作出贡献；大多数受益人都会作出相应的贡献。”① “组织大家共同承担责任，这在小组中更容易办到，在其中，成员更好地了解彼此的意愿，也更容易知道如何采取某种融资方式谁会受益更多，而且他们也会更现实地理解用于建造、运行和维护设施的成本费用。因此，

---

① ［美］埃莉诺·奥斯特罗姆等：《制度激励与可持续发展》，上海三联书店2000年版，第91页。

小组用于决策的成本比大组小。小组可以用非正规的、甚至是很简单的方式在组内分配权利和义务，而大组就不得不依靠严肃的机制和制裁手段完成任务。”① 所以，俱乐部组织、合作组织等自愿供给公共物品的制度设计，在某种程度上能防止“搭便车”。

本章小结

政府利用市场机制提供公共物品是实现公共物品权的重要途径，即国家利用市场机制让私人投资主体生产经营公共物品，避免国家直接生产公共物品的诸多弊端。国家利用市场机制供给公共物品，具体可以采用的形式有：合同承包、政府采购、特许经营、政府资助、政府参股等。部分公共物品可以由私人投资者生产经营，但政府并没有丧失相应的责任，即政府为保证私人生产经营主体提供公共物品行为符合社会公共利益和实现公共物品权的要求，对其进行规制是必不可少的。一是保证公共物品的价格科学合理，不能出现私人生产经营主体剥夺社会公众的行为；二是保证公共物品的质量的维护和增进社会公众的福利；三是宏观上保证公共物品结构合理；四是对私人生产经营主体可能产生的垄断地位进行规制；五是对公共物品交易过程中出现的格式合同和“搭便车”行为进行规制。

① ［美］埃莉诺·奥斯特罗姆等：《制度激励与可持续发展》，上海三联书店 2000 年版，第 100 页。

第六章　自愿合作和社会捐赠供给公共物品的法律规制

随着社会经济的发展，人们对公共物品的需求不断扩大，而政府直接供给广泛的公共物品不仅受到财力的局限，而且还存在效率低下、寻租等“政府失灵”现象。虽然政府利用市场间接供给公共物品，解决了政府直接供给公共物品低效率问题，但市场机制本身所固有的缺陷，即“市场失灵”问题并没有解决。也就是说，政府直接供给与政府利用市场机制间接供给公共物品，只能部分地实现公共物品权，况且，社会存在大量的零散、闲置资源，利用这些资源供给公共物品能起到弥补政府和市场“不能做、不愿做、做不了”的不足，能进一步实现公共物品权。

第一节　自愿合作和社会捐赠供给公共物品的机制

一、自愿合作和社会捐赠供给公共物品的主体界定

20世纪70年代中期，在北美和欧洲，政府及其利用的市场组织以外的组织（慈善领域、第三部门）在社会福利和公共政策中的角色，尤其是作为公共服务的替代性提供者，已经迅速引起了公众和学界的广泛关注。[①]但是这种组织有很多称呼，如第三主体（第三部门）、非营利组织、非政府组织等，各概念的内涵与外延没有统一的界定。

“非营利组织”（nonprofit organization）是指在政府部门和以营利为目的的企业（市场部门）之外的一切志愿团体、社会组织或民间协会。虽然这样界定非营利组织，但其内涵与外延在学术界和立法上却不统一。日本学者川口清史认为：“非营

---

① Benjamin Gidron, Ralph Kramer and L. M. Salamon, *Government and The Third Sector*, San Francisco, Jossey - Bass Publishers, 1992.

利组织一般是指不以获取利润为目的，而从事商品生产、流通、提供服务的组织。”① 他还指出，非营利组织通常是美国的提法，实际上，从具有公共性质的教育、医疗、福利等为社会公益服务的组织来看，这些组织不同于企业，不是以获取利润为目标，同时这些组织一般是民间组织。因此，可以将它称为非政府组织，即它是既非政府部门，又不是营利企业的独立部门。日本法律还将从事商品生产、流通的农业合作社视为非营利组织。日本于1998年3月25日颁布了《特定非营利活动促进法》，规定凡是从事下列活动的团体都可以按照法律进行登记后成为特定非营利活动法人：促进保健、医疗及福利事业发展的活动；推进社会教育的活动；推进社区建设的活动；文化、艺术及体育运动振兴活动；保护环境的活动；灾害救援活动；社区安全活动；维护人权及推进和平的活动；国际合作的活动；促进男女共同参与社会事务的活动；促进儿童健康成长的活动。彼得·德鲁克（Peter Drucker）认为：“非营利组织是既非企业又非政府的机关，其目的是人与社会的变革，是向社会提供公共服务的部门，农业合作社、消费合作社等组织不是非营利组织。”② 欧洲对于非营利组织在名称上不同于美国和日本，欧盟根据1989年颁布的《社会经济部门与欧盟无国境市场的通知》，将合作社、互助会、非营利组织结合在一起统称为“社会经济组织”，亦即欧盟认为合作社、互助会等不是非营利组织。

对于“非营利组织”的概念，学界没有统一的界定。有些以目的来界定，认为它是指那些以推进科学、教育或慈善事业，不是以赚钱为目的的私人机构；有些以组织来界定，认为它是指从事社会公益性或互益互助性生产与服务的既非政府又非企业的社会组织；也有的以部门来界定，认为它是在传统的公共行政部门与传统的市场经济部门之间的第三部门。③ “非营利组织”具有提供公共物品方面的功能，但事实上并非所有的“非营利组织”都提供公共物品，有许多“非营利组织”提供的是具有私人物品性质的产品与服务，如托儿所、医院等，还有些“非营利组织”提供的是纯私人物品，如消费合作社等。

“非政府组织”（nongovernmental organization）也是学者们常用的概念，而且经常与非营利组织交替使用。实际上，非政府组织最早是指得到联合国承认的国际性非政府组织，后来发达国家中以促进第三世界发展为目的的组织也被包括进来，现在主要指那些以促进国家经济和社会发展为己任的组织，尤其是那些与民众或市场主体直接联系的草根层次的组织。它一般是指那些非政府的、非营利的、致力于公益事业的社会中介组织。从这个意义上说，非政府组织是一个比非营利组织狭窄得

① 转引自陈晓春：《市场经济与非营利组织研究》，湖南人民出版社2000年版，第27页。

② 陈晓春：《市场经济与非营利组织研究》，湖南人民出版社2000年版，第29页。

③ 文军、王世军：《非营利组织与中国社会发展》，贵州人民出版社2004年版，第1~2页。

多的概念。① “民间组织”是中国官方使用的概念，但民间组织并不完全等同于“非政府组织”。在中国，民间组织包括“社会团体”和“民办非企业单位”。社会团体，是指中国公民根据自愿组成，为实现会员共同意愿，按照其章程开展活动的非营利性社会组织；民办非企业单位，是指企业事业单位、社会团体和其他力量以及公民个人利用非国有资产举办的，从事非营利性社会服务活动的社会组织。

正是由于第三主体（第三部门）、非营利组织和非政府组织及相关概念的内涵与外延没有统一的界定，所以，本书对公共物品的志愿供给主体只探讨自愿合作组织和社会捐赠组织两类。

美国社会学家布劳（Blau）将社会组织分为4种类型：（1）经营性组织，即以利润最大化为目标的企业组织；（2）互益性组织，主要是指谋利于成员的组织，如职业组织、行业协会、兴趣组织等；（3）社会服务组织，主要指那些致力于服务对象的利益的组织，如学校、医院等；（4）公共服务组织，主要指服务与社区公共利益的组织，包括政府、军队、图书馆和博物馆等。② 如果将这种分类进一步概括，实际上就是三类组织，即自益性组织、互益性组织和公益性组织。从供给公共物品的角度来看，就只能是后两种组织，即互益性组织和公益性组织。所以，从公共物品志愿供给主体的角度分析，也存在两种志愿供给主体，即志愿互益性供给主体和志愿公益性供给主体。前者是指面向自己的社员提供公共物品，如俱乐部组织、合作社组织；后者是指面向社会公众提供公共物品，如政府组织、社会捐赠组织。而社区组织同时具有两方面的特性。

政府组织以及政府利用市场组织供给公共物品的规制在前文已经述及，本章只讨论对自愿合作组织和社会捐赠组织供给公共物品的规制。自愿合作组织主要讨论合作组织、社区组织。

提起合作组织，人们都会提到1844年12月英国曼彻斯特附近的罗虚戴尔小镇上的罗虚戴尔公平先锋社（Rockdale Society of Equitable Pioneers），以及由此形成的指导世界合作经济组织发展的罗虚戴尔原则。③ 1995年，在英国曼彻斯特举行的国际合作社联盟大会上，给合作社下了一个原则的定义：合作社是人们自愿联合、通过共同所有和民主管理的企业，来满足共同的经济和社会需求的自治组织。④ 合作经济是一个历史范畴，它是社会发展到一定阶段，劳动群众自愿入股联合，实行

① 王名等：《中国社团改革——从政府选择到社会选择》，社会科学文献出版社2001年版，第12～13页。

② 王名等：《中国社团改革——从政府选择到社会选择》，社会科学文献出版社2001年版，第15页。

③ 尹树生：《合作经济概论》，台湾三民书局1980年版，第二章。

④ 管爱国、刘惠译：“合作社定义、价值和原则”，载《中国供销合作经济》1995年第12期。

民主管理，获得服务和利益的经济形式。自愿、民主、互利的合作关系，是合作经济在不同社会制度下所具有的共性。合作经济产生的原因是弱小而分散的市场主体，为了抗衡具有优势地位的市场主体，保卫自身利益而组织起来展开自我服务的经济形式。合作组织最本质的特征是组织成员作为最大的受惠者，“国际上公认的合作原则是罗虚戴尔原则：入社与退社自由、一人一票的民主管理、进行公平交易、分享合作收益、重视文化教育、信仰自由、恪守中立”。[①] 随着合作组织的发展，合作组织的功能也包含了抗御市场风险。

就合作组织而言，包含四个方面的共同特点：一是承认私人财产权；二是入社自愿、退社自由；三是实行民主管理；四是对社员以服务为宗旨，不以营利为目的。这些特点证明，合作组织是人们自愿联合，通过共同所有和民主管理，满足组织成员共同的经济和社会需求的自治组织。它能够有效地抵御市场风险，维护组织成员的利益，因而具有旺盛的生命力和广泛的适应性。

社会捐赠组织是指那些独立于政府组织之外的，以向公众提供扶贫济困、救灾助孤、发展教育等有利于公众福利为宗旨的非营利性、非政治性的团体和组织。社会捐赠组织是所有民间组织的一种，是市民社会的一个有机组成部分，它拥有自己独特的活动领域和作用。具体而言，慈善组织是指这样一些社会组织：它们的服务对象不是申请入会的会员，而是为全社会或某一类特别需要帮助的人群提供服务；它们的组织目标是倡导和实现某一种理念，如男女平等观念、扶危济困概念、环境保护概念等。或者如贝克尔所言，慈善组织是指“将事件与产品转移给没有利益关系的人或组织”的组织。[②]

因此，社会捐赠组织属于公益性自愿组织，明显区别于互益性自愿合作组织，慈善组织更多地体现了人道情怀，更多地体现了公平与公正的理念，因而在一个社会的治理过程中起着独特的作用。

从供给的角度来看，随着人类精神文明和物质文明的进步，人们具有施与仁爱之心的需求和能力。无论是西方宗教还是东方文化，无论是耶稣的“爱人如己”还是中国传统道德中的“推己及人”都有“善心”、“善行”、“博爱”的意思体现。人类具有向社会脆弱成员及其他公益事业奉献爱心的内在需求，也需要有相应的外在条件，源于慈心，终于善行，在客观上不仅为他人提供了物质帮助，而且可以满足人类奉献爱心的精神需求。

社会捐赠组织的出现和存在具有一定的社会经济、政治基础。第一，生产力的

---

① 朱晓鹏：《走向发展之路——合作社会主义研究》，当代中国出版社 2003 年版，第 38～40 页。

② ［美］贝克尔著，王业宇等译：《人类行为的经济分析》，上海三联书店 1995 年版，第 321 页。

发展为社会捐赠事业的发展带来数量巨大的物质（金钱、物品和可以用来服务的闲暇时间）资源，同时社会问题的复杂化也决定了依赖个人或零散的慈善活动无法有效解决问题。第二，社会捐赠活动的规模化、规范化、专业化和社会化发展趋势使得如何高效获取信息、使用慈善资源成为必须解决的命题。第三，政府控制。政府与其他组织形式的最重要的区别在于，它是一种在给定区域内对合法使用强制性手段具有垄断权的组织。作为合法使用强制力的垄断者，政府为了方便规范、监管社会事务，必然要求慈善活动的组织化。

社会捐赠组织与其他民间组织相比，在供给公共物品方面，有着独特的作用与特征：首先，在社会捐赠组织内部的认同和参与程度上，比起一些传统的、政府色彩浓厚的民间组织如工会、妇联等要高得多。志愿的共同性成为组织的活动分子对组织的活动（无论目标、内容、方式）保持高度认同的基础，也是他们意愿与行动的确定性的基础。事实上，这构成了民间组织的重要资源。[①] 其次，在善款和捐赠物资的管理方面，许多慈善组织做得相当好。慈善组织内部治理方面的另一个显著特色是，民主程度相对较高。组织的重大决策，一般都须征求其成员的意见，得到其成员的认可，慈善组织的章程一般对此都有明确规定。此外，由于受到法律制度、文化环境、资金筹集等多种因素影响，社会捐赠组织通常都有一套比较严格的内部监督制度，用以规定各项捐款、会费和其他支出项目。组织的所有支出都有严格的审批程序，重大支出项目须由集体讨论决定。

二、自愿合作和社会捐赠供给公共物品的机制

（一）自愿合作供给公共物品的机制

1. 合作组织供给公共物品

分散的个人或家庭为了抵御市场风险，能够合作组成合作经济组织，那么应当也可以为使自身能够在较好的生活环境里生活而组成合作组织供给公共物品。“合作生产（co－production）和合作提供（co－provision）等术语有时也用来指志愿服务和自我服务，包括市民们志愿贡献时间或捐钱给公共机构的行为。”[②]

合作经济组织是市场中企业组织的一种替代形式，是具有一定社会功能的特殊经济组织。它的存在有助于完善市场秩序和规则，是政府、公共物品生产者和公共物品消费者都需要的一种组织形式。合作经济组织首要、基本的特征是一个民众结社组织，体现了对每位社员的公平，有别于公司类营利性企业。同时，合作经济组

---

① 陆建华：“大陆民间组织的兴起”，载《中国社会科学季刊》2000年冬季号。

② James M. Ferris, Coprovison: Citizen Time and Money Donations in Public Service Provision, *Public Administration Review*, V.44, No.4, pp.324－333, 1984.

织结社的目的并非要把商品经济制度全部推翻，而是满足社员共同的需要，体现了合作经济组织追求经济效率的一面。“实际上，非营利组织更为贴切的解释应是‘不以营利分配为目的的组织’，也就是说非营利组织也可以有营利行为甚至可以有盈余，只是盈余并不分配到个人或相关人员的私人口袋之中，而将盈余继续投入到组织的公益性使命上。”①

自愿合作组织是一种会员互益性组织。会员互益性组织建立在自愿参与和相互信任的基础上，因此，组织对会员的协调成本要低于政府使用动员参与或者强制手段的治理成本，同时还能促进成员的社会资本积累。一般而言，自律性惩罚措施由协会的成员协商确定，其适用对象是该组织的内部成员。自律性惩罚措施产生的理论基础在于：自治团体对成员间或涉及成员的争议具有较深入的了解，而且，自治性组织掌握充分的专业信息，对争端的解决具有专业性和针对性，再有，由于上述惩罚措施为成员依其意思自治而制定，因此，具有较强的执行力。② 所以，Eric A. Posner 指出：“当争端源于一个高度团结的团体成员之间，团体执行机制会比法院更好。”③

会员互益性社团具有如下特点：第一，互益性是这类组织与其他组织的最大区别；促进会员的共同利益是这类组织的最高目标；组织受益者限于会员。第二，互益性组织既要维护成员共同利益，同时又要代表政府扮演会员协调和联系人的角色，甚至有较强的行政管理色彩。在计划体制或转型体制的早期，会员互益性组织主要是承担政府转移出来的部分政府不适合或政府承担不了的职能，在市场体制下，会员互益性组织是通过促进共同利益的协调、服务以及利益表达来赢得会员参与，从而得到其发展所需的资源。

合作组织供给的公共物品主要是“俱乐部”物品。俱乐部是一种为分享生产成本、会员特权，或通过准公共物品利益排他机制取得共同利益的自愿组合。“一群相互依赖的委托人如何才能把自己组织起来，进行自主治理，从而能够在所有人都面对“搭便车”、规避责任或其他机会主义行为诱惑的情况下，取得持久的共同收益。”④ 即一些消费者通过自愿的协议，组织一个小规模的合作联盟，在分摊公共物品的成本问题上意思表示一致，集体地提供这种产品，而不用通过由政府公共地提供。这样就形成了一种介于纯私人物品和纯公共物品之间的“俱乐部物品”，

① 陆道生等：《非营利组织企业化运作的理论与实践》，上海人民出版社 2004 年版，第 9 页。

② 张雪楳：《产业结构法研究》，中国人民大学出版社 2005 年版，第 188 页。

③ Eric A. Posner, The Regulation of Group: The Influence of Legal and Non - legal Sanctions on Collection Action, *Chicago Law Review* , 63U, p. 133, 1996.

④ ［美］埃莉诺·奥斯特罗姆：《公共事务的治理之道》，上海三联书店 2000 年版，第 50 页。

它们的消费包含着某些“公共性”，在它的容量约束之内是可以同时由许多人来消费的，超过一定的规模就会发生拥挤，但在适度的范围内对消费者收费是可行的。换句话说，适度分享的团体多于一个人或一家人，但少于一个无限的数目，即“公共”的范围是有限的。①俱乐部就是对公共物品的种类、品质、数量具有相同的偏好，并且愿意负担相应的成本的人群的集合。俱乐部或俱乐部物品有如下特征：第一，俱乐部成员自愿加入并享受服务；第二，俱乐部规模适度的前提是拥挤成本为零；第三，俱乐部会员享有特定的支配权；第四，利益排除机制的存在。

俱乐部物品与纯公共物品的差别在于排他机制的存在，当俱乐部物品被分享，必须存在一种排他的方法保持对“搭便车”者的排斥。如果排斥成本低于俱乐部配置安排的准公共物品所得，则俱乐部物品是可行的。反之，就无法形成俱乐部物品。“排斥成本一方面产生于对进入者实施管理的费用，另一方面也可能是使用者在排除障碍中等候的排队成本导致的。”② 在合作组织和俱乐部里，“用户利益相近减少了投票机制中把个人意志转化为集体意志选择时的麻烦”。③

纯公共物品的自由提供是典型地趋于次优化的纳什均衡，从而体现出纯公共物品政府提供的必要性。而作为俱乐部物品，由于其成员组成俱乐部并通过排除机制集中费用，因而实际上是引入了市场经营机制，这样就可以达到帕累托最优，从而可能实行准公共物品的最优供应。④当单个成员所负的俱乐部物品的供给成本因会员数量的增加而降低，或者会员数量增加本身就可以给原有会员带来效用时，俱乐部成员可以以付费吸收新会员；如果由于俱乐部物品发生“拥挤”等原因造成会员数量增加而减少了原有会员的效用时，此时新会员为加入俱乐部则必须向原有会员付费。

2. 社区组织供给公共物品

社区是社会学的一个基本概念。一般来说，社区是指聚集在一定区域范围内的社会群体或社会组织，按照一定的规范和制度结合而成的社会共同体。社区由5个要素构成：（1）相对独立和稳定的地域界限；（2）以一定的社会关系以及相应的数量和比例的人口集团所组成的社会集体；（3）有一个维护该地区公共利益的管理机构；（4）有一套维持该地区和社会群体生存和发展的生活服务设施；（5）生活在该地区的人具有一种地缘上的归属感、参与感和心理上的认同感，并由此而产

① 车江洪：《改革公共部门》，华东师范大学出版社2001年版，第15页。

② Todd Sandler, *Collective Action*, The University of Michigan Press, 1992.

③ ［美］埃莉诺·奥斯特罗姆等：《制度激励与可持续发展》，上海三联书店2000年版，第101页。

④ Richard Cornes and Todd Sandler, *The Theory of Externalities*, *Public Goods and Club Goods*, Cambridge University Press, 1995.

生一种或某些集体的意识和行为。这 5 种要素的有机体结合所形成的区位体系就是我们所指的社区。① 在我国现实中，社区通常被界定为按照功能划分的以行政区划为主的生活区，如城镇的街道或居委会，农村的村、集镇。

自愿合作供给公共物品，通常是以社区为基础的自愿供给。社区作为由居住在一个特定地域内的人口及家庭建立的一种社会与文化体系，由于居住疆域的共同性，其居民往往具有共同的需求和利益。这种需求和利益在社区层次上具有公共性。而对于社区之外的其他居民来说，这种需求和利益则具有排他性或私人性。因此，社区公共物品是一种地方性公共物品，它与社区居民的公共需求和公共利益密切相关。为了满足成员的需求和利益，社区内的管理体制往往采取社区自治的方式，以实现社区互助和社区共享。② 社区自治使其居民把社区的公共事务当做自己的个人事务来做，因而在社区公共物品和服务的提供上表现为一种志愿事业机制的方式，进而实现社区公共物品的共享与共同受益。

赛拉蒙在分析美国社会中政府与非营利部门的"伙伴关系"的形成原因时，特别强调了历史因素在这种"伙伴关系"建构中的主要作用。"一个半世纪前，法国人托克维尔发现，非政府和非营利领域是美国社会生活中最显著和最重要的特征之一。"③ 赛拉蒙认为，在美国和其他许多国家，社区形成于政府之前，当需要处理共同面临的各种问题时，民众发现建立志愿组织来谋求共同利益是一个行之有效的办法。如在美国，志愿消防队在消防队总数中大约占了 90% 以上，④ 但其消防队员只占了很小部分，其原因是大城市的消防部门很大且志愿者很少。⑤ 即使在政府产生以后，美国人也对政府采取了一种警惕和不信任的态度，认为志愿组织的广泛存在是实现民主的重要制度保证，国家力量的过度介入会重新形成专制制度或官僚化，进而损害个人自由。

美国从事城市事务和政策研究的学者约翰·麦克奈特认为，把各种服务的所有权从社区拿走交到专业人士和官僚手里的做法，实际上是削弱了社区的力量，损害了人民的利益。他说："有一个错误的观念认为，我们的一个问题是人们的服务工

① 黄渭梁："社会服务论"，载《上海大学学报》1991 年第 2 期。

② 席恒："社区自治、社区互助、社区共享：前轮当代中国新型城市社区的功能定位"，载《西北大学学报》2002 年第 5 期。

③ L. M. Salamon, *America's Nonprofit Sector*, The Foundation Center, p. 26, 1992.

④ Donald Fisk, Herbert Kiesling, and Thomas Muller, *Provision of Public Services: An Overview*, Urban Institute, May 1978.

⑤ ［美］E. S. 萨瓦斯：《民营化与公私部门的伙伴关系》，中国人民大学出版社 2002 年版，第 86 页。

作不得力，而我们的根本问题是社区太弱。”①

社区组织提供公共物品有着明显的优势，而这些优势是其他供给方式所不具备的。“社区对其成员的责任关切超过了服务提供系统对其服务对象的责任关切；社区比专业人员更了解自己的问题；专业人士和官僚机构服务，而社区则解决问题；机构和专业人士提供服务，而社区则提供关心；比起大型的官僚机构，社区更灵活更有创造性；社区比提供服务的专业人员花费更少；社区比官僚机构或专业人士更有效地实施行为规范标准；社区针对能力，服务系统针对欠缺。”②“社区层次的参与，使得项目的选择能够体现社区的需求和偏好，并使项目的设计体现当地的信息，从而确保当地条件和环境在发展战略的考虑之列。”③

“专业的服务提供者所占政府经费的部分越来越大，这些钱是穷人们迫切需要的，可是他们却以帮助穷苦家庭的名义把这笔钱花掉了。”④“实际上，在美国公共生活中的每一个方面都出现了同样的社区所有权和授权的主题。我们的各级政府开始把公共服务的所有权和管理权从官僚和专业人士手中夺回来交给社区。”⑤“社会福利学者克莱默把对志愿组织的授权看做福利国家改革的重要替代性策略之一，他认为，通过对志愿组织的授权，既可以使曾经失去的社区归属感复苏，又可以防止国家过度介入市民的私人生活。”⑥ 这些就说明，社区组织不仅具备供给社区公共物品的优势，而且说明社区组织供给公共物品是必须的。

对地方性的小型基础设施来说，由社区和使用者提供是最常见的。成功的社区提供需要使用者参与决策，尤其是参与对优先支出事项的确定，以及保证平均和无异议地分享提供服务的收益和分担其费用。技术援助、培训和对服务人员的补贴也是非常重要的。当这些条件具备时，社区自助性计划能在长时间内有序地运转。更多的运用竞争手段是指安排供应商为某个完整的市场而竞争（如众公司为一个港口 10 年的独家经营权而投标），为同一市场内的客户而竞争（电话公司为向客户

---

① ［美］戴维·奥斯本、特德·盖布勒：《改革政府：企业精神如何改革着公营部门》，上海译文出版社 1996 年版，第 43 页。

② ［美］戴维·奥斯本、特德·盖布勒：《改革政府：企业精神如何改革着公营部门》，上海译文出版社 1996 年版，第 43 ~ 48 页。

③ ［美］斯蒂格利茨：“新的发展观：战略、政策和进程”，载胡鞍钢、王绍光：《政府与市场》，中国计划出版社 2000 年版，第 160 页。

④ ［美］戴维·奥斯本、特德·盖布勒：《改革政府：企业精神如何改革着公营部门》，上海译文出版社 1996 年版，第 46 页。

⑤ ［美］戴维·奥斯本、特德·盖布勒：《改革政府：企业精神如何改革着公营部门》，上海译文出版社 1996 年版，第 30 页。

⑥ Ralph Kramer, *Voluntary Agency in the Welfare State*, Berkeley: University of California Press, 1981，转引自田凯：《非协调约束与组织运作》，商务印书馆 2004 年版，第 259 页。

提供服务而竞争），以及为服务提供者供应投入物的合同竞争（众公司为向一家电力公司提供动力而投标）。在商业和竞争行为受到限制的领域，扩大使用者参与基础设施服务的项目设计和经营，能够提供必要的信息，以使供应者对其客户更加负责。在项目设计阶段，使用者和其他有关人士可以参与咨询，可以直接参与经营或维护以及监督。在服务的使用者和有关各界参与了项目设计的情况下，发展计划会更加成功。使用者的参与宣传了适当的激励机制，从而保证了以社区为基础的项目的维护。

在城市和地方服务方面，当承担费用者就是主要受益人时，较小规模基础设施由使用者提供或社区自助安排，可以在很多领域提供有效的和可以负担的服务，如社区卫生、路灯等。社区自助性计划必须由地方选择、设计和实施，而不能由外界施压。在更正规的供应系统极大地扩展其网络之前，它们只能是不正规的城郊居民点和农村地区的权宜之计。①

（二）社会捐赠供给公共物品的机制

社会捐赠组织可以作为积极性的建设性权力起到促进作用，用社会资源来辅助政府的工作，在政府处置工作未涉及的方面发挥其作用。社会捐赠组织的作用可以体现在以下两个层面：一是在实际工作中，社会捐赠组织因其具有组织性、反应的快捷性、作用的直接性等特点，可以直接辅助政府管理工作的顺利进行，对危机中的弱势群体给予扶助；二是使得整体上的处置工作更有效率，提高国家的国力能力，从而有效地解决国家权力存在的公益与公正的问题。社会捐赠组织多是由民间志愿者组成，其作用是通过募集社会捐助，动员社会各方面的资源，帮助政府解决一些无法顾及或容易忽略的边缘问题，为政府管理工作提供有益的补充。

慈善组织行为的过程是施善者与政府的合作和博弈的过程。由于慈善事业与社会保障的密切关系，各国政府均对慈善事业采取支持的态度，即直接拨款和利用相应税收政策、其他鼓励政策如嘉奖等进行支持，以促进与慈善组织的合作。一定程度上其本质就是通过投入争取更大的“话语权”，进而是对社会资源的控制力为其组织目标服务。这样，两者在保持独立性和控制问题上形成博弈。

一般而言，社会捐赠组织提供公共物品具有两类机制：一类是由自身性质决定的志愿机制；另一类是在公共物品供给中所形成的与政府和企业组织的委托—代理机制。社会捐赠组织是一种非营利性的社会组织，其制度安排是一种志愿机制，是一种自愿求公益的机制，其原因是公共物品的特性导致市场失灵，导致政府作为公共物品供给者本身，但无论是政府直接供给公共物品还是政府利用市场间接供给公

① 世界银行：《1994 年世界发展报告：为发展提供基础设施》，中国财政经济出版社 1994 年版，第 111 页。

共物品，都存在一种先天缺陷，即不能满足所有社会公众对公共物品的需求。

任何社会机制都是一个输入、转换与输出的过程，社会捐赠组织以志愿求公益机制也是如此，其输入包括政府政策策动、社会资源资助和志愿事业目标设计。目标设计与社会化的公共需求和公共利益的实现以及政府失灵和市场失灵的范围有关。从一方面看，社会捐赠组织是非营利组织，不进行物质生产，因而没有自营资金用于事业目标的实现，社会捐赠组织也没有制定强制性政策、法规的权力，因而无法运用公共权力实现事业目标。在这种情况下，社会捐赠组织就必须依靠政府组织的委托和政策优惠、企业和个人的资金资助来实现社会公益目标。从另一方面看，社会捐赠组织以志愿求公益的事业目标是以满足公共需求、实现社会公共利益为目的的，政府和企业以及社会个体有责任与志愿组织一起满足社会共同的社会福利。志愿组织是通过志愿的方式，而不是使用法律的强制性权威提供公共物品。因为"任何真正的志愿都只是个人的志愿，排斥个人自由选择权的'集体志愿'、'社会志愿'不过是强制的代名词"。① 对于非营利组织来说，组织成员对集体利益的认同是个人与组织之间关系的基础。②

我们知道传统慈善在近代以来为民主福利国家所取代的主要原因之一就是弱者尊严的觉醒，他们"对于受惠的民主化预期"已使"慈善"变得像是"对贫穷阶层的侮辱"。③ 按照贝克尔（Gary Becker）的说法："如果将时间与产品转移给没有利益关系的人或组织，那么，这种行为就被称为'慈善'。"④

利他主义理论无法解释为什么慈善捐赠几乎总是彰显出高度公开性，它也不能解释慈善性礼物赠与的其他样式。所谓由"市场来提供"，实际上就是把公共物品象征性地化为一种可以专有的权益——通常是"荣誉"，从而可以使它如同私人物品一样在市场上交换、购买。因为"荣誉"不但本身可以给持有者带来满足感与成就感，而且它常常还可以通过诸如"广告效应"之一的途径直接转化为经济利益。这就是所谓"花钱买名声"的"署名公益"现象。"公开的慈善捐赠实际上是一种隐蔽的销售。"⑤ "一项研究表明，在对匹兹堡爱乐乐团的捐赠中，匿名赠与占1.29%，在对耶鲁法学院、哈佛法学院、卡内基·梅隆大学的捐赠中，匿名捐赠所占的比例低于1%。同时，利他主义动机不能解释为什么人们捐赠大多数都在公开出版的报告中的捐赠分类区间的最低线上。例如，在哈佛法学院捐款500至999美

① 秦晖：《政府与企业以外的现代化》，浙江人民出版社1999年版，第2页。

② James Douglas, *Why Charity? The Case for a Third Sector*, Sage Publications, 1983.

③ 转引自秦晖：《政府与企业以外的现代化》，浙江人民出版社1999年版，第3页。

④ ［美］贝克尔著，王业宇译：《人类行为的经济分析》，上海三联书店1995年版，第321页。

⑤ ［美］埃里克·波斯纳著，沈明译：《法律与社会规范》，中国政法大学出版社2004年版，第80页。

元的人中，有93%的人的捐款为500美元。”①

“政府最主要的行动工具是法律，拥有强制的权力，商业部门的行动工具是市场中的交换；非营利部门的主要工具从历史上就是志愿主义，它在很大程度上依赖于时间和金钱方面的自愿捐献。”② 在市场部门中，参与者的关系是自愿的，但却是在追求自我利益。政府和志愿组织都是以追求公共利益为目标的，但是政府利用的是法律强制的权威方式，只有志愿组织是通过参与者的自愿组织来追求公共利益。

第二节 自愿合作和社会捐赠供给公共物品的法律规制

一、自愿合作供给公共物品的法律规制

政府无法为全体社会成员提供公共物品，政府所提供的公共物品无法满足所有社会成员的需求。这时，那些无法通过政府满足需求的人，就会建立一种“自治组织”。在自治组织内部，成员通过一种互惠互利的机制实现他们的公同需求。一开始，这种通过自治机制而实现公共利益的组织范围、活动领域往往是有限的，随着人们社会性活动的加剧，这一领域在不断扩大。

志愿机制的一个重要特征是，成员之间的行为是互惠互利的，也就是说，成员之间在实现自身利益的基础上，自身也愿意为实现他人的利益而工作，如果这时“他人”的外延相对较大，这种他人的利益就会成为公共利益。

我国社会团体（包括自愿合作组织）发展迅速，但发展中也面临着许多问题：(1)“政社不分”，大部分社团是借助于政府的力量自上而下建立的或者从政府体系中分离出来的，尽管这类社团得到政府的拨款越来越少，但是在管理体制、方式等许多方面，依然承袭政府行政体系的一套，甚至不少社团与相应的政府机构是“两块牌子、一个实体”。政社不分使得这些社团行政化倾向严重、自主性差，不能发挥其应有的作用。(2)“经费不足”，不少自上而下的社团长期依靠政府拨款生存，经费来源单一，政府压缩财政开支就使得不少社团陷入更加困难的境地。另一部分社团则违背自身宗旨，进行投资或开办企业，严重损害了社团的非营利性。(3)“能力不足”，管理方式上行政色彩浓厚，缺乏主动性、创造性和进取精神，没有服务意识，对于政府机构改革和千变万化的市场经济条件缺乏应变能力。工作

---

① Amihai J. Glazer and Kai A. Konrad, A Signaling Explanation for Charity, *American Economic Review*, V. 86, p. 1019, 1996.

② 转引自田凯：《非协调约束与组织运作》，商务印书馆2004年版，第80页。

人员老化，吸引不来专门人才。① 长期以来，社团处于社会的边缘领域。在政治权力上，社团是政府的附属物，在经济生活上，社团是企业的附属物。我国经济学家张曙光认为，改革前的中国属于强政府和弱社会相结合的模式，“政府的活动和控制几乎深入到社会生活的各个方面”，“社会的力量比较弱小，社会组织或者不发达，或者处于依附于政府的地位”。②

这就必须对我国自愿合作组织供给公共物品的体制进行改革。一方面，要从制度层面对自愿合作组织供给公共物品进行完善。“从我国国情出发，建立以国家兴办的社会福祉机构为示范，其他多种所有制形式的社会福祉机构为骨干，社区福祉服务为依托，居家供养为基础的社会福祉服务网络”，“社区福祉为依托就是通过在社区修建一批福祉服务的设施和网点，成立一批中介性福祉服务组织，形成一支福祉服务的专兼职队伍，动员社区单位参与社会福祉事业，使社区福祉服务形成网络，并通过该网络的有效运作，基本满足社会居民的各种福祉服务需求”。③ 另一方面，要改变自愿合作组织的经营观念。传统观点认为，非营利部门的重要原则之一是不以营利为目的原则。但是日趋激烈的市场竞争和日益扩大的需求导致非营利部门规模的不断扩大，进而迫使非营利部门在提供公共物品的同时，必须注重效益，提高盈利水平。这是因为：第一，非营利部门的经营存在盈余和亏损的市场风险，这就决定了非营利部门的管理者，为了长期提供公共物品，必须尽可能追求利润最大化，以弥补可能的亏损。第二，从企业成长理论分析，非营利部门也存在盈利的动机。企业成长有两种：内部成长和外部成长。用积累盈余扩大再生产即为内部成长。非营利部门要生存和发展以便提供更多、更好的公共物品，追求利润是非营利部门内部成长的压力使然。第三，由于非营利部门的资本，有一部分来源于社会捐赠，非营利部门运作效益的好坏，直接影响到社会捐赠的数量。同时公共物品的管理、维修等的压力也迫使非营利部门追求一定的盈利。第四，外聘管理人员从其自身的利益出发，将非营利部门的经营重点从提供公共物品的数量和质量转向追求利润最大化。实际上，非营利部门并不是不能够盈利，而是受到“非分配约束”，这是区别于纯营利性企业如公司的主要区别所在。所谓“非分配约束”是指非营利部门不能把获得的净收入分配给对该组织实施控制的个人，包括组织成员、管理人员、理事等。净收入必须得以保留，完全用于为组织进一步发展提供资金。只有使自愿合作组织具有相应的收入，才能保证其供给公共物品的物质基础。

---

① 王名等：《中国社团改革——从政府选择到社会选择》，社会科学文献出版社 2001 年版，第 6～7 页。

② 张曙光：《张曙光经济学书评集》，四川人民出版社 1999 年版，第 242 页。

③ 多吉才让：“积极推进社会福祉社会化进程，加快发展社会福祉事业”，载《中国社会报》2000 年 4 月 13 日。

二、捐助行为供给公共物品的法律规制

目前，我国规范捐赠行为的法律规范主要是《公益事业捐赠法》，但该法明显不能对捐赠行为进行完善规制。实际上，捐赠行为不仅涉及《公益事业捐赠法》，而且涉及税法、公司法、企业法、社团管理法等方面的内容。

为完善我国对捐赠行为的法律规制，我们必须首先了解我国对捐赠行为规范存在的问题。

第一，社会捐赠组织设立的任意性。目前，公开募捐和接受捐赠的单位除民政部门外，还包括相关的政府机构、公益性社团、基层组织和个人。社会捐赠组织的设立具有任意性特点，任何机构和个人都可以借扶贫或救灾的名义向社会进行募捐。由于没有统一的法律框架予以规范和管理，原本有限的社会化资源难以集中，无法对最需要的人群进行有效的帮助。社会捐赠组织的任意性设立，导致其募捐活动的可信度降低，并使得捐赠组织的监督管理工作出现漏洞。正如有学者所言："高质量的公共服务才能为非营利组织赢得名誉，而拥有这种名誉和能力，才能赢得更多的支持。"①

第二，捐赠财物的用途疏于监督和管理。由于缺乏具体的、可操作性的法规政策，加之管理缺位，捐赠财物的使用存在一系列问题。个别捐赠资金没有按照捐赠人的意愿发放到受赠人手中，捐赠财物的用途常常违背捐赠人的初衷，其最终流向和使用情况没有公开。这就意味着捐赠财物可能存在非法使用问题。不容否认的是，捐赠财物的用途疏于管理和监督通常会诱发腐败问题，并可能造成其他方面的不良影响。此外，目前尚缺乏权威规范的捐助物资评估体系，捐赠物品的评估工作存在很大程度的随意性。

第三，捐赠的受益者处于被动地位。捐赠法律关系通常具有三方主体，即捐赠人、受赠人和受益人。因为在许多情况下，捐赠人并不直接将财产交付给受益人，而是给予一些公益性社会团体。这时，这些公益性社会团体便在捐赠法律关系中充当受赠人，然后再由这些公益性社会团体将捐赠财产（或捐赠财产的孳息）转赠给受益人。《公益事业捐赠法》在总则中确认了捐赠法律关系的上述各方主体。但是，在分章所设定的各方权利义务中，仅规定了捐赠人和受赠人的各项权利义务，却基本没有涉及受益人。这无疑造成了总则与分章内容的明显不统一，忽视了受益人在捐赠法律关系中的应有地位，也不符合捐赠法律关系的实际情况。从另一角度看，捐赠受益者是对捐赠财物的分配活动进行监督的最佳主体，但在现有情况下，他们并未参与到捐赠财物的分配活动之中，对捐赠财物的分配没有发表意见的权

---

① ［美］莱斯特·萨拉蒙："全球公民社会——非营利部门视角"，转引自吴东民：《非营利组织管理》，中国人民大学出版社 2003 年版，第 101～102 页。

利。他们不仅在信息的获取、处理、利益表达和资源动员方面处于不利地位，而且由于处在纯粹受惠的不平等地位，其监督作用难以有效发挥。

第四，捐赠受益者权利无法得到有效保障。一方面，由于缺乏捐赠受益者权利救济渠道，在捐赠组织改变捐赠款项用途时，以及受赠人侵害受益人合法权益的事件时有发生。在此种情形下，受益人可以通过什么方式及程序主张自己的合法权益，法律对此应有明确态度。① 另一方面，由于非营利组织通常是给那些没有购买能力的困难人群提供商品和服务，而商品和服务的接收者不需要付出任何经济上的成本，再加上法律没有将受益者受益作为权利对待，以及大多数受益者缺乏法律意识，认为自己得到捐赠财物是受人恩惠，没有认识到这是自己的权利，在自己应当得到捐赠财物而没有得到时，只是自认倒霉或抱怨而没有主张权利。

第五，捐赠的意识过于薄弱。在国内大多数人看来，捐赠是高尚人的行为，这也有一定的道理。根据马斯洛需求层次理论认为，人只有在自己低层次的温饱、生理等得到满足后，才会考虑到受尊重和自我实现的高层次需要。但捐赠行为是一种普遍的社会行为，是一种献爱心的行为。这种行为的实施，不在于量的多少，而在于是否实施。“据统计，在 1998 年美国有 70% 的家庭作出了捐赠，而在我国最富裕的 20% 人口的收入占社会总收入的 46.6%，他们的捐赠行为成为一种稀缺现象，在企业中也是如此，据一项调查显示，国内工商注册登记的企业超过 1000 万家，有过捐赠记录的不超过 10 万家，即 99% 的企业从来没有参与过捐赠。”②

为解决上述问题，我们必须从以下方面着手：

首先，完善社会捐赠活动的法律规范。民间组织的兴起，社会权力的作用正常发挥，除基于社会多元化和公民的结社权觉醒等原因之外，还有赖于国家的民主化和法制化，也需要社会自身的法治化。③ 我国目前有关的社会捐赠法规和政策极不完善，是造成上述问题的关键。既不能调动社会捐赠人的积极性、鼓励更多的社会捐赠行为出现，也使得捐赠财物的管理和使用疏于监督，受捐赠者的应得利益得不到保障。因此，要从制度入手，完善相关社会捐赠的分类制度和政策。如提高捐赠的免税数额，简化免税程序，要让更多的捐赠者感觉捐赠的方便、实惠。我国企业所得税的优惠政策规定，“企业发生的公益性捐赠支出，不超过年度利润总额 12% 的部分，准予扣除”。这种规定的结果就是企业即使捐赠，其捐赠数额也不会太大，公益事业所得的捐赠款有限，如果企业捐赠超过捐赠数额，得不到免税优惠，亦即企业承担了双重负担——超额捐赠款和税金。另外，在捐赠程序和免税程序上过于烦琐，也是影响捐赠的因素，所以，应简化这些程序。

---

① 吴东民、董西民：《非营利组织管理》，中国人民大学出版社 2003 年版，第 154 页。
② 邱海菊、宋志杰：“对我国目前捐赠现状之分析”，载《中国市场》2006 年第 4 期。
③ 转引自冉志、杨化：“法治化视野下的社会捐赠”，载《法治论丛》2005 年第 5 期。

其次，实现社会捐赠的制度化和规范化，完善慈善性组织的规范。“社会捐赠组织自治的要素包括：组织的承诺、财政的分散、公众基础、技术专长、社会和管理知识、策略知识以及培训政府工作人员的经验等。”① 如果操作缺乏透明度以及监督不力，容易产生挪用、浪费甚至贪污等现象。“虽然可以通过捐献方式获得资源，但这种获取资源的方式具有极端的不确定性，因此，会危及设施的长期持续发展。而且，由于捐赠对设施的使用者不构成直接负担，这种方式会减弱一个集体征用自己资源的积极性。”② 导致捐赠行为供给公共物品的数量减少。

再次，提高公信力，增强透明度，实现捐赠财物流转和使用的公开化和透明化。由于缺乏有效的组织管理，社会捐赠组织的财物和项目信息十分混乱，捐赠人无法了解自己所捐赠财物的具体用途。这种信息不对称使得一些社会捐赠组织的管理人员得以滥用职权。为避免捐赠财物流转和使用出现的问题，应当加快实现社会捐赠工作的信息公开化和透明化，其方式主要包括：社会捐赠组织应当定期公布其财务状况，包括募集财物的总数量和已经使用的数量；社会捐赠组织应当向捐赠人报告其捐赠财物的流向，并接受捐赠人的监督；新闻媒体应当积极介入对社会组织的监督；确保律师事务所和公证机关的适时介入，社会捐赠组织活动策划的起草应征求律师的法律意见，接受捐赠时应由公证机关进行公证。③

最后，提高捐赠财物的使用效力。非营利组织通常向一些人或组织寻求资源，而那些对非营利组织作出贡献的个人或组织又不期望从其捐赠行为中得到经济上的回报，因此，许多测量商业组织绩效的标准对于非营利组织来说是不适用的。“在慈善捐赠的运作成熟度方面，国内企业明显落后于跨国公司。虽然近 3 年内不少国内企业的捐赠力度在加大，在单项绝对数额上甚至超过跨国公司，但从效果来看，跨国公司的资金投放与运作效果似乎更佳——即少花钱多办事。其原因是跨国公司进行捐赠时有明确的目标，在慈善活动中体现了较强的策略性。而国内企业则经常在连具体的捐赠对象是谁也搞不清楚的情况下进行了捐赠，因此，体现在后续捐赠的意愿上，国内企业也明显落后于跨国公司。”④ 实际上，就其深层次原因是，跨国公司是将慈善事业作为事业进行操作，而国内企业在捐赠时大多不是出于真实的自愿，即使是出于真实的自愿，其动机也是为了提高自己企业的名誉，追求的是广告效应，而不是追求捐赠所带来的实际效果。捐赠组织提高捐赠财物的使用效果，不仅使捐资者对社会捐赠组织有信心从而降低了捐赠者的交易成本，而且也能促进

---

① 郭道晖：“论社会权力与法治社会”，载《中外法学》2002 年第 2 期。

② ［美］埃莉诺·奥斯特罗姆等：《制度激励与可持续发展》，上海三联书店 2000 年版，第 89 页。

③ 冉志、杨化：“法治化视野下的社会捐赠”，载《法治论丛》2005 年第 5 期。

④ 张传良：“中外企业慈善捐赠状况对比调查”，载《中国企业家》2005 年第 17 期。

捐赠人的后续捐赠行为，增加社会捐赠财物的数量。“在需求不断扩大、竞争日益激烈的社会中，非营利组织证明其效率的能力，直接影响到社会乐于为这些组织提供的条件。换言之，对非营利组织有利的环境，或大或小的取决于这类组织能够在自己所做的工作中造就积极变化的能力。同时，非营利组织要有足够的能力去获得资源，这是组织生存的必要条件。”①

第三节　企业自愿供给公共物品的法律规制

一、企业自愿供给公共物品是企业承担社会责任的表现形式

（一）企业捐赠行为是企业承担社会责任的表现形式

企业捐赠就是企业在慈善、教育及社会服务机构中，无偿赠与财产的行为。企业捐赠的形式多种多样，包括捐赠现金、本企业产品、非本企业产品、人力服务等。企业捐赠的主体，通常为一些有经济实力的大型公司；其捐赠的对象，通常为一些公益机构（如红十字会、孤儿院）、社会弱势群体协会（如残联）和一些“社会工程”（如希望工程），以及由于特定不可抗力引起的灾难事件中的受难群体（如洪灾地区群众）。企业捐赠的目的也不一而足，概括来看，企业捐赠的目标主要有树立企业社会形象、提升企业内部的凝聚力、提高社会福利、缓解政府压力等。当然由于特定捐赠行为中的对象的不同，捐赠的具体目标也有些许差别，但是，有一点是共通的，即社会福利总是能通过企业捐赠行为直接地获得增进，因而通常认为，企业捐赠是企业履行社会责任的重要表现形式之一。

一般而言，企业的社会责任是指企业在谋求股东②利润最大化之外所负有的维护和增进非股东利益相关者利益及社会利益的义务。在英、美等国，企业的社会责任理念主要是针对作为企业的公司、特别是大型股份有限公司权力的膨胀以及由此所生之道德风险（Moral Hazard）等现实情况而形成的，故企业的社会责任在这些

---

① 彼得·斯拉茨：“关于为非营利和慈善组织创造有利实施环境的思考”，载中国青少年基金会编：《处于十字路口的中国社团》，天津人民出版社2001年版。

② 严格讲，只有公司法意义上公司的股权拥有者才能被称为股东，但一般也将投资者或出资者泛指包括公司在内的一切企业注册资本或注册资金的提供者。鉴于投资者包括股权式投资者和债权式投资者（如债券购买者），出资者与投资者在我国又常未作区分，加之国外及我国经济学界广泛使用“股东”一词来指非公司法意义上公司的注册资本或注册资金提供者，为行文方便，此处亦使用“股东”一词，以表示一切企业的注册资本或注册资金的提供者。

国家被具体化为公司的社会责任（Corporate Social Responsibility）。[1]

企业的社会责任作为一种义务，并非单纯的法律义务或道德义务。如果企业社会责任是单纯的法律义务，就只需用法律手段保证其实现而不必作讨论了。因为法律是以国家强制力保证实施的调整人们行为的规范，此乃法律的重要特征之一；如果企业社会责任是单纯的道德义务，企业社会责任就仅仅是一个伦理问题，法律就不必讨论了。实际上，不仅国外法律有关于企业社会责任的立法，我国法律里也有类似的规定，只不过我们没有明确表明这是社会责任而已。

企业的社会责任是法律义务与道德义务的统一体，是企业承担的法律化的道德义务和道德化的法律义务。一项具体的企业的社会责任往往包括了企业的法律义务和道德义务两方面内容。例如，环境保护是企业的一项具体的社会责任，企业按照环境保护法规定的标准预防和治理环境污染，此乃企业的法律义务；企业依照比环境保护法的要求更为严格的标准预防和治理环境污染，这是企业的道德义务。而这两者同时划归企业的社会责任之中，在各国均无争议。这就意味着，企业的环境保护法律义务和道德义务统一于企业的环境保护责任之中，共同构成企业的环境保护责任这一具体的企业的社会责任形式。同时，法律规范在特定的社会里转化为道德规范，道德规范在特定社会里上升为法律规范，即法律的道德化与道德的法律化是法律发展史的主题之一。

企业存在的责任远不止于追求利润，企业还必须承担其他一些社会责任。以彼得·德鲁克、美洲银行前行长奥尔登·克劳森以及埃克森石油公司前董事长弗兰克·艾布拉姆斯等为代表的专家和企业家认为，企业要取得的经济效益是一种合理的经济效益，即“在直接利益有关的各种力量（股东、雇员、顾客和广大公众）之间保持一种公平和有效的平衡”。管理学家们则明确指出：“企业应该对整体环境而非仅对市场作出反应：社会赋予企业各种不同的权力，反过来便有理由希望企业按照某种方式运作。”实践证明，自觉履行社会责任，最终将使社会和企业共同受益。[2] 经济伦理学界认为，社会将大量资源“委托”企业管理，企业应满足社会的期望，对受托资源实施有效的管理。除承担传统的经济角色之外，企业在现代社会还要承担“代理人”的社会角色，作为社会资源的代理人，企业就应该不仅为其所有者、消费者和员工服务，而且要服务于全社会。[3]

---

① 卢代富：《企业社会责任的经济学与法学分析》，法律出版社 2002 年版，第 97 页。

② 转引自石培哲：“论企业的社会责任”，载《经济师》2002 年第 1 期。

③ 刘伟、梁钧平：《冲突与和谐的集合——经济与伦理》，北京教育出版社 1999 年版，第 185 页。

（二）企业自愿供给公共物品的表现形式

企业自愿供给公共物品主要表现为以下两方面：

第一，对所在社区经济社会发展的责任。企业对其所在社区的所有成员的影响最为直接，也可能最大。企业的很多决策都会对其所在社区成员利益产生某种影响，企业与其所在的社区有着密不可分的联系。企业不仅给所在社区带来环境污染，而且其经济效益的好坏会直接影响到社区的经济发展、社会治安状况等；企业给社区经济带来了繁荣，但也使社区居民成为污染等由企业造成的危害的最大或最直接的受害者；社区当局为企业提供治安、基础设施等方面的必要保障，从而使企业的生产经营活动能够得以正常开展。这些都意味着企业应对社区承担某些特殊责任，要求企业加强企业环境、安全卫生等方面的治理以及对其所在社区的社区公益事业、公共设施建设等承担起应有的责任。

第二，对社会的社会责任，这主要包括三方面：对环境、资源的保护与合理利用的责任；对社会福利和社会公益事业的责任；发挥规模经济、进行技术创新。

环境、资源的保护与合理利用不仅关系到当代人类的切身利益，而且事关子孙后代的生存和发展，是实现人类社会可持续发展的前提和关键。企业对环境、资源的保护与合理利用承担责任，这是企业对全人类负责的体现，故企业的此项责任是一种典型的企业社会责任。

企业占有的社会资源，要求企业对社会福利和社会公益事业承担更多的责任。为慈善事业和其他公益事业出钱，诸如向医院、养老院、福利院、患病者、贫困者等进行慈善性捐赠，有时也还有资助艺术、博物馆、歌剧院、联欢晚会等；捐资助学，如捐助希望工程、创办希望小学、向教育机构提供奖学金等；招聘残疾人、缺乏劳动技能者或其他就业困难者以减轻社会负担，参与预防犯罪或为预防犯罪提供资金等均属此列。

技术创新是更高层次的社会责任表现，企业所占有的社会资源，要求企业承担着这一更高层次的社会责任。正如奥地利著名经济学家熊彼特说："追踪进步最惊人的个别项目的进步的由来，我们不会追踪到工作于比较自由的竞争条件下的商行门上，却分明会追踪到大企业门上"，"我们必须接受的是，它（指大企业生产结构）已经成为经济进步的最有力的发动机，尤其是成为总产量长期扩张的最有力的发动机"。① 在熊彼特看来，创新是一项不确定的活动，除非有足够实力方敢于承担创新风险，否则，创新是无吸引力的，而大企业恰好为企业家提供了这种风险担保。美国著名经济学家加尔布雷思也说过，当今创新费用如此之高，只有大公司才担负得起，并说"技术进步是小人物受竞争的压力，应用他们世罕其匹的聪明

① 柳卸林：《技术创新经济学》，中国经济出版社1993年版，第40～41页。

才智，为过得比邻居好而努力的产物，无疑只是一个愉快的虚构。……由于发展是高成本的，这必然导致只有资源、且有相当规模的企业才能胜任”。[①] 企业所占有的社会资源和具有的规模，恰好具备技术创新的条件和动力，所以，企业的这一社会责任在我国应有更高的要求。

二、企业自愿供给公共物品的法律规制

（一）企业捐赠行为的法律规制

企业捐赠行为，是指企业自愿无偿将其有处分权的合法财产捐赠给合法的受赠人，用于与生产经营活动没有直接关系的公益事业的行为。它具有以下三层含义：一是企业捐赠是自愿无偿行为。《公益事业捐赠法》规定，捐赠应当是自愿、无偿的，禁止强行摊派或者变相摊派，不得以捐赠名义从事营利活动。企业对外捐赠后，不得要求受赠方在融资、市场准入、行政许可、占有其他资源等方面创造便利条件，从而导致市场不公平竞争。二是企业捐赠的财产权责清晰。《公益事业捐赠法》规定，捐赠财产应当是企业有处分权的合法财产，但企业生产经营需用的主要固定资产、持有的股权和债券、国家特准储备物资、国家财政拨款、受托代管财产、已设置担保物权的财产、权属不清的财产或者变质、过期、报废的商品物资不得用于对外捐赠。企业经营者或者其他职工不得将企业拥有的财产以个人名义对外捐赠。三是企业捐赠范围应以公益为限。企业对外捐赠的受益人应当是企业的外部单位、社会弱势群体或者个人。对企业内部职工与企业在经营或财务方面具有控制与被控制关系的单位，企业不得捐赠。企业以经营为目的的自办或者与他人共同举办的教育、文化、卫生、体育、科学、环境保护等经营实体，应当作为对外投资管理。企业为宣传企业形象，推介企业产品发生的赞助性支出，应当视同广告费用管理。此外，企业已经发生亏损或者可能因对外捐赠导致或影响企业正常生产经营的，除特殊情况外，一般不得对外捐赠。企业捐赠行为特别是公益捐赠行为是企业自愿供给公共物品的主要表现形式，其法律属性应当属于诺成性行为。

我国目前的企业公益捐赠行为存在一些不足，主要表现为：公益性捐赠的范围界定不清；捐赠违背企业自愿实行行政摊派；专门的公益基金会缺位，监管体制不畅。为发挥企业捐赠行为供给公共物品，必须加强企业公益捐赠的法律规制。

第一，明确界定公益性捐赠的范围。国家税务总局关于执行《企业会计制度》需要明确的有关所得税问题的通知中规定：“企业对外捐赠，除符合税收法律法规规定的公益救济性捐赠外，一律不得在税前扣除。”何为公益救济性捐赠？企业必须搞清其范围才可能选择自己的捐赠目标。于政府而言，将公益救济性捐赠用法律

---

① ［美］萨缪尔森、诺德豪斯：《经济学》，北京经济学院出版社1996年版，第349页。

加以明确化、统一化，有利于税收等相关部门正确合理的处理税收减免等问题。我国《公益事业捐赠法》规定：“公益事业是指非营利的下列事项：救助灾害、救济贫困、扶助残疾人等困难的社会群体和个人的活动；教育、科学、文化、卫生、体育事业；环境保护、社会公共设施建设；促进社会发展和进步的其他社会公共和福利事业。”为便于实际操作，对最后概括性规定应采用进一步列举的方法，规定一些具有代表性的“促进社会发展和进步”的事业。另外，应考虑加入“法律救助”和“法律援助”的内容，排除政府和宗教等活动。同时须界定，只有以公益性基金会作为捐赠对象（并非受益人），才符合公益性捐赠的要求，直接捐给受赠人的不在此列。

第二，调整税收优惠政策以提高企业公益捐赠的积极性。税收政策对刺激企业捐赠的作用已毋庸多言，应以立法的形式加以鼓励。《公益事业捐赠法》第 24 条规定：“公司和其他企业依照本法的规定捐赠财产用于公益事业，依照法律、行政法规的规定享受企业所得税方面的优惠。”新《企业所得税法》没有明确公益捐赠享受税收优惠的具体标准，而是赋予国务院的补充立法权，即具体税收优惠办法由国务院规定。目前“有法可依”的是《企业所得税法实施条例》中规定的“企业发生的公益性捐赠支出，不超过年度利润总额 12% 的部分，准予扣除”。有人主张，对公益性捐赠应一律予以税前全额扣除，借以充分调动企业公益捐赠的积极性。

第三，建立专门公益事业基金会。近些年，虽然我国涌现出一大批基金会，如“见义勇为基金会”、“法律援助基金会”等，但严格意义上的公益事业基金会尚未建立，亦没有相关的法律规定。《公益事业捐赠法》仅在第 17 条处略有提及。而我国法律法规关于企业公益捐赠的规定中显示，公益性捐赠必须捐向非营利性的社会公益性团体，直接捐给受赠人的不享受税前优惠。由此看来，建立专门的、规范的公益事业基金会实属必要。目前，我国公益事业由民政、卫生等国家职能部门和一些官办的社会慈善机构负责运作。政府直接操办社会事业，难以克服官僚主义和不计成本的弊病；民间社会公益团体在社会事业运作的人才、资源整合、项目设计与管理等方面的优势，是政府部门无法比拟的。加上技术性、透明度等方面的要求，公益基金会应完全独立于政府和捐赠者，由专人组成独立机构管理，严格制定章程，并按照章程规定的程序实施活动。许多企业抱怨无法找到合适的捐赠对象。大多公益性团体知名度不高、信用意识差，捐赠存在风险。专业基金会的建立，可以极大地改变这一状况。公益事业基金会在中华慈善总会的指导下，接受民政、财政部门的监管和社会公众的监督，建立一套科学的管理体系，详细划分企业捐赠的投向，充分尊重企业的自主选择权；定期信息披露，利用网站、报纸、年鉴等详细公布企业捐赠情况以及公益基金的运作情况与投向。基金会的财务、人员以及日常管理费用必须透明，定期向有关部门提交报告，通过一定方式向社会公示，增加透明度。

第四，完善公益捐赠的监管体制。公益事业基金会作为民间性组织，应以行业自律为主。由民政部门负责设立等审批登记，财政部门负责基金会日常活动的监管；在中华慈善总会的指导下，各省市设立公益事业基金会的行业自律性协会。在行业自律的基础上，接受民政、财政部门的监管，接受社会公众监督，保证公益事业的健康、顺畅发展。另外，可在《企业法》、《公司法》中，对企业内部机构设置和管理体制方面作出调整，本着建立“权责分明、管理科学、激励与约束相结合的内部管理体制”的精神，考虑设立专门负责社会公益事业的机构，强化监事会的职能；培养“企业公民”意识，建立良好的企业公益捐赠文化，增强企业职工责任感以及对社会的爱心，更怀激情地从事生产活动。同时，在修改后的《公益事业捐赠法》中增加公益事业基金会的相关规定，明确基金会的设立、地位、章程、基金运作、人员管理、信息批露等问题；明确监管体制；还应规定违反法律法规及章程的法律责任。

第五，完善企业捐赠决策机制。从理论上讲，投资者对投入企业的资本额享有所有者的资产受益、重大决策及选择管理者等权利，企业捐赠系以企业之盈利为前提，这直接关系到投资者资产受益权能否实现的问题。因而，应由投资者来决定是否捐赠。同时，捐赠亦是企业树立自己形象、实现企业经营目标的一种方式，因而董事会和经理也有权从公司经营角度考虑，决定是否进行捐赠。但在现代公司企业中，尤其是大型股份公司中，股东对公司经营权的控制较弱，出现所谓“内部人控制”，难免不会出现董事或经理为自己之私利而作出捐赠的决定，从而损害股东的权益，因而董事会或经理作出的捐赠决定不一定会为股东所认可。有鉴于此，对于由谁来决定捐赠问题，应视企业的不同类型而有所不同，一般而言，由股东大会通过的公司章程，就对公司捐赠的一般情况进行规定，董事或经理不得逾越。对于有限责任公司，股东人数较少的可以由全体股东决定。在股份公司中，可以在公司章程中授权董事会或经理在授权范围内作出捐赠决定，如果董事会或经理违反公司章程的规定，股东可以依公司法的规定对其提起诉讼，追究侵权责任。

公司作为营利性组织，虽然可以为公司目的进行捐赠，但其捐赠对象和数额均应受到限制，无限制的捐赠将会损害股东的权益和公司的生存。就公司捐赠对象而言，各国公司法一般均限制在公益事业范围内，我国也不例外。相对于捐赠对象明确限定于公益事业而言，捐赠数额应为多少则尚无定论。美国法学会曾建议以“合理数额”为限，但合理数额是一个不确定的概念。美国有判例认为，一个公司全年捐赠的数额是否合理应以普通股东受领股利的数额为限，这颇具借鉴。至于捐赠数额为股东所分配股利的百分比的多少，可由公司章程规定或由股东大会在通过公司年终盈余分配方案时作出决定。

第六，完善不合理企业捐赠的法律救济。现实中存在着不少这样的情况：董事会慷股东之慨，在“希望工程”等公益活动中认捐，以博得传媒的广泛报道和民众的称赞，但事实上，公司却是负债累累，捐赠完全是在不顾公司的实际状况下作出的，并且损害了股东和债权人的利益。对于这种不合理的捐赠，依《合同法》的规定，应认定捐赠行为是有效的，但是股东可以追究董事的责任。在公司公益捐赠行为中，公司与受赠人之间是赠与法律关系，因此，应适用《合同法》中有关赠与合同的规定。《合同法》规定具有救灾、扶贫等社会公益、道德义务性质的赠与合同或者经过公证的赠与合同，只要作出了赠与的意思表示，就不得单方面地撤销赠与。另外，从公司章程的性质来看，捐赠行为也应为有效法律行为。董事会对公司捐赠的决策权是由公司章程授予的，其捐赠的对象、数额也都由公司的章程作出规定。但是，公司章程是公司内部制定的文件，它具有公司内部自治的性质，因此，公司章程的效力只及于公司内部的各机关，章程中所规定的捐赠的对象、数额等对受领捐赠的第三人而言不具有任何的法律约束力。而且，《合同法》第50条规定：“法人或者其他组织的法定代表人、负责人超越权限订立的合同，除相对人知道或者应当知道其超越权限的以外，该代表行为有效。”因此，除非受赠方明知董事超越了他的权限作出了捐赠的决策而仍然接受捐赠，该捐赠行为仍然有效。但是，这种捐赠毕竟损害了公司股东的利益，因此，应赋予股东以相应的诉权，使股东可以对违反了忠实义务和注意义务的董事追究民事责任。

（二）企业承担社会责任（自愿供给公共物品）的立法形式

1. 法律规范与提倡性法律规范

法律作为一种行为规范，通过规定人们的权利和义务来分配利益，影响人们的动机和行为，进而影响社会关系，从而对人们的行为及社会关系和社会生活发生重大影响。无论从“实然法”还是从“应然法”来说，法律都具有利益性，法律所调整的都是一种社会利益关系。美国法学家庞德说过，法律调整或安排背后“总有对各种相互冲突和相互重叠的利益进行评价的某种准则”。① 法律的作用是通过法律规范的实施来实现的，法律规范是法律要素的主体及首要内容。法律规范是指具体规定权利和义务以及具体法律后果的准则，或者说是对一个事实状态赋予一种确定的具体后果的各种指示和规定。法理学认为，法对于人们的行为规则的规定，采取的做法包括：在一定条件下，法律规范命令或者禁止人们为或不为一定的行为；在一定条件下，法律规范允许人们为或不为一定的行为。按照这三种行为模式，将法律规范分为命令性规范、禁止性规范和授权性规范，其中命令性规范和禁止性规范又合称为义务性规范，即法律规范分为义务性法律规范和授权性法律规范两种。但随着社会的发展和立法技术的提高，出现了既不能归于义务性规范也无法

① ［美］庞德：《通过法律的社会控制》，商务印书馆1984年版，第55页。

归于授权性规范的法律规范。经济法律规范中就大量存在这些规定。如《产品质量法》规定：国家鼓励推行科学的质量管理方法，采用先进的科学技术，鼓励企业产品质量达到并且超过行业标准、国家标准和国际标准。国务院发布的《质量振兴纲要》中提出，国务院制定名牌发展战略，鼓励企业实行跨地区、跨行业联合，争创具有较强国际竞争力的国际名牌产品。《消费者权益保护法》规定：保护消费者的合法权益是全社会的共同责任。国家鼓励、支持一切组织和个人对损害消费者合法权益的行为进行社会监督。《反不正当竞争法》规定：国家鼓励、支持和保护一切组织和个人对不正当竞争行为进行社会监督。《公益事业捐赠法》规定：国家鼓励公益事业的发展，对公益性社会团体和公益性非营利的事业单位给予扶持和优待。国家鼓励自然人、法人或者其他组织对公益事业进行捐赠。

作为经济法律规范，除义务性法律规范和授权性法律规范以外，还有一种既不是义务性规范也不是授权性规范的特殊法律规范，这就是“提倡性规范”① 或“鼓励性规范”。②

在汉语中，“提倡”意为指出事物的优点，鼓励大家使用或实行。由此可见，提倡性法律规范就是法律规范规定在一定条件下，鼓励、倡导人们为或不为一定的行为。提倡性规范与义务性规范及授权性规范相比，具有以下本质的区别：

第一，从法律规范的内在逻辑结构来看，提倡性规范不同于义务性规范和授权性规范。关于法律规范的内在逻辑结构，法学界有不同的看法，主要有三要素说和两要素说。三要素说认为法律规范的内在逻辑结构包括假定、处理、制裁三部分。③ 假定就是法律规范中规定该规范适用的前提、条件或情况的部分；处理就是法律规范中具体规定人们为什么或禁止人们为什么的部分；制裁就是法律规范中规定行为要承担的法律后果的部分。二要素说认为法律规范的内在逻辑结构只有行为模式和法律后果两部分。行为模式是法律规范中规定人们采取行为方式的部分，大体上有三类：可以这样行为、应该这样行为、不应该这样行为。这三种行为模式也就意味有三种相应的法律规范：授权性规范、命令性规范和禁止性规范，后两种规范可合称为义务性规范。法律后果就是该规范中可能的法律结果或法律反映的部分，分为积极的肯定性后果和消极的否定性后果。

作为经济法律规范的提倡性规范，其内在逻辑结构中鼓励、倡导人们为或不为一定行为，不同于三要素说中要求人们做什么或禁止人们做什么的内容，也不同于二要素说中的苛以义务或授权的行为模式。

---

① 漆多俊：《经济法基础理论》，武汉大学出版社 2000 年版，第 180 页。

② 沈宗灵：《法理学》，北京大学出版社 1999 年版，第 38 页。

③ 孙笑侠在其主编的《法理学》中将三要素归纳为行为模式、条件假设、后果归结。参见孙笑侠主编：《法理学》，北京大学出版社 1996 年版，第 32～33 页。

第二，从立法者的价值取向来看，提倡性规范不同于义务性规范或授权性规范。义务性规范是命令或禁止性规范，体现了立法者在该行为上有明确的价值判断，即要求人们的行为应该这样或不应该这样，行为人的行为不符合该价值判断，就必然承担由此带来的相应的法律后果；授权性规范是一种任意性规范，体现了立法者将对该种行为的价值判断交由行为人选择进行，即行为人可以作出这样的选择也可以作出那样的选择，也就是说，行为人可以作出这样的价值判断，也可以作出那样的价值判断。授权性规范并不是法律允许行为人随意作出行为，而是允许行为人选择权的存在，它仍然具有法律的确定性特征，即当行为人一经作出价值判断，就产生相应的法律后果，而不得随意改变。提倡性规范不同于授权性规范，立法者不是将价值判断交由行为人自己作出，而是立法者自己作出，但它又不同于义务性规范，即提倡性规范虽然也体现了立法者相应的价值判断，但这种价值判断并不必然影响到行为人的行为，也不必然会带来相应的法律后果。换句话说，行为人的行为符合提倡性规范的要求，可能会产生法律鼓励性的积极评价，但行为人的行为不符合该规范的要求，不会产生法律惩罚性后果。

第三，从法律的强制性来看，提倡性规范没有强制执行力。法律是以国家强制力保证实施的调整人们行为的规范，此乃法律的重要特征之一。义务性规范的命令或禁止，毫无疑义地具有强制执行力；授权性规范也具有强制执行力，因为授权性规范是立法者将行为的选择权赋予行为人，行为人一旦作出选择后，就应当受到法律的保护，而这种保护就体现了国家强制力。提倡性规范只是立法者价值判断的一种价值取向，行为人的行为符合这种价值取向，可能会产生积极的法律评价，但如果行为人的行为没有符合这种价值取向，不会产生消极的法律评价，即法律不能强制要求行为人的行为必须符合这种价值判断的价值取向，亦即提倡性规范没有强制执行力。

第四，从法律规范的确定性来看，提倡性规范也不同于义务性规范和授权性规范。义务性规范具有非常明确的规定，命令性规范要求行为人必须为一定行为，禁止性规范要求行为人不为一定行为。无论命令行为还是禁止行为都是界定明确的。授权性规范虽然允许行为人选择，但也是在法律许可的范围内进行，并且选择后就具有确定性。提倡性规范的实施没有明确的界线，如国家提倡企业排污标准高于国家标准，到底高出多少可以产生法律的奖励性评价，没有具体的规定；法律倡导企业为社会公益事业捐款以作贡献，但法律不可能规定具体的捐款数额，也无法规定具体的捐款数额，否则有违提倡性规范的本质特征使其不再是提倡性规范。提倡性规范只是体现立法者的某种价值取向，没有具体的确定性规定。这种规范的指引作用是一种原则性的，而不是义务性规范的确定性或授权性规范的选择性指引。

2. 企业承担社会责任（志愿供给公共物品）的立法形式

美国的《模范商业公司法》第 4 条第 m 项规定："每一公司得为公共福祉、慈善、科学或教育之目的而为捐赠……”① 目前，“除亚利桑纳州和爱德华州以外，美国所有州的成文法均规定公司有权为慈善、教育目的捐赠”。②

凭常识人们都知道，任何民族任何社会中都不可能人人、事事为公、利他。如果用强制来使人为公、利他，则：第一，易使人口是心非，滋生虚伪。第二，以外在强制取代内在道德自律，反而使道德退化——把“自己应该做的”变成了“外界令我做的”，反而会使人真正失去应该做什么的自觉，一旦外界压力消失，立即人欲横流不可收拾。……换言之，道德是以权利为基础的，只有人们明白自己“可以做什么”，他才能真正知道什么“应该做”。只有人们有权选择时，他才能作出善的选择。第三，外在强制还可能造成强制者不受约束。③

企业所应承担社会责任的程度与范畴依不同学说而有较大差别。根据美国法律研究院（American Law Institute）1984年制定的《公司治理的原则：分析与建议》第2.01条，④ 公司社会责任的范畴按强制性的强弱分为三个层次：强制性责任：公司须同自然人一样，必须遵守法律，在法律允许的范围内活动；道义性责任：可以适当考虑与公司经营中执行社会责任相符的伦理因素；劝导性责任：可以基于公共福利、人道主义、教育和慈善的目的，从事合理数额的捐赠。

虽然企业社会责任在学界存在极大争议，但企业社会责任是客观存在的。为应实际之需，在法律中作出与企业社会责任相契合的规范，是法制社会之必然，同时也为企业承担社会责任提供法律上的支持。“自然法思维也遵循实在法是宣示性的主张，但在不需要创新理论的时代促成了这一观念：法律规范并不是对理想道德规范的宣示，而是对习俗的宣示，这种习俗孕育于文明社会的生活经验之中。因此宣示或颁布法令并不是一项创造性活动，而是对早已存在的法律所作的正式承认。这种法律并不是凭借自身内在道德权威而取得约束力的理想道德准则，而是扎根于真正民族精神的大众习俗。”⑤ 富勒也认为法是使人类的行为服从规则治理的事业，具有“外在道德”和“内在道德”。所谓外在道德，是指法律必须符合社会的道德追求和理想，所谓内在道德，实质内含于法的概念之中并成为评价法律和官员行为的善恶标准。……一个有效的法律必须具备两种道德性，否则就丧失了法律的存在资格。⑥

通过前文论述可见，如欲对企业社会责任立法，采用强制性规范要求企业承担

---

① 刘连煜：《公司治理与公司社会责任》，中国政法大学出版社2001年版，第106页。

② 李有星：《公司规范运作法律研究》，浙江大学出版社2001年版，第331页。

③ 秦晖：《政府与企业以外的现代化》，浙江人民出版社1999年版，第40页。

④ 刘连煜：《公司治理与公司社会责任》，中国政法大学出版社2001年版，第68页。

⑤ [美] 罗斯科·庞德著，陈林林译：《法律与道德》，中国政法大学出版社2003年版，第21～22页。

⑥ 曹刚：《法律的道德批判》，江西人民出版社2001年版，第9页。

社会责任是无法达到立法目的的，对企业发展和社会发展都是低效率甚至是无效率的。一方面，强制性规范会加重企业负担，容易形成企业办社会的局面，同时，强制性规范的标准也无法精确确定；另一方面，采用强制性规范要求企业承担社会责任，就是剥夺一方的权利来满足另一方的需要，这在法理上也是有违公平的。

采用任意性规范要求企业承担社会责任，也无法达到立法目的。因为任意性规范是赋予行为人的行为选择权，即将是否实施承担社会责任的行为授权给企业自身决定，而传统的企业理念是为投资人谋求利润最大化，“在自由经济体系内，企业的唯一社会责任就是利用资源，在游戏规则之内……从事增加利润的各种活动”,①但是，“游戏规则”是“那些体现法律和道德习惯的社会规则”。② 如果要求企业承担社会责任的立法采用任意性规范，仍然将企业是否承担社会责任的价值判断给了企业，既没有体现出立法者的价值判断和价值取向，也使传统企业理念得以延续而否认企业社会责任，这种立法对于要求企业承担社会责任也没有任何实际意义。

从国外企业社会责任立法实践，我们也可以看出，没有采取义务性的强制规范和授权性的任意规范。如美国法律研究院在1984年制定的《公司治理的原则：分析与建议》，在第2.01条中对公司社会责任作了一般性、宣示性的规定：“商业公司从事商业行为，应以提升公司利润与股东利得为目标。唯有下述情形之一者，则不问公司利润与股东利得是否因此提升：（a）应与自然人在同一程度内，受法律之约束而为行为；（b）得考虑一般认为系适当之伦理因素，以从事负责任之营业行为；（c）得为公共福祉、人道主义、教育与慈善之目的，捐献合理数目之公司资源。”③ 在这里，立法考虑伦理因素，采用的词语是公司“得”（may）而非“must”或“is obliged to”，同时使用了“are reasonably regarded”和“reasonable amount”的表达方式，可以看出这些规定并不是法律上的义务性规范或授权性规

---

① Milton Friedman, Capitalism and Freedom, University of Chicago Press, p. 133, 1962.

② Milton Friedman, Does Business Have Social Responsibility? Bank Administration, April, pp. 13 - 14, 1971.

③ 本条原文为：

§ 2.01. The Objective and Conduct of the Corporation

A business corporation should have as its objective the conduct of business activities with a view to enhancing corporate profit and shareholder gain, except that, whether or not corporate profit and shareholder gain are thereby enhanced, the corporation, in the conduct of its business:

(a) is obliged, to the same extent as a natural person, to act within the boundaries set by law,

(b) may take into account ethical considerations that are reasonably regarded as appropriates to the responsible conduct of business, and

(c) may devote a reasonable amount of resources to public welfare, humanitarian, educational, and philanthropic purposes.

参见刘连煜：《公司治理与公司社会责任》，中国政法大学出版社2001年版，第68页。

范。“美国绝大多数州的立法都是采取许可型立法方式，即许可但不强制公司的董事在考虑公司的最佳利益时顾及股东之外的其他利害关系人的利益。”①

采用提倡性规范恰能弥补采用强制性规范和任意性规范的不足，既体现了立法者的价值判断和价值取向，也符合企业承担社会责任的内在本质。

本章小结

自愿合作和社会捐赠供给公共物品是为了弥补政府和市场“不能做、不愿做、做不了”的不足，进一步实现社会公众的公共物品权。由于第三主体（第三部门）、非营利组织、非政府组织等概念及其内涵与外延的不确定性，并且非营利组织等所提供的物品也并非都是公共物品，本章仅对自愿合作和社会捐赠组织供给公共物品以充分实现公共物品权的法律规制问题进行论述。自愿合作和社会捐赠都是通过志愿机制实现公共物品的供给，志愿机制的一个重要特征是成员之间行为的互惠互利性，用法律对其进行规制，主要是设置相应制度，保障这些组织的独立及物质基础以实现社会公共利益的宗旨。同时，要完善社会捐赠法律制度，特别是企业捐赠行为的立法，对社会捐赠行为进行规范。

① 刘连煜：《公司治理与公司社会责任》，中国政法大学出版社 2001 年版，第 62～63 页。

第七章　公共物品非正式制度供给的法律规制

制度在一个社会中的主要作用是通过建立一个人们相互作用的稳定的结构来减少不确定性。目前，我国正在进行市场化改革，社会正处于转型时期，在供给公共物品的制度层面存在大量的非正式制度。非正式制度是一把“双刃剑”，一方面，非正式制度能够缓解政府财力不足，能满足人们日益增长的需求，增加公共物品的供给数量；另一方面，非正式制度存在符合市场经济体制要求和法制要求的部分，也存在违背市场经济体制要求和法制要求的部分。为最大限度地实现公共物品权，就要求我们在对供给公共物品进行法律规制时，既要促进非正式制度向正式制度的转化，又要大力发展符合市场经济体制要求和法制要求的非正式制度。

第一节　公共物品非正式制度供给的界定、成因分析

一、公共物品非正式制度供给的界定

（一）正式制度与非正式制度

“制度是一个社会的游戏规则，更规范地讲，它们是为决定人们相互关系而人为设定的一些规则。”① 新制度学派认为，制度只是人类本能和外界客观因素相互制约所形成和广泛存在的习惯。现实的“经济制度”（私有制、货币、信贷、商业、利润等），不过是心理现象（风俗、习惯、伦理、道德）的反映和体现，起决定作用的是法律关系、人们的心理以及其他非经济因素。② 制度包括正式制度和非正式制度。正式制度也称正式约束，是指人们有意识建立起来的并以某种明确的形

---

① ［美］道格拉斯·诺斯：《制度、制度变迁与经济绩效》，上海三联书店1994年版，第5页。

② 杨培雷：《当代西方经济学流派》，上海财经大学出版社2003年版，第261页。

式加以确定的各种制度安排，通常是指由国家确认、创制并监督实施的，以国家强制力支持的，具有普遍约束力的各种行为准则。如各种成文的法律、法规、政策、规章、契约等。正式制度是人们有意识地对社会行为确定的规范，具有一定的强制性，且一旦确立就会形成制度刚性，对社会经济活动产生深刻的影响。非正式制度又称“非制度化规则”、“非正式约束”，是指人们在长期的社会生活中逐步形成的社会共同认可的、不成文的行为规范，对人们行为产生非正式约束的规则。如习惯习俗、伦理道德、文化传统、价值观念、意识形态等。“非正式制度根据其来源可分为两类，一类就是人们在长期的接触交往中通过相互模仿、选择而稳定下来的代代传承的理念，如风俗、文化、传统等，而另一类并不是长期演化而来的，是适应于短期的特定环境而产生的，它从产生到消亡可能时间很短，但却大量存在于经济活动中，起着重要的作用，如惯例等。”① 本文中，除非特别说明，主要指后一类非正式制度。

相对于正式制度，非正式制度具有以下几个特点：一是自发性，指非正式制度的相当部分是由文化遗传和生活习惯积累而形成，并非理性设计安排，人们对某种非正式制度的遵循常常是出于习惯而非理性计算。二是非强制性，即非正式制度的实施与变迁不是靠国家强制力做后盾，而是靠主体内在的自觉或良知来维持。三是广泛性，是指非正式制度渗透到社会生活的各个领域，调节人们行为的大部分空间，其作用范围要比正式制度广泛得多。四是持续性，即指一种非正式制度一旦形成就会长期延续下去，其变迁也非常缓慢，即使正式制度已经完全发生了变迁，非正式制度的某一些因子也同样会遗传下来，继续发挥作用。② 正式制度对公共物品供给所起的作用是显而易见的，而非正式制度对公共物品供给的作用常常被人忽视。“制度实际上是一种资源，一项制度的有效性在很大程度上取决于对这种资源的有效利用，而对这种资源的有效利用又在很大程度上以对它的认识为基础。”③ 所以，我们必须弄清楚正式制度与非正式制度的关系。

正式制度与非正式制度的不同特点：④ 第一，就表现形式而言，正式制度的存在和表现形式明确、具体，它通过正式、规范、具体的文本得以确定，其直接的依据和表现是编码化的显性知识，它可以通过语言或以符号形式进行表述、传递和存储，并借助于正式的组织机构来实施或保障；非正式制度规则的存在和表现形式是

---

① 唐绍欣：“传统、习俗与非正式制度安排”，载《江苏社会科学》2003 年第 5 期。

② 熊必军：“非正式制度变迁与社会主义市场经济体制的完善”，载《内江师范学院学报》2005 年第 3 期。

③ 方江山：《非制度政治参与》，人民出版社 2000 年版，第 79 页。

④ 罗能生、胡舜：“制度、非正式制度与经济发展”，载《湖南财经高等专科学校学报》2001 年第 6 期。

无形的，它一般没有正式地形诸文字、制成条文，也不需要正式的组织机构来实施，它存在于社会的风俗习惯和人们的内心信念之中，也不能通过编码化的知识进行传递，只能通过传递双方的共同理解和信任在实践中获得。第二，从实现机制来看，正式的制度具有外在的强制约束机制，凡生活在一定的组织机构内，其行为都受到某种正式制度规则的约束，不管你愿意与否，都必须遵守和执行这种行为规则，否则就可能招致某种制裁；而非正式的制度一般不具有外在的强制约束机制，是人们内在的心理约束，依靠人们内心的自省和自觉，即使违反了也只受到舆论的谴责和道德的评判，一般不会受到法律法规的制裁。第三，从实施成本来看，正式制度的确立和执行是一个公共选择的过程，不仅需要建立一套专门的组织机构，而且需要通过一定的工作程序，其间不乏多重博弈和营私寻租等活动，这些都要耗费一定的社会资源，其运行成本较高；非正式制度的实行是依靠人们的自觉自愿，或社会的风尚和习惯，既不需要设立专门的组织机构，也不需要特别的人员监督和执行，其实施成本要比正式制度的实施成本小得多。第四，从形成和演变的过程来看，正式制度的建立虽然需要通过一定的程序，但是建立的过程所需时间较短，甚至一个决定、一道命令即可完成，其变迁也可以在较短的时间内以激进方式完成；有些非正式制度的建立和形成需要较长的时间，甚至是长期历史发展的产物，依托于亲缘关系、地缘关系等形成并发挥作用，而一旦形成就具有较大的稳定性，其变化和演进也是一个相对较慢的、渐进的过程。第五，从作用的范围来看，正式制度的作用范围小，非正式制度的作用范围可以渗透到社会生活的方方面面。

正式制度与非正式制度又是紧密联系、相互依存的。首先，二者是相互生成的。就制度起源来看，在人类历史上，先出现的是非正式的制度安排，然后才在非正式制度的基础上形成正式的法律、政治制度，非正式制度是正式制度产生的前提和基础，从根本上看，传统意识形态对制度创新的作用就在于人们的制度选择总是基于一定的价值判断或价值观念，而人们的价值观念总是受他们的文化传统的制约和影响。正式制度的制定、实施必须建立在非正式制度业已形成的环境中。任何已有的文化都有其积极的成分，任何新的制度只有与一定的传统文化相结合才能在一个社会中真正建立起来。亦即，今天的非正式制度制约着现今正式制度的制定。美国经济学家凡勃伦曾经说过："制度实际上就是个人或社会对有关的某些关系或某些作用的一般思想习惯……今天的制度，也就是当前公认的生活方式。"① 汉密尔顿指出，一种制度意味着一种思维方式或某种广为流行的、经久不衰的行动，制度

① 转引自刘宛晨、李芳："非正式制度对我国正式制度效率弱化机理分析"，载《湖南财经高等专科学校学报》2005 年第 2 期。

根植于人群的习惯或风俗。① 同样，正式制度也是非正式制度产生的前提和基础，一定的正式制度确立以后，必将约束人们的行为选择，正式制度限制着非正式制度安排的演变范围和演变方向，并逐步形成一种新的行为习惯和伦理观念，形成一种新的非正式制度。其次，二者的作用是相互依存、相互补充的。任何正式制度作用的有效发挥，都离不开一定的非正式制度的辅助作用。因为一方面，既得利益获得者以非正式制度为工具左右新正式制度的形成和实施，要使正式制度发挥作用，就必须改变原有的非正式制度，形成新的非正式制度以支持正式制度；另一方面，任何正式制度的安排都是有限的，只有依靠各种不同形式的非正式制度的必要补充，才能形成有效的社会约束体系。同样，要有效发挥非正式制度的积极作用和消除其负面作用，也必须依赖于正式制度。非正式制度的约束是非强制性的，只有借助于一定的强制性的正式制度的支持，才能有效地实现其约束力，离开了正式制度的强制作用，非正式制度是软弱无力的。所以，正式制度安排与非正式制度安排之间有着一种互动关系，一方面，非正式制度的安排会促使正式制度安排的出现，同样，正式制度也为非正式制度的稳定和改进提供条件；另一方面，正式制度必须与非正式制度保持目标的一致性，才能保持其稳定性。

（二）公共物品的正式制度供给与非正式制度供给

公共物品的正式制度供给，是指政府采取制度内的公共财政筹资方式供给公共物品，包括采取预算内资金和预算外资金，通过政府直接生产和利用市场间接生产公共物品，甚至还包括政府监督的慈善等公益性行为供给公共物品的方式。这也是世界各国供给公共物品的主要方式。

正式制度供给公共物品，也就是采取公共财政的方式筹资生产公共物品。其具有以下特点：第一，公共性。公共财政是公共政策的重要组成部分，又是执行公共政策的重要保障手段。公共财政就是要公平、公正、合法地筹集、配置公共资金，从事公共事业和公益事业，提供公共的社会服务。第二，公开性。公共财政是以部门预算、国库集中支付、政府采购、财政监督、绩效评价为体系的现代财政管理体制。第三，公益性。公共财政存在的基本前提是社会公共利益和这种利益的公共载体——公共需要的存在，公共财政是为满足社会的公共需要的收支活动，是实现公共利益和社会公共需要的一种手段。第四，法治性。依法行政是各级政府的准则，作为政府的财政部门同样遵循这一原则。政府的财政活动是以法制为基础，在法律、法规的约束规范下进行的，通过法律的形式依靠法律、法规的强制手段，规范和监督政府的财政活动，维护社会公众的利益和个人利益。

---

① 转引自刘宛晨、李芳：“非正式制度对我国正式制度效率弱化机理分析”，载《湖南财经高等专科学校学报》2005年第2期。

公共物品非正式制度供给，是指正式制度内的公共财政供给方式之外的其他供给方式，亦即公共物品的成本分摊方式或者说生产公共物品的筹资活动不是依据公共财政进行的，是处于“制度内的财政制度之外”筹资生产公共物品的方式，它包括公共物品的非预算融资（非正式财政融资）供给和非政府（民间）融资供给。

一般认为，非正式制度行为是非法的。实质上，这种观点是武断和脱离实际的。公共物品的非正式制度供给，只是表明生产公共物品的资金来源不是通过公共财政（预算内和预算外）渠道获得的，但这并不表明这种供给方式不合法。“在许多公共池塘资源场景中，占用者使用的工作规则可能与立法的、行政的或法庭的规则有很大不同。工作规则与正式法律的差别也许不过是填补了一般法律体系的空白。更为极端的是，操作规则可能规定了与正式法律制度中的法律权利和义务相对立的实际权利和义务。”①

公共物品非正式制度供给的特征表现为：一是公共物品筹资的非预算性。公共物品非正式制度供给是从生产公共物品的筹资活动来说的，包括非预算筹资和非政府筹资两种，两种筹资方式均是一般预算（预算内和预算外）之外的筹资方式。二是不规范的多元供给机制。非正式制度供给公共物品只能是供给地方公共物品（后文将详细论述），而地方公共物品的非正式制度筹资主体既有地方政府，省、地（市）、县（市）、乡镇、村，也有私人、企业、宗族等，呈现出多元供给的局面，但这一多元供给机制不是按照财政资金的收支管理和监督的，因而其收支缺乏有效管理、缺乏监督，收支情况随意性大，因而是不规范的。政府为某项公共物品可以以政府的名义向社会筹资，乡村也常就其范围内某一公共物品向社会筹资，某一社区、宗族也常为社区内、家族范围内的公共物品向社区居民、家族成员筹资等。三是随意性，即公共物品供给的种类、数量随意性较大，缺乏公众参与。如果是政府参与非正式制度筹资活动，公共物品的种类、数量常常是政府领导决定的，因为非正式制度筹资的不规范性，决定公共物品的种类、数量决策程序是自上而下的，供给不是由地方内部的需求决定，而是由上级政府的指定而定，特别是地方政府领导的决定；如果是民间融资，公共物品的种类、数量通常由出资最多的人决定或出资人联合决定。这两种方式均脱离了公共物品的需求。

（三）公共物品非正式制度供给的表现形式

1. 非正式制度供给公共物品的种类

第一，非正式制度供给的是地方性公共物品而非全国性公共物品。公共物品按照地域范围划分可以分为地方性公共物品和全国性公共物品。地方性公共物品是一

① ［美］埃莉诺·奥斯特罗姆：《公共事务的治理之道》，上海三联书店2000年版，第83页。

种特殊意义上的准公共物品，它是从区域经济的角度区分出来的公共物品，从本质上讲它仍然具有一般公共物品的特征，相对于全国性公共物品而言，它是指其存在形态和受益范围局限于或主要局限于一个特定辖区的公共物品。地方性公共物品具有明显的空间性，它主要是在一个区域内发挥作用，供区域内的社会公众所消费，其受益面局限于当前的区域范围内，其他区域受益不大。也有一些更大范围的地方公共物品，对于其中的小区域而言是公共物品，但对同等地位的其他区域而言，受益面小，仍然属于准公共物品的范围。

在现实生活中，地方公共物品主要表现为社会服务类产品和基础设施类产品，前者主要包括教育、医疗卫生、社会保障与社会福利、气象预报、消防等，后者主要包括交通、电力、自来水以及供水、供热、供气、排水、环境卫生、污水处理、城市绿化、市政建设等。一般来说，地方公共物品具有以下特点：（1）受益上的地方性。这是指地方公共物品在消费上具有空间限制性。对于地方公共物品来说，尽管新来的居民无须耗费更多的成本便可获得收益，然而，这种收益却总是被局限在一个地区范围内（也有可能会溢出某些利益邻近地区）。（2）存在着溢出效应和拥挤效应。溢出效应是指这一公共物品的受益与行政界限的地理范围不一致，即其收益范围大于行政界限，从而向乡邻地区扩散的现象。拥挤效应是指由于大多数地方公共物品的收益只覆盖于有限的地理范围，随着人口规模的扩大，使用者的增加，这些地方公共物品的消费将变得拥挤，如公园、游泳池等。（3）地方公共物品提供的层次性，由于地方公共物品是一个大概念，它需要按不同的收益对象，由不同层次的政府提供。（4）市场的相似性。地方公共物品与市场极其相似，或者说，它是放大了的俱乐部产品。简单来说，即人们选择在哪一个社区生活时要考虑的一个因素是该社区的税收、公共物品和公共服务的组合状况，人们会选择能够使其满足程度最大的地区，这实质上等于人们在各地区间“选购”、“购买”他们认为是最好的地区，这与私人市场的特征极其相似。斯蒂格利茨就持“地方公共物品与市场相似”的观点。（5）平行层次的行政辖区的地方公共物品具有共似性。地方公共物品的存在形态和受益范围主要局限于一个特定行政辖区内，而不同行政辖区的居民，在对公共物品的需求上具有共似性，故平行层次的每一行政辖区的地方公共物品具有相同或相似的特征。

由于全国性公共物品通常是由国家或中央政府通过公共财政安排供给的，不可能出现非正式制度筹集全国性公共物品的生产资金，而地方公共物品的供给除通过公共财政安排供给外，地方政府也可能自行筹资以及民间自愿筹资供给公共物品，只有在后一种情况下才可能出现非正式制度筹资活动，即公共物品非正式制度供给。

第二，非正式制度供给的是准公共物品而非纯公共物品。按照萨缪尔森对公共物品的定义，就是一种物品同时具有非竞争性和非排他性，这也就是后来布坎南所说的纯公共物品。但是，严格意义上的纯私人物品和纯公共物品都十分少见，绝大多数物品都是介于这两者之间的准公共物品。准公共物品有两种：排他性公共物品和拥挤性的公共物品。一种物品如果具有非竞争性，但又具有排他性，或排除追加的消费者的交易费用很低，这种物品有时称为俱乐部产品，又叫排他性公共物品；有些公共物品具有非排他性，但它达到某一使用水平以后又具有竞争性，这种公共物品又称做拥挤性的公共物品。达到某一使用水平的这一点称为拥挤点，在拥挤点，容纳或供应一个追加的消费者的边际成本将大于零。对于排他性公共物品来说，通常存在能够向使用者进行收费的排他性技术。

作为纯公共物品来说，它具有非竞争性和非排他性（非拒绝性）特征（如国防）。非竞争性是指一个人对公共物品的消费不减少或不影响其他人对这种物品的消费；非排他性是指一种物品一旦生产出来可以同时供两个以上的个人联合消费，无论个人对这种物品是否支付价格，要排除他人消费这种物品是不可能的或排除费用很高。按照布坎南的“俱乐部理论”，纯公共物品就是最优会员数量为无穷大的物品，这种物品不存在“拥挤点”。因此，纯公共物品存在“免费搭便车”，此类公共物品供给应由公共部门通过公共预算来提供，故不存在非正式制度供给的可能。

准公共物品不是同时具备非竞争性和非排他性的物品，一般来说，存在排他技术或排他成本较低，提供者有可能通过收费来筹措资金以弥补其生产成本。在这种情况下，消费者就必须通过购买来获得准公共物品，只有通过支付按准公共物品价格所确定的费用才能获得对准公共物品的消费。准公共物品遵循市场原则，实行等价交换，消费者谁出钱、谁享受。“无论是生产者还是消费者都成为一种市场主体，无论是出售还是购买都成为一种市场行为，都必须遵循市场规则。在这种方式下，准公共产品实际上已经转化成了一种商品，具有商品本身所拥有的特征，充分体现了其所拥有的竞争性或排斥性的一面。准公共产品市场提供体现的就是一种直接的经济交换关系。”① 埃莉诺·奥斯特罗姆指出，拥挤性公共物品的使用规则并非只有法律上的规则，实际上，非正式的规则，也可能是有效的规则。“缺乏国家的、正式的规制公共池塘资源占有与提供的法律与缺乏有效的规则并不是等同的。”② 所以，生产准公共物品的筹资活动就有两种可能：一是国家供给准公共物品以后进行收费，用以维护公共物品或收回投资；二是通过筹资完成后再生产准公共物品。前者通常是通过正式的公共财政活动进行的，而后者就可能出现非正式制度筹资行为。

---

① 王金安：“准公共产品市场提供的效率与公平分析”，载《财经论丛》1999 年第 3 期。

② ［美］埃莉诺·奥斯特罗姆：《公共事务的治理之道》，上海三联书店 2000 年版，第 88 页。

2. 公共物品非正式制度供给的方式

公共物品非正式制度供给主要是从生产公共物品的资金来源属于非正式财政制度而言的，所以，根据非正式财政制度的表现形式可以将公共物品非正式制度供给分为两类：一为政府从事的非正式财政制度筹集资金生产公共物品；二为民间筹资生产公共物品。

政府从事的非正式财政筹资行为，是指地方政府除通过税收等正式制度外从民间经济（私人经济）中筹集资金生产公共物品的行为，它既不是基于所有权，也不是基于公共权力，而是基于行政权、国家权力的作用，把私人可供支配的收入变为政府可供支配的收入。政府筹资方式分为有偿和无偿两类。有偿指以政府或政府部门的名义向社会各界借入资金的行为，无偿指政府或政府部门以及依托于政府的社会团体凭借自己的权威向社会募集资金的行为。由于有偿的制度外收入需要偿还，如果用制度内财政收入偿还，则这种供给公共物品的筹资方式就转变为制度内财政供给公共物品了；如果以无偿的制度外收入偿还，则其所提供的公共物品就转变为无偿制度外收入提供公共物品了。所以，我们在讨论非正式制度供给公共物品时可以不考虑政府有偿制度外筹资形式，而主要考虑无偿制度外收入筹资生产公共物品的形式。

民间筹资生产公共物品主要表现为社区居民、企业、宗族等为了改变自身的生存环境而自愿或迫不得已进行筹资的行为，因为通过正式制度供给的公共物品非常有限，不能满足人们的需求，随着我国社会经济的发展，人们生活水平的提高，一方面是人们对公共物品的需求增大，存在自愿筹资生产公共物品的内在动力；另一方面是人们自身经济能力的加强，存在自愿筹资生产公共物品的能力。

从非正式制度供给公共物品的筹资活动来看，可以将其分为强制性筹资供给公共物品与自愿性筹资供给公共物品。前者主要指地方政府集资、摊派，后者主要指民间自愿集资。转型期非正式制度供给公共物品的诱致因素首先是参与主体为了维护和满足自身利益，其次才是期望获取最大的潜在利益。无论是地方政府的强制行为还是民间的自愿行为，都有一种诱致性因素在起作用：地方政府官员对政绩的追求和当地居民对生存环境改变的需求。诱致性非正式制度供给公共物品在转型期的作用，往往是对“滞后供给”制度模式的一种突破，是新制度创新、新制度安排的来源。利益诱致是个人或群体自发地改变现行规则或秩序以参与供给公共物品的动力。

二、公共物品非正式制度供给的成因分析

（一）公共物品非正式制度供给的内在动因

公共物品非正式制度供给的内在动因，主要表现为两个方面：一是社会公众对

公共物品需求的增加；二是地方政府官员的政治需求。

1. 公共物品的需求增加

追求幸福是人类的本性，而“幸福就是欲望从一个目标到另一个目标不断地发展，达到前一个目标不过是为后一个目标铺平道路”，① 因此，幸福与欲望是没有止境的。人类在追求幸福的过程中，必然是通过各种物品（私人物品和公共物品）的获得来实现的。

之所以说公共物品的需求增加是公共物品非正式制度供给的内在动因，是因为：

一方面，政府正式制度供给的公共物品的种类、数量不能满足全体社会公众的需求。我国在计划经济时期大多产品都是采取公共生产的方式，所有的社会产品多是采取国有国营的生产方式，国有经济一统天下，微观经济主体的积极性不能被激励，生产效率低下。改革开放以后，政府逐渐从提供私人物品的领域中有效退出，但政府在公共物品提供领域中没有多大改变，各级政府仍然是各种公共物品的唯一的提供者。由于受到财政支出的限制，无力对公共物品进行大规模的投资，以适应这些行业的发展需要，其结果是公共物品的供应能力与需求存在很大的缺口，这种较单一的投资渠道造成公共物品投资严重不足。“以铁路和公路运输为例，美国和中国的领土大小差不多，可是美国的铁路比中国的铁路长5倍，公路长6倍。如果说美国是发达国家，那么与印度比较一下，中国与印度的发展阶段差不多，印度的国土是中国的1/3，可是印度的铁路与公路比中国长得多。”②

另一方面，国家为满足社会公众对公共物品的需求，通过正式制度（赋予地方财权和转移支付等）筹集供给公共物品的生产资金，但由于我国目前普遍缺乏规范的公共选择机制，公共物品大多是由政府和部门自上而下决策供给的，供给总量与结构多数是政府以文件的形式下达，带有很强的指令性、主观性和统一性，还有相当地方公共物品的生产是领导个人意志的体现，“公共物品的生产不是由消费者说了算，而是由生产者说了算”。③ 结果常常导致公共物品供给和需求的脱节。由发展私人产品的阶段进入发展公共产品阶段，再到更高层次的私人产品发展阶段，是各国经济发展的普遍规律。我国改革开放以后，经过二十几年的发展，应该说，私人物品的需求已经得到充分满足，并且出现了私人物品供过于求的局面。与私人物品供过于求形成鲜明对照的是，公共物品（主要是基础设施）严重短缺。由于公共产品的发展反过来又为发展更高层次的私人产品提供了有利条件，使私人

---

① ［英］托马斯·霍布斯：《利维坦》，商务印书馆1996年版，第72页。

② 王绍光：“变化的政府作用”，载胡鞍钢、王绍光：《政府与市场》，中国计划出版社2000年版，第38页。

③ 宋世明：《西方国家行政改革述评》，国家行政学院出版社1998年版，第240页。

产品的消费进入更高的层次。所以，在需求不能得到满足而自身又具备条件时，这些社会公众必然会通过自身能力寻求公共物品，这就产生了公共物品的非正式制度供给。

2. 地方政府官员的政治需求

地方政府官员的政治需求大于公众需求时，经济必须为政治需求服务，公共物品供给必须为政治需求服务，这就容易出现财政缺口。一方面，由于科学的政绩考核体系尚未建立，“政绩工程”对于地方政府具有较强的激励功能，从而忽视地方的财力承受能力，强制性推动建设所谓的“形象工程”、“面子工程”以及完成各项达标升级活动。根据地方政府官员的偏好，动用正式制度筹集的公共物品生产资金，大量用于生产“政绩工程”、“形象工程”，造成正式制度筹集资金不足；另一方面，地方政府官员还要避免辖区居民的埋怨，体现自己“为人民服务”、“为老百姓办实事”，使自己的政治前途更光明、道路更平坦，还必须筹资生产部分社会公众需求的公共物品。这两方面更加剧了正式制度筹资的不足。同时，由于各种“达标”活动、各种评比活动层出不穷，这些活动体现的大多只不过是政府官员的政治需求，而不是公众需求。这两方面都导致正式制度供给公共物品短缺、资金不足，就使得地方官员寻求短期行为，谋求公共物品的非正式制度供给。

（二）公共物品非正式制度供给的外在环境

社会转型是公共物品非正式制度供给的外在环境。社会转型（transformation of society）是一场深刻的生产、生活方式的变革。社会转型要求改变经济、社会、文化和政治结构，因而也改变权力的性质。权力的类型有“政治权力、经济权力和社会权力”之分，① 公共物品非正式制度供给与社会转型（权力变迁）有着密不可分的关系。

在我国二十多年的改革期间，变革最大、最为活跃的当数经济体制转型。从实践来看，由于初期人们对经济体制改革特别是计划和市场关系等深层次问题仍然缺乏透彻的理解，在现实中最容易看出的是企业和人民公社的生产经营缺乏效率与生产者缺乏积极性之间的相关性，十一届三中全会之后的改革正是从改革微观经营机制入手的。无论是农村实行联产承包责任制还是对国有企业的放权让利，目的都在于试图通过建立劳动激励机制，诱发劳动生产者的积极性，达到提高生产率的目的。

中国经济改革的过程表明，改革初始，并没有一个明确的目标模式，而是着眼于调整结构和改进激励机制，从改革微观经营机制入手，在改革开始阶段并没有一

---

① 康晓光：《权力的转移——转型时期中国权力格局的变迁》，浙江人民出版社 1999 年版，第 55 页。

个事先设计好的所谓一揽子的改革方案，已出台的改革措施及其改革强度是针对经济运行中出现的重要问题和社会的承受能力确定的，根据几个重要部门在新的市场机制上的增长及其对其他方面改革的要求，将改革本身推进到资源配置制度和宏观政策环境方面。

中国作为一个转型的发展中国家，在这场市场化取向的经济改革与制度变迁中，尽管国家发挥了有效的主导作用，使社会变迁呈现出渐进性、整体性和计划性等特点，但快速的、大范围的，有时甚至是突然的社会动员对权力运行方式、利益分配格局、经济结构、社会结构、思想文化结构、道德观和价值取向等的促动是巨大的。① 社会转型的社会环境产生公共物品的非正式制度供给的原因，具体表现为：

第一，财政体制变迁是导致公共物品非正式制度供给的根源。财政体制变迁体现为财政分权的变迁。我国财政体制改革的特征就是分权，财政分权始于20世纪80年代的分级包干，到1994年实行分税制。分级包干制使地方政府的财政支出和财政收入直接相关，地方政府便有充分的激励增加自己的财政收入，并按当地居民需求扩大公共物品供给。“包干制的着眼点在于通过确定基数划分收入，而在确定基数时又常常承认既成事实，这就不可避免地存在讨价还价、压低收入基数、抬高支出基数甚至故意隐瞒财政收入等相互扯皮现象和不端行为。”② 分级包干制使征税权过多地集中在地方政府，导致中央政府能获得多少税收取决于地方政府的征税努力，结果导致地方富有而中央贫穷。为改变这种状况，1994年起实行分税制，即将税收分为地方税、国家税和地方与国家共享税，其中税源稳定、征税成本小而税额大的税种均为国家税或共享税，这样虽然改变了地方与国家在收入上的不平衡，但由于财权与事权的划分不一致，使地方政府的财权变小而事权很多，其结果是各级政府尽可能地上收财权而下放事权，最终导致地方政府无力提供地方公共物品，地方政府及居民不得不寻求公共物品的非正式制度供给。

第二，不均衡的城乡公共物品供给体制是农村公共物品非正式制度供给的又一主要原因。农村的发展落后于城市是世界各国发展的普遍现象。我国是一个农业大国，农村地区和农业人口都占绝大部分，但由于历史原因，农村的发展本来就落后于城市，加之新中国成立以后实行严格的城乡二元划分，产生了城乡二元对立，加大了城乡之间的差距。我国农业人口约占总人口的2/3，但政府的财政支出直接用于农村人口的比重只有1/7到1/10，这种制度安排和公共财政分配的不公平是造

① 方江山：《非制度政治参与》，人民出版社2000年版，第15页。

② 许正中等：《财政分权：理论基础与实践》，社会科学文献出版社2002年版，第306～307页。

成城乡之间的巨大鸿沟的一个重要因素。① 城乡二元社会经济制度不仅直接导致了城乡差距的不断扩大，也导致了城乡居民消费公共物品方面的差距日益扩大。不均衡的城乡公共物品供给体制导致农村公共物品正式制度供给极其稀少，农村公共物品极其缺乏，而随着农村社会经济的发展，农村公共物品非正式制度供给就成为必然现象。

第二节　公共物品非正式制度供给的利弊分析

一、公共物品非正式制度供给对公共物品的促进作用

（一）非正式制度的功能

制度之所以对社会经济发展起着根本性的制约作用，是因为制度确立了人们行为选择的规则，形成了一个社会的激励结构。制度的基本功能首先是形成人们行为及人与人之间关系的基本结构，降低行为的不确定性，使人们对自己的行为能够形成稳定的预期，即人们能够通过成本收益的计算去有效地选择自己的行为，从而激发人们对经济活动进行投入的积极性。有效的制度安排能够使人们行为的责、权、利有机统一起来。制度对经济发展的重要作用还突出表现在有效的制度安排能够降低经济活动过程中的交易成本。交易成本主要是由于外部信息的不确定和人的机会主义行为倾向造成的。制度安排首先是通过形成人们之间稳定的行为结构来降低不确定性，减少人们行为选择的信息成本和风险成本，同时，通过对人的行为形成有效约束，降低人们机会主义行为倾向，减少监督成本和违约成本等。有效的制度安排通过降低交易成本，不仅提高具体经济活动的效率和收益，同时也激励人们对经济活动投入的积极性，促进社会经济的不断发展。

非正式制度所具有的潜在性和基础性资源配置功能。“在人类行为的约束体系中，非正式制度具有十分重要地位，即使在最发达的经济体系中，正式规则也只是决定行为选择的总体约束中的一小部分，人们行为选择的大部分行为空间是由非正式制度来约束的。”② 因此，非正式制度对社会经济发展起着十分重要的作用。无论是长期形成的诸如家庭伦理、乡规民俗等非正式制度，还是在特定环境下短期形成的诸如交易惯例等非正式制度，都能够约束人们的行为，可以解决不同交易中的摩擦、矛盾和冲突，可以说在一定的地区和范围内，它是一种节约交易成本的契约

① 胡鞍钢：《中国战略构想》，浙江人民出版社 2002 年版，第 2 页。

② ［美］道格拉斯·诺斯：《制度、制度变迁与经济绩效》，上海三联书店 1994 年版，第 49 页。

安排，“过去解决交换问题的非正规方式又带到现在，使这些非正规约束成为社会长期连续变迁的重要源泉”。①

在制度变迁过程中，有的非正式制度因不利于体制转轨和社会结构稳定而被淘汰或限制着，有的则演变成新的制度安排，并成为新体制的生长点。

一般说来，非正式制度的基本功能，主要表现在以下几个方面：

第一，优化配置资源的功能。“一般来说，非正式制度包括对正式制度拓展、细化和限制的社会公认的行为规则。非正式制度的产生可减少衡量和实施的成本，使交换得以发生。”② 证据（虽然不是结论性的）表明，正式制度对发展来说至关重要，使经济发展政策的制定者面临一个难题。虽然非正式制度改革对整体经济发展的重要性较小，但却容易改变。（特别是在特定环境下短期形成的非正式制度），这就是为什么人们通常选择非正式制度改革以替代全面的正式制度改革。……虽然正式制度改革能改善产权安全性，获利可能较大，但却难以推进。更多的监督与约束、独立的司法、联邦制或对行政人员进行限制，不是双边或多边机构通常能成功推荐的政策建议。③

第二，凝聚的功能，即强化社会成员彼此之间的认同感，凝聚社会力量的作用。风俗习惯、文化传统、意识形态等非正式制度一经形成，在短时间内很难发生变迁，并且，大量的非正式制度就是基于地缘、血缘等因素而形成的，因而使得生活在这一传统下的社会成员，形成了种族学意义上讲的共同的或相似的民族和团体文化心理。这种共同或相似的心理强化了社会成员彼此之间的认同感，并且这种凝聚力量是非常强大的，不需要正式制度的强制力，而是社会成员的一种自发的力量。

第三，激励功能，即激励人们去作出选择并给予人们选择行为以精神动力。现代社会以人的全面发展为其根本和动力，非正式制度对于人的全面发展有重要作用。积极的意识形态、道德观念等非正式制度也是一种人力资本，当人们认同某种意识形态和伦理道德时，将形成一种巨大的行为激励，且合乎理性的意识形态能减少机会主义行为。人力资本既包括主体内在的知识、技能和体力，也包括使主体内在能力发挥出来的个人品性和观念，在现代社会中，最主要的就是与他人和群体合作共事的意愿和能力，而这种能力显然是由人内在的价值观念和道德品性来决

---

① ［美］道格拉斯·诺斯：《制度、制度变迁与经济绩效》，上海三联书店 1994 年版，第 51 页。

② 吕凌：“非正式制度对市场秩序建立的影响”，载《中国社会科学院研究生院学报》2001 年第 5 期。

③ 菲利浦·基弗、玛丽·雪莉：“经济发展中的正式制度与非正式制度”，载《制度、契约与组织》，科学经济出版社 2003 年版，第 120 页。

定的。

第四，规范和评价功能，即在一定条件下规范社会成员的行为并对人们行为的合理性进行道德判断。非正式制度中包含了一定社会的价值取向和行为评价的准则，规定了人们应该怎样做、不应该怎样做，而且，当人们尊重这些规范时就会受到社会的肯定和推崇，反之则会受到否定和谴责。因此，一定的非正式制度总是包含着对人们行为选择的规范和评价功能。

（二）非正式制度增加公共物品的供给

非正式制度在社会经济生活中的积极功能，使得它在供给公共物品过程中发挥了重要的作用。

第一，非正式制度配置资源的功能直接增加公共物品的供给。“随着我国社会经济的发展，民间积累了大量的社会投资潜力，据统计显示，到 2003 年，城乡居民储蓄存款年底余额近 12 万亿元”；[①] “私营经济迅速发展，截至 2004 年年底，全国登记的私营企业已达 300 多万户，注册资本达 35305 亿元；民营企业家的能力和企业家精神得到了较充分的显示”。[②] 无论是强制性非正式制度供给公共物品，还是自愿性非正式制度供给公共物品，利用这些社会资源供给公共物品，势必会改变正式制度供给公共物品的不足，从而满足社会对公共物品的需求。许多地方在财政极端困难的情况下，用多种方式筹资干了很多事情，兴建了许多公共项目。在我国目前经济尚不发达的情况下，对经济和社会的建设发挥了很大的作用。

第二，非正式制度配置资源的功能使公共物品的结构更加合理。不同产品的组合结构对人们消费福利的影响，即公共产品的规模应多大，公共物品与私人物品的结构比例应如何，公共物品之间的结构比例应如何才能满足公共利益最大化，才符合公共意志。而通过正式制度供给公共物品的规模、结构等显然是不合理的。公共物品的非正式制度供给，特别是自愿性非正式制度供给，是将用于生产私人物品的资源转向生产公共物品，以满足社会公众急切的需求，“当用于私人产品生产的资源向公共产品的生产转换的边际转换率，等于从私人产品中得到的福利被公共产品的福利替换时的边际替代率，地方公共产品的规模最佳”。[③] 作为理性人的社会公众来说，必然会对本来属于生产私人物品的资源进行衡量，以确定是否生产公共物品、生产什么类别的公共物品、生产多少公共物品等，这样就会使公共物品结构以

---

① 《中国统计年鉴（2005）》，中国统计出版社 2005 年版，第 335 页。

② 仇保兴、王俊豪：《中国市政公用事业监管体制研究》，中国社会科学出版社 2006 年版，第 15 页。

③ 沈玉平等：《公共选择理论与地方公共财政制度创新》，中国财政经济出版社 2004 年版，第 125～126 页。

及私人物品与公共物品的结构更加合理。

第三，非正式制度的凝聚功能减少公共物品供给的成本。一方面，由于非正式制度供给公共物品属于地方公共物品，而地方居民对于需要什么类别的公共物品以及公共物品的数量非常清楚，“它（非正式制度）是个人与环境达成‘协议’的一种节约信息费的工具，即人们通过在实践中形成的意识形态和习惯准则，达成一种个人与外部世界的确定关系，因而大大简化了人们认知和选择的过程，节约了信息费用”。① 另一方面，非正式制度的凝聚功能体现为社会成员彼此之间的认同感，并且这种凝聚力量是非常强大的，有助于缩减人们在相互对立的理性之间进行选择时所耗费的时间、精力等成本，同时，一旦通过非正式制度确立供给某种公共物品及其数量，不需要正式制度的强制力就能够得以实施，这些均能够节约交易费用。

第四，非正式制度的激励功能、评价规范功能减少公共物品的“搭便车”行为。由于公共物品的非排他性和非竞争性特征，理性的“经济人”追求个人效用最大化的本性和组织对人的行为计量和约束的困难，导致在公共物品的供给上非常容易出现“搭便车”行为。一个国家、社会要有效地发展，就必须克服和减少“搭便车”现象，尽管克服这些行为固然要依赖于正式制度的制约，但是正式制度不论在质上和还是在量上都存在着许多无法达到的空间，这些空间只能靠社会公众的价值观念、伦理道德来自觉维持。非正式制度的凝聚功能、激励功能以及规范评价功能，所包含的对公共物品供给的认同感、积极的道德观念和公正的道德评价，就可以有效地克服和抑制人与人交往中的各种机会主义行为倾向，共同分摊公共物品供给的成本，减少或杜绝“搭便车”行为。

二、公共物品非正式制度供给引发的问题

（一）非正式制度的弊端

非正式制度行为是突破现存正式制度规范的行为，也是在社会正常渠道之外发生的活动，非正式制度行为具体表现为三种类型：一是在正式制度规定有正常渠道，社会主体不愿、不会、不能利用这些渠道，由此在行为中所表现出的情绪化行为；二是在正式制度中出现制度僵化、制度不完备、不充足或缺乏的背景下，社会主体进行的行为，这种行为既有创造性的成分，又有破坏性的成分，往往是创造性与破坏性并存；三是在正式制度规定有正常行为规范的背景下，社会主体采取的非常态的行为，这种行为是理性的，但并不一定是公开的，通常表现为对正式制度的突破。

我们不应该大胆断言对非正式制度进行支持就可以建立经济发展的制度基础。

---

① 罗能生、胡舜：“制度、非正式制度与经济发展”，载《湖南财经高等专科学校学报》2001 年第 6 期。

这有两个原因：第一，非正式制度不能有效阻止犯罪（民间行为人的掠夺）和政府官员的掠夺行为；第二，非正式制度通常不能普惠市场上所有（甚至是大多数）的潜在参与者。①

在我国，市场经济制度的建立是一个非自发的过程，中央政府对加快新体制和法律框架具有决定性作用；市场经济发育是一个观念冲突和转变的过程，政府应该以说服为后盾，向社会公众灌输市场经济观念，在全社会普遍推行市场经济规则，使之正当化和法律化；市场化改革过程就是利益重新调整的过程，为了减少改革阻力，政府应该为失业人员提供保险，创造就业机会等；成功的经济改革需要一个稳定的相对宽松的宏观经济环境，政府应实现财政收支平衡，营造宽松的经济环境；经济改革需要成本，包括经济代价和政治代价，所有这些代价均应由政府来支付。②

中国经济改革的过程表明，改革初始，并没有一个明确的目标模式，而是着眼于调整结构和改进激励机制，从改革微观经营机制入手，随后根据几个重要部门在新的市场机制上的增长及其对其他方面改革的要求，将改革本身推进到资源配置制度和宏观政策环境方面。中国的市场化取向的经济改革与制度变迁，既不同于西方发达市场经济国家制度变迁的一般规律，也不同于原来具有相似经济体制背景的前苏联及原东欧国家改革的过程。中国市场化取向的改革是通过双轨制过渡和循序渐进、摸着石头过河的探索方式进行的。“中国的市场经济不是形成的，而是构建出来的，不存在先于市场经济的市场法则，不可能也不应该放任市场的自发性，因此需要用法律来超前性地‘创造’市场。”③ 这就说明我国的市场化改革是一种政府主导型改革，而在政府主导型改革过程中，政府更注重市场经济的正式制度的引进与建立，使得中国市场化的制度变迁过程中的非正式制度变迁严重滞后。

非正式制度变迁的严重滞后，导致在中国的市场化进程中正式制度与非正式制度严重的不协调。新制度经济学认为，正式制度只有在被社会认可，即与非正式制度相容的情况下，才能有效地发挥作用。因此，在市场经济建设过程中，由于社会主义市场经济体制的非正式制度变迁的严重滞后，从而给中国社会主义市场经济体制的建设与完善带来很大的影响：第一，传统文化中的平均主义影响着市场经济的效率观的形成与深入人心；第二，家族主义阻碍着市场游戏规则的完全确立；第

---

① 菲利浦·基弗、玛丽·雪莉：“经济发展中的正式制度与非正式制度”，载《制度、契约与组织》，经济科学出版社 2003 年版，第 114 页。

② 孙同鹏：《经济立法问题研究》，中国人民大学出版社 2004 年版，第 88 页。

③ 葛洪义、陈年冰：“发的普遍性、确定性、合理性辨析”，载《法学研究》1997 年第 5 期。

三，导致信用危机；第四，严重影响着改革进程中政府的行为。①

无疑，社会主义市场经济体制的完善碰到的最大障碍则是来自传统的计划经济体制及与之相适应的文化。政府主导强制性制度变迁改变了计划经济体制，建立了社会主义市场经济的正式制度，却没有相应地促使计划经济的非正式制度发生变迁。结果，当正式制度发生变迁以后，一些旧的传统观念和习惯仍会在相当长的时期内延续下去，不仅影响着正式制度的变迁，干扰着新的正式制度的运行，还制约着新的正式制度的功能的发挥，从而影响着社会主义市场经济体制的运行与完善。

非正式制度改革带来的利益通常要远大于成本，但这并不等于证明非正式制度的变迁能持续降低整个社会的交易成本而不是某些具有特殊性质的特定企业的交易成本。没有足够的证据或可行的标准能证明存在一定能达到这一目标的非正式制度改革方案。②

（二）非正式制度供给公共物品的负面影响

非正式制度的存在一方面确实对于地方财政紧张起到了很大的缓解作用，使地方政府有能力办一些事情，增加了公共物品的供给量，但非正式制度供给公共物品也产生了一些负面影响，主要表现在：

第一，非正式制度供给公共物品造成公共物品与私人物品之间的资源配置不合理。由于非正式制度供给公共物品的方式有两种，其中一种就是地方政府强制性实施的，而非正式制度供给公共物品的资金来源于社会公众用于购买私人物品的资金，这样就出现了地方政府强制社会公众将本来用于购买私人物品的资金转化为公共物品的生产资金，造成公共物品与私人物品之间的资源配置不合理。

第二，非正式制度供给公共物品造成公共物品结构不合理。“如果潜在的受益人必须向较大的政府单位寻求资助仅仅具有地方性收益的设施，那么，很少有合法手段能使个人实行可靠的和可实施的承诺去资助地方基础设施的建设和维护。”③而且，当一个国家的每个地方都如此明显地寻求全国政府的支持，受益的地方政府倾向于觉得即使这些设施完全是地方受益的，国家也应该提供特定类型的基础设施，这样就明显地使地方政府的供给公共物品的积极性减弱。这也是造成我国公共物品供给地区不均衡的重要原因。同时，由于制度内财政不足，地方政府不得不通

---

① 熊必军：“非正式制度变迁与社会主义市场经济体制的完善”，载《内江师范学院学报》2005 年第 3 期。

② 菲利浦·基弗、玛丽·雪莉：“经济发展中的正式制度与非正式制度”，载《制度、契约与组织》，经济科学出版社 2003 年版，第 120 页。

③ ［美］埃莉诺·奥斯特罗姆等：《制度激励与可持续发展》，上海三联书店 2000 年版，第 253 页。

过各种方式向上级政府或主管部门争取资金支持。这里面有一个前提是我国特有的“国情”，也就是，上级的资金谁要到归谁，谁先要到谁先受益。这也是对“会哭的孩子多吃奶”的一个注解。所以，各地都鼓励通过各种关系到上级政府或主管部门跑资金，因为这种资金的获得几乎没有成本，要说有的话，也仅仅是进行游说或者寻租的成本。所以，在很多地方，衡量一个领导是否称职的标准就是他能否争取到钱，至于从哪个渠道获取就不重要了，这也就是很多地方出现“财政书记”、“财政领导”现象的缘故，其结果就是公共物品供给的地区间严重不平衡。另外，非正式制度供给公共物品的资金来源于民间，所以，地区发展之间的差异也是公共物品结构不合理的原因之一。

第三，公共物品成本分摊不公平。非正式制度供给公共物品的两种形式，均会产生公共物品成本分摊不均的问题。自愿性非正式制度供给公共物品，首先只是少数社会公众的提议，然后是一部分社会公众的附和，但由于公共物品对不同人的满足程度不同，故不同人愿意分摊成本的数量也不同，还有一部分属于“搭便车”者。“将只有少数人能利用的制度变成能为大多数人利用的制度在经济发展意义上能带来两个后果。首先，更多的人能利用的制度可以增加交易量，发挥规模经济和劳动分工所产生的其他经济效应。其次，由于市场参与者不能平等地利用非正式制度，非正式制度会导致不公平的收入分配。”① 强制性非正式制度供给公共物品虽然不存在免费“搭便车”者，地方政府辖区内的居民分摊的成本数量也基本相同，但是不同人对公共物品的需求度是不同的，不同人的承受能力是不同的，这样强制人们分摊相同数量的成本本身就是不公平的。

第四，非正式制度供给公共物品存在不合法的行为。非正式制度公共物品供给的预算缺乏预见性，基本上是一层层的领导拍板。公共工程的大量事例说明，这类工程到最后都是超出预算的。基本上是采用“什么工作出了问题就多给钱”的方式来解决预算中出现的问题，结果造成大量资源浪费或进入私人口袋。这似乎给人一种信息，即越是失败者就越多给钱。如果最后没有增加投资，所造成的就是偷工减料的“豆腐渣工程”。由于非正式制度供给公共物品的资金不计入地方各级政府的财政预决算当中，而对整个国家财政政策的制定和执行产生不利的影响。强制性非正式制度供给公共物品会导致许多非法的现象，如三乱：乱集资、乱摊派、乱收费，这些加重了个人和企业的负担，甚至激化了社会矛盾。公共物品的非正式制度供给，在实践上大多不透明、不规范，在促进地方经济发展的同时也带来了大量的社会问题，产生了社会不稳定因素，如群体性事件。

---

① 菲利浦·基弗、玛丽·雪莉：“经济发展中的正式制度与非正式制度”，载《制度、契约与组织》，科学经济出版社2003年版，第114～115页。

第三节　公共物品非正式制度供给的法律规制

一、规制公共物品非正式制度供给的动因

公共物品非正式制度供给规制的动因不仅是由于非正式制度弊端的原因，更重要的是有些传统的非正式制度不符合社会主义法治社会的要求和发展市场经济的要求，一些非正式制度供给公共物品的行为甚至属于违法行为。

中国正处于从传统的计划经济体制向市场经济体制逐渐转轨的过渡时期，体制转轨的过程就是制度变迁的过程，构成制度主体的主要是法律制度，因而，制度变迁的过程在更多的时候意味着法律制度的变革。中国的经济转型具有明显的国家主导性特征，国家不仅主导着经济改革的方向和进程，也主导着经济立法的方向和进程。换言之，国家不仅主导着经济制度的变迁，也主导着法律制度的变革。一个社会的变迁其实就是一种正式规则、行为的非正式习惯、惯例和它们实施特征变迁的混合体。

加强法治建设，增强公民法制意识是市场经济环境下市场经济体系稳定健康运转的必要前提。加强法制意识建设包括两方面：一方面，建设法治政府，以“法治”代替“人治”。另一方面，增强公民的法制意识。增强法律的权威性，培养公民自觉尊法、守法、护法的意识，能减少许多不规范的市场操作，节约许多不必要讨价还价的交易费用。同时，全民法制意识的增强能有力阻碍不公正交易的顺利进行，公正透明有力监督的市场较法制意识薄弱的市场其运转效率要高很多，这一点是确定无疑的。

市场法则的扩张性，不断要求突破区域、政治和法律的限制，在更大范围内寻找生存和发展空间，它直接推动了非正式制度的变迁。因为，在理性选择制度主义看来，制度来源于人们的选择，制度的生成和变迁的动力在于它所带来的效率。当然，新制度的形成过程必然会受到旧制度的塑造，在冲突的结果中处于有利地位的一方建立的新制度必然残留有旧制度的成分。也就是说，虽然社会冲突的结果可能会引出新制度的建立，但是，引发制度变迁的冲突却根源于旧制度，冲突的展开过程也会受到旧制度的调节和引导。①

社会转型有自己的“路径依赖”（path dependence），也就是说，某个国家的社会变迁离不开自己的历史，要在自己的历史基础上转变。美国经济学家道格拉

---

① 潘伟杰：《制度、制度变迁与政府规制研究》，上海三联书店2005年版，第93～94页。

斯·诺思认为，制度变迁决定了社会演进的方式，制度是“理解历史的关键”,①制度变迁“绝大部分是渐进的、并且是路径依赖”。② 从制度与转型的关系来看，转型期普遍存在这样两个问题：一是制度的供给不足问题，这是由于原来的制度系统无法为社会转型期对制度的需求提供有效供给，以及原有的制度系统在社会转型中缺乏活力造成的。二是路径依赖问题，也就是说，制度创新摆脱不了旧制度的影响，一方面表现为旧制度对制度创新活动的纠缠，旧的生产关系对新制度的出现是个桎梏；另一方面又表现为旧制度为新的制度创新提供丰富的支持土壤。③

“制度变迁一般是渐进的，而非不连续的。”在整个制度变迁过程中，人们更多的是在“边干边学”。制度、规则是人们不断地“试错”、学习的结果；反过来，有效的制度又鼓励人们不断地学习。

二、公共物品非正式制度供给规制的途径

（一）促进适合市场经济体制要求的非正式制度变迁

有的非正式制度不符合市场经济体制的要求，就必须用正式制度限制其作用或者促进其向符合市场经济体制要求的非正式制度转变，而符合市场经济体制要求的非正式制度，要大力发挥其作用。“有些当事人不享有改变他们自己制度结构的自治权，外部当局阻止他们进行建设性的变革。……有些群体苦于扭曲的激励机制，而那种机制本身正是中央政府政策的产物。”④ 这就要求发挥非正式制度的作用。

非正式制度的存在是“由于正规组织规范的成本过高，或者由于正规组织未能演进到更有效率地满足这些组织化的需求，因此这些组织中广泛地存在着法律及正规制度未有予以规定的行为规范”。⑤ 法律等正规制度的约束只能细化到一定程度，不可能事无巨细都由正规制度加以规定，正式制度细化到一定程度之后，将会引起制度的制定、学习、执行、监督成本与收益不成比例的迅速增长，反而得不偿失，而且正式制度规定得过多过细，将会产生制度性僵化，使人们失去依据具体情况进行必要地自主判断、处置的行为空间，不利于最优化。其实，我们对各类制度加以比较分析就不难发现，从惯例、习惯、风俗、道德等非正式制度到各类组织规

① ［美］道格拉斯·诺思著，刘守英译：《制度、制度变迁与经济绩效》，上海三联书店1994年版，第3页。

② ［美］道格拉斯·诺思著，刘守英译：《制度、制度变迁与经济绩效》，上海三联书店1994年版，第126页。

③ 方江山：《非制度政治参与》，人民出版社2000年版，第23页。

④ ［美］埃莉诺·奥斯特罗姆：《公共事务的治理之道》，上海三联书店2000年版，第41页。

⑤ 陈剑波：“制度变迁与非正规制度”，载《经济研究》2001年第1期。

章、法律、法规等正式制度，是一个约束力越来越强，但灵活性越来越低的过程。①

在运用制度变迁理论来分析我国问题时，学者们注意到，我国是由一个权力中心决定制度安排的基本框架并遵循自上而下制度变迁原则的国家。我国的改革更大程度上受制于权力中心在既定的政治经济秩序下提供新的制度安排的能力和意愿，因此，分析我国制度变迁时，应当更加关注制度供给。② 杨瑞龙指出，在中国，政府不仅在政治力量的对比中处于绝对优势地位，而且还拥有很大的资源配置权力，它能通过行政、经济、法律手段在不同程度上约束非政府主体的行为。因此，政府是制度供给最重要的主体。中国的制度变迁属于“由政府命令和法律引入实行”的自上而下的强制性制度变迁范畴。③ 在这种供给主导型制度变迁中，权力中心提供新的制度安排的能力和意愿是决定制度变迁的主导因素，而这种能力和意愿主要决定于一个社会的各既得利益集团的权力结构或力量对比。杨瑞龙把供给主导型制度变迁的特点归纳如下：（1）在政府主体与非政府主体参与制度安排的社会博弈中，由于政府主体在政治力量与资源配置权力上的优势地位，政府主体是决定制度供给的方向、速度、形式、战略安排的主导力量；（2）政府主体是由一个权力中心和层层隶属的行政系列构成的，由权力中心确定的新的制度安排主要是通过各级党政系统贯彻实施的；（3）由于政府主体与非政府主体对某一新的制度安排的成本与收益的预期值是不一致的，这就难免非政府主体对制度创新的需求与政府主体对新的制度供给之间的差异；（4）制度安排实行严格的“进入许可制”，非政府主体只有经过政府主体的批准才能从事制度创新。中国的制度变革更大程度上受制于权力中心在既定的政治经济秩序下提供新的制度安排的能力和意愿。在政府主体与非政府主体的互动过程中，而这处于明显的权力不对等地位，政府主体往往可以通过垄断性地制定规则单方面决定非政府主体的生存空间和行动权利。

由于“正式制度和非正式制度的匹配是前者成功的关键”，④ 而社会主义市场经济体制完善的实质不仅是其正式制度的建立与完善，更重要的是它的非正式制度的建立。社会主义市场经济体制只有在正式制度与非正式制度相互融合、相互协调的情况下，正式制度的变迁与非正式制度的变迁彼此促进的情况下，才能够发挥推动经济持续增长的作用。那么，针对非正式制度变迁严重滞后的问题，我们应当采

---

① 唐绍欣：“传统、习俗与非正式制度安排”，载《江苏社会科学》2003 年第 5 期。

② 杨瑞龙：“论制度供给”，载《经济研究》1993 年第 8 期。

③ 林毅夫：“诱致性变迁与强制性变迁”，载科斯等：《财产权利语制度变迁》，上海三联书店 1994 年版。

④ 转引自熊必军：“非正式制度变迁与社会主义市场经济体制的完善”，载《内江师范学院学报》2005 年第 3 期。

取以下措施：首先，加速渐进式的改革，从外部推动非正式制度的变迁。非正式制度的变迁一般涉及文化系统、价值系统、社会习俗等内层因素，这些都属于思想行为深层次的东西，因而要改变它们是极不容易的。同时，在我国不具有建立市场经济体制的文化基础。此外，由于既得利益集团的影响与路径依赖效应，势必危及已初步建立起来的社会主义市场经济体制。因此，这些必然要求加速渐进式改革，一方面，大力发展和完善市场体系，推进市场经济体制的健全；另一方面，更应加速增进市场经济体制的文化传播，促进非正式制度的变迁，使之与市场经济的正式制度变迁相互协调。其次，加大对现代市场经济的思想文化意识的教育投资，从内部推进非正式制度的变迁，形成现代市场经济的基本观念。最后，加速市场经济的文化基础建设，建立起新型的社会主义市场经济文化，从根本上促进非正式制度的变迁。

（二）完善公共物品供给的正式制度

1. 科学定位地方政府财政职能

地方政府财政职能的重新定位的核心就是在当前财政管理体制的基础上，建立和完善公共财政职能，按照事权与财权相一致的原则建立公共财政，合理划分中央与地方公共物品供给的边界，使地方公共物品供给以正式制度供给为主，即政府财政应该成为地方公共物品供给的主要资金来源，从而提高当前地方公共物品供给中的正式制度财政分摊的份额。

一般来说，在市场经济体制下，市场机制在配置资源中发挥基础性作用，政府是在市场失灵的领域发挥作用。“在公共财政理论中，政府财政职能主要有三大类：稳定职能、分配职能和资源配置职能。其中，稳定职能和分配职能中央政府承担比地方政府承担更为有效，而中央政府与地方政府存在分工合作的地方主要体现在资源配置职能上。”① 根据公共物品的地域范围，可以分为地方性公共物品和全国性公共物品。如果一种物品和服务的供给存在着利益和（或）成本的严重溢出，则这种物品和服务供给的现有责任分配可能是不适宜的，即如果服务在很大程度上使管辖单位之外的人受益，而成本只有管辖单位内的居民负担费用，则可能是一个小管辖单位在供给无效的低水平服务（从全社会的观点来看）。解决这一问题的办法有：一种抉择是把责任再重新分配给一个较大的管辖单位从而将负责供给管辖单位的规模扩展。在重大的空间外部效应可能产生的特别基础设施服务中，或者在由于基础设施的性质而在经济规模方面存在着严重问题的地方，供给决策可能最适于分配给较大的政府管辖单位。但是，依赖全国政府或较大的管辖单位不是仅有的选

---

① 刘云龙：《民主机制与民主财政——政府间财政分工及其分工方式》，中国城市出版社 2001 年版，第 2 页。

择。另外两种鼓励特别服务供给的方法是：委托和政府间的拨款。① 地方政府财政职能限定的公共领域包括：（1）具有外部性，但收益和成本不外溢出本辖区的地方公共物品，如公共安全、区域交通、区域内防洪、灌溉排水、土地整治等；（2）外部收益或成本溢出辖区，需要与上级政府甚至中央政府或其他辖区进行合作来提供的公共物品，如基础教育、卫生防疫、跨区域交通、区域水土治理、环境保护等；（3）具有一定规模经济、收益可排他的俱乐部物品，如医疗、文化以及其他一些社会福利项目；（4）基本的政府行政管理。

所以，建立和完善地方政府财政体制，要从以下三个方面着手：

首先，要科学、合理地确定地方财政职能。按照财政分权理论规范的要求，地方政府的财政职能应限定在公共领域，即提供辖区内居民需求的公共物品，凡是政府能够通过市场间接提供的公共物品以及自愿合作和社会捐赠组织提供的公共物品，政府要对其进行监督管理。

其次，要科学、合理地划分中央与地方的财权与事权。根据公共财政理论，公共物品的收益范围的层次性为事权与财权的划分提供了依据。收益范围遍及全国的公共物品和服务应该由中央政府提供并为其提供资金，收益范围限于地方的公共物品和服务则由地方政府提供。② 在市场经济条件下，公共财政要求必须按照公共物品的层次性来规范各级政府的事权范围，财权的划分要根据事权的划分来确定政府间的财政支出责任和收入责任。同时，在地方政府间也要明确公共物品供给的责任与权限，要按照"一级政权、一级财权、一级税级、一级预算、一级产权、一级举债权"③ 的思路改革省级以下财政体制。

最后，完善财政转移支付制度。财政转移支付是指财政资金在上下级政府及同级政府之间的无偿转移。国际上通常认为，转移支付是调节收入差距的一个常规方式，即国家财政收入的一个重要部分被用来支持政府的社会福利计划，为市场竞争中的弱势群体提供基本的生活保障。地方转移支付制度是从纵向财政各层级之间和横向财政各区域之间所进行的再分配活动，是弥补财政缺口、规范分配行为中不可或缺的重要环节。完善财政转移支付制度是平衡各地公共物品供给不均的重要手段之一。

2. 建立城乡统一的公共物品供给成本分摊机制

党的十六大报告提出，要"统筹城乡经济发展关系"，统筹城乡经济关系问题

---

① ［美］埃莉诺·奥斯特罗姆等：《制度激励与可持续发展》，上海三联书店2000年版，第230～234页。

② ［美］詹姆斯·布坎南、理查德·马斯格雷夫著，娄承曜译：《公共财政与公共选择》，中国财政经济出版社2000年版，第118页。

③ 贾康、白景明："县乡财政解困与财政体制创新"，载《经济研究》2002年第2期。

的关键是改变城乡二元结构，建立起社会主义市场经济体制下平等和谐的城乡关系。

目前城乡之间的公共物品供给水平差异很大，城市居民享受的公共物品水平和质量数量远高于农村居民，而农村居民却在公共物品供给成本分摊上比城市居民负担重。主要表现为：一是农民承受着与其享受的公共物品不平等的沉重负担。二是农民在收入普遍低于城市居民收入的情况下，反而承受着比城市居民更沉重的税费负担（特别是农村税费改革以前）。这种农民负担过重的根本原因就在于城市偏向的财政体制，亦即城乡公共物品成本分摊的二元结构。

按照公共财政的要求建立城乡一致的公共物品供给成本分摊机制，一是要建立城乡一致的税收制度，二是要向城乡提供均等化的公共服务，三是要彻底改革户籍制度。

3. 建立科学的官员政绩评价机制

科学的政绩评价机制是为了避免政府官员片面追求政绩，亦即利用政府资源追求自身利益最大化，而使政府部门利益和地方利益脱离政府职能。所以，政绩评价的前提是明确政府的职能定位，对地方政府官员影响政府财政职能的行为，对其政绩评价应以实现政府财政职能的程度来展开。

要使政绩评价机制走向科学化，必须废除与政府职能定位无关的政绩指标，如产值、利税、招商项目等。要把公共物品和服务供给水平与质量作为衡量地方官员政绩的主要内容。因为，在市场经济条件下，政府只能是有限政府，凡是能够通过市场机制的调节作用实现资源合理配置的地方，政府就不必也不应当去干预。例如，当前各级政府都在花主要精力抓的招商引资工作，应该属于市场活动范畴，招商引资的主体应当是企业，而不应当是政府，这不是市场经济条件下政府的职能。

政府执政的实质是满足社会公共需要，为公众提供服务，政绩的核心就是公共利益。所以建立政绩评价机制就是要制约官员追求表面政绩。

4. 建立公共物品供给的公共选择机制

在公共物品供给中确立公共选择机制，就是让社会公众作为公共物品供给的消费者（公共物品权利人），通过对服务方式和内容的选择达到对供给主体的控制，实现需求决定供给的民主价值。规范民主的公共选择机制，既是公共财政的基本要求，也是公共财政应包括的内容。公共物品的公共选择机制包括民主表达机制和民主理财机制。“如果民主是一种‘奢侈品’，那么高收入者，或者那些收入增长较快者对这种‘奢侈品’的消费需求就大。”① 公共物品民主机制旨在促使公共物品的有效供给。

---

① ［美］斯蒂格利茨：《参与和社会变革》，载胡鞍钢、王绍光：《政府与市场》，中国计划出版社2000年版，第138页。

按照公共财政理论，虽然每个消费者负担不同的税收价格，但在享受公共物品上是等量的，因而公共物品供给的帕累托最优条件在于所有的边际替代率之和等于公共物品生产的边际转换率。但是，公共物品的供给并不是通过市场进行的，在消费者和供给者之间存在着信息不对称，供给者难以取得消费者的需求信息，而无视消费者的需求就无法达到公共物品供求平衡。所以，要了解社会公众的需求偏好，其路径就是建立公共物品的民主表达机制，建立起一个使社会公众可以表达其对公共物品的真实偏好和自主选择的制度安排，并通过这一制度的建立和运行逐步改变社会公众淡薄的权利观念，彻底消除公共物品的强制性供给现象。

民主理财是指财务的民主管理，即建立起社会公众参与管理、民主决策、民主监督的财务制度。政府是受社会公众之委托，出于社会公众的共同利益，从社会公众手中集中一部分财力，以满足公众的需要。建立民主理财机制可以有效地加强公共物品供给的绩效管理。

本章小结

社会公众对公共物品需求的增长和地方政府官员的政治需求是公共物品非正式制度供给公共物品的主观动因，正式制度变迁不足是其外部环境。非正式制度供给的公共物品只能是地方公共物品。从非正式制度供给公共物品的筹资活动看，可以将其分为强制性筹资供给公共物品与自愿性筹资供给公共物品。前者主要指地方政府集资、摊派，后者主要指民间自愿集资。公共物品非正式制度供给虽然能增加公共物品供给的数量，从某种程度上也促进了公共物品权的实现，但是也产生了许多弊端，主要表现为造成公共物品结构不合理、成本分摊不均，甚至出现大量违法行为。所以，有效实现公共物品权，对公共物品非正式制度供给的法律规制就不仅要促进符合市场经济和发展要求的非正式制度变迁，更主要是加快正式制度的变迁，完善公共物品供给的正式制度。

第八章　实现公共物品权的国家责任分析

消费公共物品作为社会公众的一项基本权利，这就要求对公共物品供给主体施以相应的责任。不仅要保障公共物品供给的数量和质量，而且要保证公共物品供给的结构均衡。国家的重要职能之一就是保障社会公众的权利的实现，而公共物品权作为一项基本权利，最大限度地实现公共物品权是社会及其成员发展的必然要求。所以，在实现公共物品有效供给以及社会公众的公共物品权过程中，国家应承担相应的责任。

第一节　公共物品供给主体的责任

一、公共物品供给主体的责任体系概论

责任的内涵具有复杂性和多层次性，它包括三个有机联系的组成部分：一是各种社会规范要求社会成员所应为的行为；二是社会规范为社会成员所确定的行为标准及其对社会成员的行为及后果的评价；三是社会对行为不符合行为规范要求的社会成员所给予的处置，或者社会成员所应受到的处置。责任所包含的这三部分内容是相互联系的一个统一整体，反映着社会及其各种规范对社会成员的要求。[①] 责任既是社会成员对社会所负担的与自己的社会角色相适应的应为的行为，又是社会成员的实际所为应承担一定后果的义务。从其内涵上看，责任不仅包含着评价因素（一是其他社会主体和社会对责任主体的评价；二是主体的自我评价），而且责任的实现也分为两种方式（积极责任是主体按照社会对其的要求，积极主动实现某种行为；消极责任是依靠社会评价和社会采取的处置措施）。由于主体行为的社会评价的标准和处置方式的多样性，所以，责任必须是社会的责任，离开社会的因素去考虑责任是毫无意义的。社会的责任不仅包括法律方面的责任，还包括道德方面

---

① 张文等：《刑事责任要义》，北京大学出版社 1997 年版，第 54 页。

的责任和政治方面的责任。不管是哪一方面的责任都包括两个层次的含义：其一，是指有关主体应为的范围及其程度；其二，是指违反某种义务所应承担的不利后果。这两个层次的含义反映在社会关系中，一方面表现为社会化秩序对个体的要求，另一方面也反映了个体不满足社会秩序对个体的要求，社会对其的态度和对其施加的不利后果。[①] 对主体行为的评价标准和处置方式有政治上的、道德上的和法律上的，与之相对应，责任也就分为政治责任、道德责任和法律责任。

公共物品供给主体责任体系是社会责任的组成部分，必然要符合社会责任的分类和相应层次的含义。所以，公共物品供给主体责任体系也包括三种责任：政治责任、法律责任和道德责任。公共物品供给主体责任也有两层含义：一是供给主体必须履行既定的义务；二是没有履行义务时所应承担的否定性后果。

二、公共物品供给主体的政治责任

政府的政治责任发端于英国，是由英国多年使用的弹劾程序演变而来的。在学界，对政治责任的概念及其内涵理解不一，代表性观点有："政治责任是指国家机关及其工作人员所作所为，必须合理、合目的性（合乎政府为人民服务的宗旨），其决策（体现为政策、法规、规章、行政命令等）必须符合人民的意志与利益。如果政府决策失误或行政行为有损于国家与人民的利益，虽则不一定违法（甚至有时是依其自订之不合理的法规、规章办事的），不受法律追究，却要承担政治责任。"[②] 该定义阐明了以下几点：国家机关及其工作人员是政治责任主体；政治责任主体必须对其违背民意的决策或行政行为负政治责任；政治责任不是法律责任。"政治责任是行使公共权力者因违反政治义务而承担的政治上的否定性后果。这种政治上否定性后果也意味着社会中的个人或组织已丧失了从事行使政治权力的资格。"[③] 该定义阐明了以下几点：行使公共权力者是政治责任主体；政治责任主体违反政治义务必须承担政治责任；承担政治责任的方式就是剥夺责任主体行使政治权力的资格。"政治责任是政治官员履行制定符合民意的公共政策，推动符合民意的公共政策执行的职责，以及没有履行好这些职责时所应承担的谴责和制裁。"[④] 该定义阐明了以下几点：政治官员是政治责任主体；政治责任分为积极责任（履行制定符合民意的公共政策并推动其执行的职责）和消极责任（承担因没有履行好上述职责而应受到的谴责和制裁）两个方面的内容。

---

① 王成栋：《政府责任论》，中国政法大学出版社1999年版，第4页。

② 郭道晖：《法的时代精神》，湖南出版社1997年版，第468页。

③ 王成栋：《政府责任论》，中国政法大学出版社1999年版，第80页。

④ 张贤明：《论政治责任——民主理论的一个视角》，吉林大学出版社2000年版，第22页。

公共物品供给主体必须承担政治责任，这是由公共物品供给的民主原则决定的，即公共物品是社会公共利益的载体，所体现的利益是全体社会公众所享有的，而根据人民主权原则，只有作为公民整体的人民才是公共权力的最终拥有者，而公共权力行使主体必须承担服务于权力所属主体的义务——对社会公众负责，这样才能有效地保障社会公众的尊严、平等、自由权益等不受肆意侵害。因此，公共物品供给主体在运用公共权力供给公共物品时必须向人民和权力机关等负政治责任。

政府权力的有限性决定了政治责任的有限性。这也就意味着政治责任的承担方式是有限的，即若超过一定“量”的客观规定，就不是政治责任的“责任”了。所以，政治责任不可能是无限责任制，也不可能是无责任制，只能是有限责任制。具体来说，其内容应包括以下几个方面：第一，公开明晰的行政执行责任制。从政治责任的含义来看，政治责任的内容之一是政府及其人员制定符合民意的公共政策，并推动其实施的职责，这是积极的政治责任。第二，健全的政治责任追究制（或“问责制”）。政治责任的内容除了积极意义的政治责任外，还包括没有履行好职责时应承担的谴责和制裁，这是消极意义上的政治责任。政治责任是一种连带责任，行政人员没有履行好职责，造成重大损失，其行政首长及政府都是失职，就要承担政治责任。这种消极的政治责任主要是通过追究制来实现的，其内容可以从同体追究和异体追究两个层面来定。从政治责任的“有限”性来看，主要是实行同体追究，即执政党系统或行政系统对其党员干部和公务人员的追究。但由于这种追究停留在单一的公权力问责的体制之下，因而有人担心其震撼力不强，有效程度不够；加上官官相护等官场上一些不好的风气以及体制上的原因，追究制的落实会受到制约。因而还应当加强异体追究，即包括人大、社会舆论、新闻媒体以及民主党派对政府及其人员的追究。代议机关追究政府政治责任的方式包括对政府的工作进行质询、调查等。最严厉的方式则是剥夺官员的政治职务，如内阁制国家的议会对内阁提出不信任案，总统制国家的国会对总统的弹劾，我国人民代表大会对政府组成人员的罢免。

公共物品供给主体的政治责任是政府机关及其工作人员在履行应有的供给公共物品义务时所应承担的职责，它体现于现代民主政治在调节和控制民主机制运行时的一整套制度安排之中。公共物品供给主体的政治责任主要是政府机关及其工作人员的供给公共物品行为必须符合社会整体利益，亦即社会公众的利益，体现社会公众的需求，否则将受到社会的谴责和代议机关的制裁。这就要求政治责任的实现。

所谓政治责任的实现，就是积极意义政治责任的履行和消极意义政治责任的承担。政治责任的实现需要一定的条件：

首先，权力制约是政治责任实现的根本条件。缺乏完善的权力制约机制，政治责任的实现就会成为空谈。从理想的角度来看，如果政治责任主体都能够自觉并有能力履行积极意义的政治责任，就不必承担消极意义的政治责任；如果所有的政治责任主体都能够如此，就根本不需要消极意义的政治责任的存在。但是，公共权力不是抽象的，总是同具体的人或集团结合在一起，这种结合必然把个人或集团的意志渗透到权力运用之中，从而又可能产生偏离或危害公共利益的负效应。实践证明，在个人利益和公共利益还存在差异的社会里，在权力的所有者和权力的行使者还处于相对分离的状态下，权力必须受到制约，这是人类智慧的结晶。① 一旦权力失去制约，权利就可能被滥用，掌握权力的政府或其工作人员就可能在行使权力的过程中背离人民的意志和利益，并且不受任何谴责和制裁。权力制约就是使政治责任主体制定公共政策和推动公共政策实施的行为必须符合社会公众的意愿和要求，使之自觉履行积极意义的政治责任，否则就必须承担消极意义的政治责任。没有权力制约，政治责任主体就可能偏离公共利益和公共意志而不承担任何谴责和制裁，政治责任就会沦为空谈。一方面，如果权力不受制约，作为政治责任主体的公共权力行使者就可能不会很好地履行积极意义的政治责任；另一方面，如果权力不受制约，政治责任主体就可能不承担没有履行好积极意义的政治责任而抑制的消极意义的政治责任。

其次，政务公开是政治责任实现的前提条件。没有公开性就没有民主，没有民主就谈不上政治责任实现的问题。没有政务公开，我们很难判断政治责任主体是否履行了积极意义的政治责任，也很难判断他们是否应该承担消极意义的政治责任，从而谈论政治责任的实现问题就会失去意义。政务公开，开放政治过程，使作为公共权力行使者的政治责任主体按照一定的制度、法规和程序行使权力，使社会公众有效了解政治体系的活动，明白重大决策的产生机制、原理、条件和过程，以便有效地监督政治活动过程，使政治活动最大限度地符合人民的利益和要求，并能及时防止有悖于人民利益和要求的权力行使。这实质上是民主政治的本质要求，也是政治责任实现的前提。倘若没有高度透明的政治过程，监督主体对监督客体的行为不知情、不了解，民主监督就无从谈起，也就无法对政治责任主体的行为进行评价。

最后，政府工作人员的道德观是政治责任实现的道德要求。从公共权力与公民权利的委托与被委托关系的角度来看，社会公众的政治服从是建立在政治责任主体能够遵守、兑现他们的承诺基础之上的，政治责任主体履行了积极意义的政治责任，社会公众才能持久而稳定地服从。从这个意义上讲，政治责任对社会公众是一种期待，对政治责任主体来讲是一种承诺、信用，需要培养与公民社会（私人领域）普遍秩序和相应的情感、欲望、气质，即德性。只有政治责任主体遵守、兑现了承诺，才会赢得公众的服从和尊重，委托与被委托的关系才具有真实性，才称得上是负责任的政府。这就为政治责任的实现提出了伦理道德的要求。

---

① ［美］乔治·萨拜因：《政治学说史》（上），商务印书馆1990年版，第26页。

三、公共物品供给主体的法律责任

法治是民主社会的必然选择，其基本要求就是依法办事，违法必究，也就是违法要承担一定的法律责任，法治能否实现很大程度上取决于法律责任的落实。法治原则认为权力（利）和责任是统一体，有何种权力（利）就应有相应的义务，行使何种权力（利）就应承担相应的责任，权力（利）无法脱离责任而单独存在，否则这种权力（利）就是非法的、不合理的。

在当代法学中，对“法律责任”的界定，大致有以下几种：处罚说、① 后果说、② 责任说、③ 否定性评价说、④ 义务说、⑤ “新义务论”、⑥ 负担说。⑦ 此外，还有学者把法律责任视为社会关系，并认为这是对法律责任更为全面的认识。⑧ 当然，这种观点也有学者进行了反驳。⑨

虽然法学界对法律责任的界定存在争议，“以至迄今为止，在中国法学界乃至世界法学界尚没有一个能被所有人接受并能适用于一切场合的法律责任的定义”，但是在现代社会，承担法律责任必须具备三层含义：法律责任必须有法律规范的事先规定；法律责任必须以存在违法行为为前提；法律责任由国家强制力保证实施。法律责任的实现方式包括惩罚、补偿、强制三种。⑩

法律责任既然是客观存在，就应当确立承担法律责任的原则。法律责任的构成要件（违法行为的构成要件）：“一般地说，违法行为由以下四个要素构成，缺少任何一个就不能称违法行为：第一，必须是违反法律的行为；第二，违法必须是在不同程度上侵犯法律所保护的社会关系的行为；第三，违法一般必须有行为人的故意或过失。原则上，由于过错，才构成违法行为。但没有过错，法律规定应承担法律责任的，仍应承担；第四，违法者必须具有法定责任能力或法定行为能力。”⑪

---

① ［奥］凯尔森著，沈宗灵译：《法与国家的一般原理》，中国大百科全书出版社 1996 年版，第 73 页。

② 沈宗灵：《法理学》，北京大学出版社 1999 年版，第 505 页。

③ 孙国华：《中华法学大辞典·法理学卷》，中国检察出版社 1997 年版，第 134 页。

④ 赵秉志：《刑法学通论》，高等教育出版社 1993 年版，第 313 页。

⑤ 王果纯：《现代法理学》，湖南人民出版社 1995 年版，第 168 页。

⑥ 张文显：《法哲学范畴研究》，中国政法大学出版社 2001 年版，第 122 页。

⑦ 刘作翔、龚向和：“法律责任的概念分析”，载《法学》1997 年第 10 期。

⑧ 李颂银：“从法律责任角度重新认识法学基础理论问题八议”，载《现代法学》1999 年第 5 期。

⑨ 翁文刚：“法律责任歧见剖析”，载《现代法学》2000 年第 2 期。

⑩ 张文显：《法理学》，北京大学出版社、高等教育出版社 1999 年版，第 121、127 页。

⑪ 沈宗灵：“论法律责任与法律制裁”，载《法学》1994 年第 6 期。

“将法律责任的构成概括为责任主体、违法行为或违约行为、损害结果、因果关系、主观过错五方面。”①

法治社会中，每一个主体的行为都必须符合法治要求，否则就必须承担相应的法律责任，公共物品供给主体在供给公共物品过程中的行为也是如此。公共物品供给主体的法律责任可以作如下分类：根据法律责任的性质分为民事法律责任、行政法律责任和刑事法律责任。

民事法律责任，是指自然人或法人因违反法律、违约或者因法律规定的其他事由而依法承担的不利后果。公共物品供给主体承担的民事法律责任主要为补偿性的财产责任，其承担主体是具有民事责任能力的自然人和法人，国家在特定情况下也可作为民事责任主体。无论是国家直接供给公共物品还是国家利用市场间接供给公共物品，甚至自愿合作组织供给的公共物品，因其所供给的公共物品质量、价格等方面对消费者利益造成损害，均应承担补偿责任。

行政法律责任，是指因违反行政法律或因行政法规定的事由而应承担的法定的不利后果。行政法律责任包括行政处分和行政处罚，其责任主体包括行政机关及其工作人员、授权或委托的社会组织及其工作人员和作为行政相对人的自然人或法人等社会组织。公共物品供给主体承担行政法律责任主要指公共物品供给不足及供给结构不符合社会整体利益承担的责任，具体表现为公共物品供给主体应当供给而没有供给、应当供给此类公共物品而供给彼类公共物品，造成公共物品供给数量不足或供给结构不符合社会经济发展要求，对作出决策的政府机关及其工作人员的行政处分以及对政府授权或委托的社会组织的行政处罚。

刑事法律责任，是指因违反刑事法律而应承担的法定的不利后果。公共物品供给主体的刑事责任以供给主体的行为违反刑事法律并构成犯罪为前提，其责任主体不仅包括自然人，也包括法人等社会组织。公共物品供给主体的刑事法律责任主要表现为供给主体贪污、挪用公共物品生产资金或供给的公共物品因质量原因造成重大责任事故等，因而构成犯罪而承担的责任。

根据法律责任产生的行为表现形式分为作为责任和不作为责任。“作为是指以积极、主动作用于客体的形式表现的具有法律意义的行为；不作为是指以消极的、抑制的形式表现的具有法律意义的行为。”② 公共物品供给主体的作为责任就是在供给公共物品过程中，因其供给行为违反法律、法规的规定或合同的约定应承担的法律责任，如政府机关及其工作人员的决策不当、贪污挪用公共物品生产资金、市场生产主体生产的公共物品质量不合格等；公共物品供给主体的不作为责任就是供给主体应当供给公共物品而没有供给公共物品或供给公共物品过程中不履行附随义

① 张文显：《法理学》，北京大学出版社、高等教育出版社 1999 年版，第 124 页。
② 张文显：《法理学》，北京大学出版社、高等教育出版社 1999 年版，第 108 页。

务而承担的法律责任，如应当供给而没有供给公共物品、因供给公共物品产生的环境问题等。

根据责任主体分为国家直接供给公共物品时生产主体的责任、国家利用市场供给公共物品时生产主体的责任以及自愿合作和社会捐赠供给公共物品时供给主体的责任。国家直接供给时生产主体的责任主要表现为政府及其工作人员的行政责任、公共物品质量等原因造成消费者利益损失的国家赔偿责任；国家利用市场供给公共物品时，生产主体承担的责任不仅包括因公共物品质量、价格等对消费者承担民事责任，也包括依授权或委托合同对国家承担的合同责任以及国家对其进行处罚的行政责任；自愿合作和社会捐赠组织供给主体的责任主要表现为合作组织对其成员的民事责任、国家对合作组织及接受捐赠的组织进行处罚的行政责任。当然这三种情况下均可能出现刑事责任。

四、公共物品供给主体的道德责任

所谓“道德责任”，是指公共物品供给主体及其工作人员在攻击公共物品过程中必须承担的道德意义上的责任。道德责任“是社会伦理学的基本理论要求。在社会主义民主政治制度下，作为有自由选择公共行政这一职业权利，并通过法定考试或选举取得相应职业资格或政治资格的公务员，理应对其职务行为向特定的权源（人民）与物源（纳税人）担负相应的道德义务。……即若作为道德责任的要求，突出的是道德的社会功能，发挥社会性的道德评价对公共行政道德行为的纠偏功能；若作为其观念的要求，强调的是道德的心理功能，即通过道德的社会功能转（内）化为心理行为的内在功能，而实现道德观念的内在化”。①

现实社会中众多因素决定公共物品供给主体必须承担道德责任，其供给公共物品行为必须接受道德规范和伦理标准的约束。具体说来：第一，公共物品供给主体行为的伦理性，特别是国家或政府及其工作人员的生活和行为必须符合人民及社会所要求的道德标准和规范，以确保社会秩序的稳定和政治统治的正当性。第二，现代民主社会，公共利益永远占据第一位的假设，要求公共利益优于个人利益和部门利益，这就导致作为公共利益载体的公共物品无法抵挡公共物品供给主体的道德失范行为，一旦失去了道德规范的约束，公共权力往往会变成公共物品供给主体谋取私利的工具。第三，公共物品供给主体作为公众利益的代理人存在机会主义行动，即利用相对被代理人的社会公众而言的信息优势和公共物品供给的垄断性地位来谋取个人利益或部门利益等。第四，一般公共行政主体都要面对“道德困境”，即在面临多元道德目标冲突时，将效率作为其本身唯一的伦理目标，公共利益则退居次要地位甚至被抛弃。因此，道德责任是对公共物品供给主体的不可或缺的约束。

---

① 昂永生：“试论我国公共行政观念”，载《中国行政管理》2000年第9期。

公共物品供给主体道德责任和其他道德责任一样，在内容上也是“他律和自律的统一”。只有他律和自律的统一才能使公共物品供给主体自省、自警、恪守职业道德。与政治责任、法律责任不同的是，道德责任具有一定的自觉性和主动性，表现为公共物品供给主体的行为对其责任的自觉认识和自愿遵守。从政治学的角度来看，公共物品供给主体道德责任的基本内容是“维护和提供交换正义”。

道德责任是与信念联系在一起的，是一种道德的自觉。任何责任都不是一种纯粹的外部性设置，任何责任都只有通过具体的人的信念才能发挥作用，才能得到履行。如果责任不能转化为个人的信念，人就自然而然地尽一切可能来回避这种责任。道德责任，是指公共物品供给主体及其工作人员在攻击公共物品过程中必须承担的道德意义上的责任，其主要依靠公共物品供给主体及其工作人员的伦理自律性和新闻媒体与公众舆论的追究机制来实现。这种机制的实现可以从以下四个方面努力：第一，提高败德成本。研究发现，败德行为也有一个成本与收益问题，其成本是指因不承担道德责任而受到社会舆论谴责以至法律制裁，其收益是指败德者获得的利益和满足。只有当败德成本大于败德收益时，政府及其行政人员才不会实施败德行为，反之则会不断地实施败德行为。这种败德成本是可以内化的，通过外部惩罚制度的安排对败德者实施惩罚，使败德者为其败德行为付出比败德收益高的多的代价，保证败德行为的无利可图。公共物品供给主体及其工作人员因为败德的成本过高而不愿意再违反道德，从而使其供给公共物品行为符合道德要求。第二，加大权力机关追究的力度。权力机关追究在各国表现为权力机关的道德立法，权力机关制定和通过专门力量将对其道德行为进行监督并作出处理。最近，北京市规定副处级以上干部的婚变报告制度就是对领导干部的行为进行道德监督的举措。我们可以借鉴他国经验，在权力机关内部建立专门的道德责任追究机构，对政府及其工作人员的道德行为进行监督，处理群众举报的违反道德行为，利用权力机关的监督作用规制公共物品供给主体及其工作人员的行为，使供给公共物品与人民的利益以及道德观念相符合。第三，加强人民群众的舆论监督。加强舆论监督，将有效地实现道德责任。有事实准确的舆论监督，才能有助于道德责任的合理鉴定，达到监督的目的，使公共物品供给最大限度地符合人民群众的根本利益。第四，制定切实可行的公共物品供给道德规范。目前问责制适用的法规、条例比较多，散见于各种政策文件中。这其中，既有党的纪律条例，也有政府的法规；既有由中央部门出台的，也有不少是由一些地方政府制定的。这些规定在问责的范围、惩处的尺度等方面都不尽相同。将来可以用类似立法的形式，对有关规定加以“整合”，形成一部全国统一的问责规范，从而为实现对公共物品供给道德责任追究的规范化和制度化。第五，加强对公共物品供给主体及其工作人员道德责任意识培养的制度化。政府道德责任的实现是他律与自律的统一，自我追究就是自律机制的外在表现形式，它是道德自律主体通过对自己履行道德责任的情况进行自我评价，认为没有履行好道德责任而主动承担不利的行为后果。这种后果包括自我反省、悔过、道歉，其终极方式是辞职。作为道德责任承担方式的自我追究主要依赖公共物品供给主体的责任意识，所以要实现自我追究就应重视对公共物品供给主体道德责任感的培养，特别对其应具备的道德责任应提出明确的要求，如树立服务的价值观，以谋取公共利益为己任的信念；权责并重意识，关爱弱势群体等。对责任意识的培养应经常化和制度化。加强公共物品供给主体及其工作人员道德行为的制度化，这主要是通过制度化来加强公共物品供给主体对其工作人员道德行为的内部追究。具体措施有二：其一，建立健全工作人员道德的民主评议制度，将道德责任也纳入具体工作人员的考核范围之内，并与个人的奖惩、升降结合起来。其二，以制度的形式加强具体工作人员在工作之外行为的道德监督。

五、三种责任之间的关系

公共物品供给主体责任的三种形式体现了政治制度、法律以及伦理道德对于公共物品供给行为的要求，从公共物品作为公共利益载体的角度说，其目的是力求使供给公共物品行为民主化、法治化和道德化。就具体的责任而言，它们之间有一定的区别，也存在一定的联系。

（一）三种责任之间的区别

第一，法律责任是由法律明文规定的，政治责任和道德责任则不可能完全精确地由法律明文规定。

第二，相对于法律责任而言，政治责任和道德责任具有一定的优先性。一般来说，公共物品供给主体的行为要承担法律责任，肯定会引起政治责任和道德责任，并且首先是社会公众要求供给主体承担道德责任和政治责任，然后才由司法机关追究其法律责任。当然，说政治责任和道德责任的追究处于优先地位，并不代表可以不追究法律责任。

第三，法律责任有其专门的评价机关，即司法机关；道德责任则不必也不能仅以专门机关来评价，道德责任的评价主要由行为人自我评价和社会公众的评价；政治责任则在世界各国主要以议会为其专门评价机关。

第四，法律责任是独立承担的，政治责任和道德责任是可以连带的。政治责任是一种连带责任制度，在行政组织中，领导有权指挥、命令和规范组织中成员的行为；相应地，领导对他们的职务行为也负有政治连带责任，一旦行政组织中出现问题，不管是谁所为，领导都要承担相应的政治责任。[①] 在公共物品供给过程中存在大量的集体决策和实施行为，这也是政治责任和道德责任连带性的原因，但在现代

① 蔡放波：“论政府责任体系的构建”，载《新华文摘》2004年第12期。

法制社会，法律责任由行为人和直接责任人承担，而没有连带性（法律另有规定的除外）。

第五，法律责任和政治责任的追究一般要符合法定程序，道德责任则由舆论与民意引起，自由性较强。

（二）三种责任之间的联系

政治责任和道德责任都呈现出法律化的趋势，并且二者之间有融合的趋势，即一些道德责任会因为公众要求的提高而上升为政治责任。

道德责任可能引起法律责任，但并不是所有的道德责任都能引起法律责任。公共物品供给主体及其工作人员的供给行为不违反现行的法律和规章，但如果其行为明显与社会道德相悖，就应承担相应的道德责任。也就是说公共物品供给主体的行为必须符合社会公众所要求的道德标准和规范。一般说来，法律制度所确立的责任，是作为基准而存在的，是一种最低限度的责任，它只是出于抑制行为人的恶的一面而作出的设置，但对于张扬行为人善的一面来说，却无法发挥作用，甚至使所有的行为人都仅仅满足于履行最低限度的责任，以至于出现整个供给公共物品过程中不再有任何履行积极意义责任的主动性了。因此，对于供给公共物品来说，法律制度规定的责任主要是消极的责任，是被动的责任，而积极的责任则是道德责任，它使公共物品供给主体的工作人员在充分地履行责任的过程中，获得自我价值实现的感受，在没有较好地履行责任的时候，受到道德良知的谴责。道德责任不仅是法律责任的补充，而且是法律责任的提升。如果行为人能够具有充分的道德责任意识，他就能够超越法律制度的一切规定，使他的岗位责任得到最充分的履行，并在这种履行岗位责任的过程中，使法律制度的不充分性得到补充，使法律制度的一切不适时的和不正确的规定得到纠正。

我们知道，法律规范和道德规范构成了社会调整系统的主体部分。并且，“随着人类从传统社会向现代社会的过渡，法律逐渐取代了其他社会控制形式（如道德）在整个社会控制体系中的优越地位而成为主导性社会控制形式”。① 但是，法律秩序来源于道德，以道德为根基形成和生长。法律天然即具有一种道德属性，在其形式的外壳之下，流动着伦理的血液。② 法律规范具有法律的本质属性即反映统治阶级的意志，是以反映当时的经济状况、阶级结构、社会发展要求以及规范承受者的可容忍度为标准的。“社会生活不仅为法律的产生提供了必要性和可能性，还为法律规范的形成提供了生活原型——社会的一般规则。” ③ 亦即法律规范必须以

① 李建华：《法治社会中的伦理秩序》，中国社会科学出版社2004年版，第7页。

② 胡旭晟：“论法律源于道德”，载《法制与社会发展》1997年第4期。

③ 孙笑侠：“论法律规范的社会渊源”，载《法律科学》1995年第2期。

人们所能接受的道德规范为基础，集中体现为人们的利益和愿望。“某些道德规范往往具有丰富的法律意义；法律也体现一定的道德精神”，“道德调整与法律调整在整个社会调整系统中占有十分重要的地位……二者相辅相成、相互促进、协调发展”。①

从积极意义的责任来说，权力制约是三种责任共同的实现的根本条件。权力制约就是使政治责任主体制定政策和推动公共政策实施的政治行为符合社会公众的意愿和要求，使之自觉履行积极意义的政治责任，否则要承担消极意义的政治责任。从道德责任的角度来看，权力制约则是促使政治责任主体不断进行内心反省和约束，使之自觉为社会公众服务并不违背政治社会公德，否则要承受公众舆论的谴责以及社会评价的降低。从法律责任角度来看，权力制约是使行为人主动积极行使自己应当履行的职责，否则就要受到法律的制裁。没有权力制约，公共物品供给主体就可能偏离公共利益和公共意志而不承担任何谴责和制裁，政治责任和道德责任就会沦为空谈。就公共物品供给来说，一方面，可以加强监督权；另一方面，人大应是最主要的权力约束机关，通过人大行使质询权、调查权、罢免权和撤职权，可以促使一些人员为了避免被罢免或撤职而主动提出引咎辞职。

另外，保持并提高政府的公信力是三种责任实现的共同要求。政府公信力就是政府获取公众信赖的能力，是政府根据自身的信用所获得的社会公众的信任度。表现为政府在公权力行使的过程中，依据自身的道德状况所显示出的与公众建立自愿的、稳定的并能在紧急状态下外化为物质力量的信任关系的能力。政府公信力是反映政府政治性公德的最重要的标尺，是政府权威的基本来源，良好的政府公信力对社会具有凝聚作用和激励作用。公共物品是社会公共利益的载体，国家或政府是公共物品供给的最终义务人，如果公共物品供给数量不足、结构不均、质量不高、价格不合理等，阻碍社会经济发展和人们公共福利的提高，而没有机构或人员对其承担责任，也就体现不出政府为社会公众办实事、提高社会公众福利的宗旨，势必影响政府的公信力。

第二节　国家在充分实现公共物品权过程中应承担的责任

一、国家责任缺位的现状及其成因

（一）国家责任缺位是我国公共物品供给现状的主要成因

我国公共物品供给的现状是：公共物品供给短缺；公共物品的质量不断下降而

① 张文显：《法理学》，北京大学出版社、高等教育出版社 1999 年版，第 353～354 页。

价格居高不下；公共部门运转效率低下，资源浪费严重；公共物品供需不匹配，数量机构、种类结构、区域结构不合理。造成这种现状不仅使社会经济发展受到制约，而且也使政府公信力及执政能力受到影响，国家责任缺位是造成这种现状的主要原因之一。

自19世纪至20世纪，最有影响的两个创新是拥有广泛权力和责任的民族国家和文官官僚机构思想的相互强化。这些思想共同产生了共识，即政府有责任为公民谋取福利，而履行这些责任的最有效途径是通过由公务员组成的公共部门组织来直接生产服务。① 但这些年来，我国公共部门权力应当说并没有什么约束，以公益名义要纳税人提供的公共费用，包括以国家财政支付形式体现的公共开支也在不断增长。可是在所谓“抓大放小”的方针下，那些主要为高收入者及上层服务的高档奢侈性公共物品一面成为财政资助的主要享受者，一面又用国有资源在市场上大力“创收”。而作为与社会公众生产、生活密切相关的公共物品、面向社会基层的公共物品，却在所谓“不找市长找市场”、“只给政策不给钱”的口号下陷入困境，乃至被“逼良为娼”。②

公共服务生产失败的一个共同原因是国家的漠不关心。“（基础设施）在发展中国家维护不足有各种原因，但是，只有制度失败才能解释维护不足的广度。失败的核心是公共责任缺乏。所有关于强化制度、提高激励、改进公共机构内部运作的活动都应该以是否增强了其责任能力来判断。”③ 许多分析家和支持者指出，用于服务的资源是不充足的，但资源预算安排是以下政治决策的结果，即关于税收水平和资源动员、各种活动的预算分配、决定谁将受益的方案设计、在各种投入上的支出安排（有多少用于工资和其他事项）等的决策。……况且也没有多少信息可供公民对政府服务的效率作出判断。由于信息就是力量，因而也就常常受到严密封锁——或者首先就决不让信息产生。④ 另外，管理失灵在公共服务生产中很普遍。一线服务人员很少因成功提供服务而受到（直接或间接的）奖励。对服务的质量和数量没有规定，对效果或生产率没有衡量，很少进行奖励或惩罚。提供服务的机构仅仅对投入以及对是否遵守工艺和程序进行监督。虽然如此，有些国家在这样的

---

① 世界银行：《2004年世界发展报告：让服务惠及穷人》，中国财政经济出版社2004年版，第54页。

② 秦晖：“权力太大而责任太小——从‘医改失败’看我国公共服务部门的危机”，载《社会科学研究参考资料》2005年第19期、第20期。

③ 转引自［美］埃莉诺·奥斯特罗姆等：《制度激励与可持续发展》，上海三联书店2000年版，第266页。

④ 世界银行：《2004年世界发展报告：让服务惠及穷人》，中国财政经济出版社2004年版，第56页。

条件下也提供了服务，但这样的服务也是非常有限的，其质量低劣并且成本很高。①

（二）国家责任缺位的成因探究

1. 认识偏差、理论偏差：国家责任缺位的主观动因

传统的公共物品理论认为公共物品不能通过市场调节而只能由政府提供。长期以来，该理论一直左右着各国公共财政的实践，但同时公共物品理论又存在许多不足之处。其一，由于各国公共建设的不断扩大，产生了公共财政支出的膨胀与财政收入相对减少的矛盾；其二，某些公共物品的过度使用产生了“拥挤”现象，导致公共物品使用效率降低，其结果与传统公共物品理论企图通过政府干预公共物品以提高资源使用效率的想法背道而驰。实际上，大部分公共物品的消费是有限度的，由于过度使用，导致了有限的消费容量与无限消费规模之间的冲突，而且，消费者对公共物品的使用一般不会有成本上的考虑，无须对其使用效率负责，更无须为其资本回收、维修和再生产等长期发展问题操心，结果导致资源使用效率的下降。

从我国的实践来看，1949 年以后，由于种种原因，法家传统下权大责小之弊并没有根本改变。因此，统治责任的扩展总是落后于权力的强化。如果说“国权”极度扩张的计划经济时代“国责”的相应发展明显滞后，那么，在向“市场经济”转轨之后，“国责”的退出速度又会远远快于“国权”受限的程度。我国改革的一个著名口号是“放权让利”，可是由于上述弊病，这种“放权让利”的模式下，往往出现放弃责任易、约束权力难的现象。结果是“放权”变成了“弃责”，甚至在后来的权力部门“创收”风中，发展成一面放弃公共服务责任，一面却利用权力设租索贡“与民争利”。“放权让利”就这样蜕变为一种“弃责争利”的模式。于是，许多应当摆脱的体制束缚迟迟不能摆脱，而旧体制下本来水平就不高的公共服务与保障功能，却很快趋于瓦解。加上市场环境中部门权力日益滋长“经济人”心理，本身逐渐成为自我服务的利益集团，在不受制约的条件下，“弃责争利”更是一发不可收拾。我国目前的公共危机就是这样造成的。②

2. 公共利益表达缺失：国家责任缺位的客观原因

众所周知，政府是不能被假定为完全中立的仲裁者或公众福利的无私提供者的，③ 其往往成为代表一定社会群体利益或者有着自身利益需求的一种特殊社会组

---

① 世界银行：《2004 年世界发展报告：让服务惠及穷人》，中国财政经济出版社 2004 年版，第 57 页。

② 秦晖：“权力太大而责任太小——从‘医改失败’看我国公共服务部门的危机”，载《社会科学研究参考资料》2005 年第 19 期、第 20 期。

③ 戴维·赫德著，燕继荣译：《民主的模式》，中央编译出版社 1998 年版，第 316 页。

织，其公共政策的制定和实施也往往是社会不同群体及其所代表的政治或经济力量综合博弈的结果，其中弱势群体由于远离社会权力中心，从而难以真正有效地影响公共政策的制定。

过去我国在改革问题上经常出现“一管就死一放就乱”，因而导致“抓放循环”。根本问题就在于，从基本的政治层面就缺乏一套对公共权力、公共服务部门的授权、问责制度。因此形成的“权责不对应”。……在“抓”的时候往往“集权不集责”，在“放”的时候又常常“放责不放权”。结果便造成：权力部门的公共服务责任越来越弱，“不找市长找市场”成为搪塞公众问责的流行语。而垄断资源自我服务的“部门权力”却越来越大，“市场不找市长找”成为滥用公权阻碍合理竞争的弊病。①

公共领域的核心过程是“公共交往”，而“公共交往”是以“话语”形式进行的。“话语并不具有统治功能。话语产生一种交往权力，并不取代管理权力，只是对其施加影响。影响局限于创造和取缔合法性。交往权力不能取缔公共官僚体系的独特性，而是‘以围攻的方式’对其施加影响。”② 公共服务生产失败的一个共同原因是国家的漠不关心。政府可能出于意识形态的理由而关心某项服务。但如果公众的表达很弱（或者是被分裂或发生冲突），而政府又不受满足公民需要的责任约束，就有出现服务失灵的多种可能性。③

3. 国家责任缺位的制度原因

政府责任缺失的根源之一就是在制度的强制性变迁中出现制度缺陷或制度有效供给不足。首先，一些现有的政府制度安排不完善，甚至不科学。这样的体制弊端，有论者称之为政府权力部门化、部门权力利益化、获利途径审批化、审批方式复杂化。④ 在这种体制下，政府管理的运行必然受到多方多重的掣肘或阻滞，从而使政府权力软化弱化，政府决策和政府行为延宕迟滞或价值偏移，而同时公众监督的虚置也就不可避免。其次，许多必要和重要的制度还没有真正建立起来，如政府绩效评价机制、责任追究机制、权力制约机制以及政府与公众的沟通和互动机制等。最后，制度创新不足。在我国市场化多元化导向的制度变迁进程中，亟须与时俱进的制度创新来实施对政府行为和公共生活的规范调控。由于原有的制度结构在

---

① 秦晖：“权力太大而责任太小——从‘医改失败’看我国公共服务部门的危机”，载《社会科学研究参考资料》2005年第19、20期。

② ［德］哈贝马斯著，曹卫东等译：《公共领域的结构转型》，学林出版社1999年版，“1990年版序言”第28页。

③ 世界银行：《2004年世界发展报告：让服务惠及穷人》，中国财政经济出版社2004年版，第56页。

④ 杜钢建：“‘非典’事件呼唤加快体制改革”，载《中国党政干部论坛》2003年第5期，。

很大程度上丧失了对社会和个体的固有控制，如果制度创新缺失或不足就会导致由于制度缺位所引发的社会制约失衡，并为权力市场化的发展提供了诱因和温床。较长一个时期以来，我国政府相当数量的官员责任缺失，腐败难以遏制，就是这样的明证。因此，正是制度创新不足成为导致政府部门和官员责任性不足和对之责任追究乏力的重要原因之一。①

二、公共物品供给中国家应承担责任的法理分析

1. 从社会主体享有公共物品权的角度分析，国家应对公共物品供给承担责任。在政治学上对“积极权利”（positive rights）的定义是：“个人要求国家加以积极所为的权利，这类权利主要是指各种社会福利权利或各种受益权利，如公民的工作权、受教育权、社会救济权、保健权、休假权、娱乐权等。”② 在法学上讲，积极权利就是一种宪法上的公民生存权利，即国家有义务对人民的基本生存问题进行各种保障。更广泛地说，生存权可以扩展为宪法性的社会权利。所谓社会权利（social rights），又称社会权，它是现代国家的宪法赋予国家以积极的作为义务，通过各种途径实现全体公民在社会、政治和经济方面的实质平等，相对于国家这种作为的义务，就是公民的“社会权”。广义上的社会权是公民在社会、经济与文化等方面的权利，包括公民的劳动、安全、健康、教育等方面的权利。狭义上的社会权就是指社会保障或者社会安全有关的权利，如社会保险权、社会救济权、社会扶助权等。③

随着社会的进步和发展，市民社会与政治国家对立的日益尖锐和市场万能神话的破灭，20 世纪兴起了法团主义、国家干预主义和积极法治的观念。在这种观念下，为保护社会公共利益、社会公平而建立了以社会利益为本位的法律理论，强调社会进步是个人利益的保障，国家责任在于维护社会的发展和促使公民社会权的实现。④ 公共物品权作为社会权的重要方面，故国家责任必然存在于维护和促进公共物品权的实现。

2. 从公共物品供给具体实践分析，国家应对公共物品供给承担责任。瑞典经济学家林达尔（Erik Lindahl）在“公平的赋税”一文中，根据维克赛尔的自愿交易学说，认为公共物品的生产同私人物品的生产一样，都是社会成员通过交易各自获益的行动的结果。人们通过公共物品的消费获得满足，人们缴纳的税款则是为公

① 黄健荣、梁莹：“建构问责制政府：我国政府创新必由之路”，载《社会科学》2004 年第 9 期。

② 俞可平：《社群主义》，科学出版社 1998 年版，第 82～83 页。

③ 郑贤君：“论宪法社会基本权的分类与构成”，载《法律科学》2004 年第 2 期。

④ 潘荣伟：“论公民社会权”，载《法学》2003 年第 4 期。

共物品的生产支付的成本价格。① 即使是亚当·斯密这样的重商主义者和自由竞争的倡导者，也指出，国家的义务首先在于保护本国社会的安全，使之不受其他独立社会的暴行与侵略；其次应该保护人民，不使社会中任何人受其他人的欺辱或压迫；最后应该建立并维护某些公共机关和公共工程。② 公共物品供给中的政府责任来源于公共物品对社会、经济和社会主体福利的积极作用。由于市场机制的内在缺陷不可避免，所带来的公共物品供给“失灵”，不仅因为有效供给不足而对经济造成损害，同时也影响到社会主体的公共福利和导致政府合法性危机。国家供给公共物品的责任来源于社会主体对政府作用的需求。从公共物品供给的运作机制来说，就是政府通过税（费）等各种手段聚集全社会的力量来实现社会主体的公共物品权。

现代国家社会化职能要求国家承担起供给公共物品之责。随着社会国家、福利国家和服务国家观念的确立，当代国家的秩序行政比重日渐下降，政府职能社会化已成为当代政府职能发展的一个显著趋势，这种从单一权力行政向公共服务行政的转变决定了提供基本的公共产品和有效的公共服务，是当今政府的职责所在，而稳定健全的社会秩序和一套合理的制度框架无疑是最为核心的公共物品。

3. 从宏观产业政策分析，国家应对公共物品供给承担责任。政府在衡平经济发展与公共物品供给的过程中，常常自觉不自觉地偏重于经济优先政策，实施以国民收入的最大化发展为至上目标的政策。从国家干预理论可以看出，国家职能的主要内容之一就是进行宏观经济调控。鉴于公共物品在社会经济发展和社会福利方面的作用，国家一方面可以通过对公共物品供给的数量、结构等进行影响，从而刺激或抑制某种产业、区域的发展，实现宏观经济政策；另一方面可以通过调整公共物品的价格，影响社会物价整体水平，起到稳定物价、平衡收入和抑制通货膨胀的作用。所以，从国家宏观调控职能来看，国家应当承担供给公共物品的责任，而如果由其他主体生产公共物品，也不能取代国家宏观调控的作用，由此说明国家是公共物品供给的最终义务人。

4. 从政府实施土地等自然资源有偿使用制度分析，国家应对公共物品供给承担责任。土地是最重要的自然生成资本，也是政府所掌握的最重要的战略资源。1987 年，深圳市率先实行了国有土地使用权的公开拍卖，在全国首先征收土地使用费，使得土地有偿使用改革在全国全面展开。1996 年上海在国内率先建立土地收购储备机构，实现了政府垄断土地一级市场，开创了在收购土地的基础上对土地

---

① 方福前：《公共选择理论——政治的经济学》，中国人民大学出版社 2000 年版，第 8 页。

② ［英］亚当·斯密：《国民财富的性质和原因的研究》（下），商务印书馆 1974 年版，第 254 ~ 284 页。

进行升值拍卖、综合开发利用的先河。既然最重要的自然生成资本为国家所控制，其收益归国家所有，故作为公共物品重要组成部分的基础设施就应当由国家负责供给。

三、国家在充分实现公共物品权过程中应承担的责任

公共物品权是体现发展权的一种社会权利，而发展权的国家责任包括以下四个方面：一是尊重，即政府负有不得对经济、社会、文化和政治发展权利进行干涉的义务。国家必须尊重个人拥有资源、机会及采取一定行动单独或联合地利用必要资源与机会的自由，以满足权利主体的发展需要。显然，国家是义务主体，而公民或地区是权利主体，在此所强调的是权利的“不可剥夺”的排他性。二是保护，即要求政府防止第三方侵犯权利主体的发展权。国家有责任运用强制性干预利益调整方式，以保护参与发展行为自由和排他性地使用各自资源的自由。“国家的这种保护性职能，对于经济、社会和文化权利来说，也是国家义务中最为重要的一个方面。”① 三是促成，即政府负有责任采取措施，以创造条件使每个人都能自由地实施发展行动来满足自身的发展需要。四是提供，即在主体缺乏自主发展力量或丧失自主发展的最低内外条件时，国家应承担直接为其提供发展资源、赋予其自主发展的资格或能力的责任。“促成”与“提供”又合称为“实现”的责任，均要求政府采取适当的立法、司法和政策措施以保障发展权的实现。

国家在公共物品供给中应承担的责任也主要是以下几方面：

（一）国家为公共物品供给和公共物品权实现提供法律保障

第一，制定公共物品基本法。在当代社会，任何制度均只有通过法律调整才能摆脱偶然性和任意性的羁绊，公共物品供给尤其如此，其不仅事关亿万国民的切身利益，且也牵涉到政府和其他生产主体的责任以及社会和区域发展的长久动力，若无立法的规范和约束，便不可能使公共物品得到有效的提供、生产、维护或管理、利用。既然法律所调整的社会关系主要是稳定的、成型的社会关系，而公共物品生产、维护或管理、消费或使用的关系是与社会发展和社会公众发展密不可分的、无可替代的社会关系，就必须用法律来规范和调整。制定一部公共物品基本法，来规范和控制公共物品的设置、管理与利用行为，从而使公共物品最大限度地发挥其保障社会公众行使公共物品权和促进社会经济发展的作用，已成为当务之急。

第二，完善公共物品纠纷诉讼制度。起诉资格又称起诉权，指个人或团体所享有的在法庭对他人、尤其对政府的行为提出控告的法律权利。在日本，有资格提起

① ［挪威］A. 埃德：《人权对社会和经济发展的要求》，载《“经济、社会和文化权利公约”研究》，中国法制出版社 2000 年版，第 15 页。

行政诉讼的，必须是“依据法律受到保护的利益”的人。① 在美国，为制约私人因公益妨害和私益妨害的划分而无权对公益妨害进行起诉，导致公益妨害可以继续存在的不合理现象，某些州如密执安州通过法律明文确认了个人代表公众提起旨在禁止或取缔公益妨害的诉讼资格。因此，我国有必要在法律上明确规定，如公共物品供给的具体行政行为有害于公共利益，公民、法人或其他组织都有资格对具体行政行为提起行政诉讼。同时，国家为了更好地监督国家工作人员履行公共物品供给职责，承担公共物品供给的责任，应摒弃“国家无责任”的传统思想，明文规定公共产品供给行政诉讼的对象不仅包括对行政处罚决定或处理决定不服，而且包括国家机关及其工作人员所有与公共物品管理有关的事项。

第三，建立公共物品供给的行政补偿制度。由于公共物品侵权涉及范围广泛，其受害人往往为相当地区范围内不特定的多数人，如果人数众多的受害者的损害赔偿无法得以实现，就可能导致社会矛盾激化，引起社会动荡。因此，我国有必要建立公共物品行政补偿制度：一方面，对公共设施、公共工程所造成的损害明文规定给予补偿；另一方面，通过土地出让金的比例成立补偿基金，用此基金向受害者先行给予适当补偿，而后再向加害人追偿。这样，既可以使受害人的损害赔偿不至于落空，保护了受害人的利益，又有利于社会稳定和地方经济的发展。

第四，确立相应制度扶持供给公共物品的民间组织和充分保障社会公众对公共物品供给的知情权、参与权等。

（二）国家作为替代供给主体的责任

国家应当是公共物品的最终义务人，也就是说，所有公共物品国家均有权直接供给，但由于国家财力的限制和有些情况国家直接供给的低效率，国家可以将部分公共物品（主要是准公共物品）通过各种方式让市场主体来生产、维护和经营。但是市场主体是营利性的“理性经济人”，所以，在很多情况下，它们生产、维护和经营的公共物品，可能出现数量不足、质量不合要求等。这时，政府不仅存在对市场主体提供公共物品行为进行监督、管理，更重要的是要有符合社会需求的公共物品，在责成市场主体提供公共物品不可能的情况下，政府有义务代替市场主体供给公共物品。所以，有学者认为，民营化的反对者往往是这样一些人，他们忽视服务提供和服务生产之间的区别，进而错误地认为，如果政府放弃了服务生产者的功能，它自然放弃了服务提供者的角色。……其实，即使实施民营化，政府仍然保留服务提供者的责任并为此支付成本，只不过不再直接从事生产。② 在实践中，国外

---

① ［日］原田尚彦著，于敏译：《环境法》，法律出版社1999年版，第183页。

② ［美］E.S. 萨瓦斯著，周志忍等译：《民营化与公私部门的伙伴关系》，中国人民大学出版社2002年版，第69页。

也存在类似的制度，如1980年纽约市通过了一项法律，市政府将不再因路坑或人行道损毁所引起的伤害受到起诉——除非这些路坑的存在事先通报给市政当局。[①]这就说明，如果路坑或人行道损毁事先报告给市政当局，而市政当局没有采取措施改变这种状况因而受到伤害，政府仍然会因此而被起诉；相反，如果路坑或人行道损毁事先没有报告给市政当局，因此所引起的伤害，政府就可以不被起诉。这就说明政府是公共产品的最终义务人，一方面，可能因事先报告市政当局了，市政当局责成市场生产主体采取补救措施或自行采取补救措施，可以避免损害发生；另一方面，没有采取补救措施而致人损害的，在事先报告市政当局时，市场生产主体是责任人，而在事先没有报告时，政府就成为责任人。纽约州州长马里奥·科莫对《纽约时报》的记者说："提供服务并非政府的义务，政府的义务是保证服务提供得以实现。"[②] 在我国也出现过类似的案例，如中央电视台《今日说法》曾报道过一个案例：2004年7月，在福建省南平市的一条马路上，一天夜里，受害人酒后驾驶摩托车回家，第二天凌晨她被发现死在市政工程施工的一个大沙堆旁。交警在勘查现场后认定，死者酒后驾车负事故主要责任，而市政方面违规在公路上堆放沙子应负次要责任。这起案件起诉至南平区法院，市政方面被判赔偿死者家属4万余元。该案点评学者说得也很明确：行政机关必须举证是不是它堆放的沙子，另外还应该证明它提供的路面是完全平坦的，对行人和机动车驾驶人不构成任何威胁。即便不是它堆放的，它也负有进行清扫和维护路面的义务。作为政府，它要为社会提供有效的高质量的公共服务产品。过去我们更多地谈到政府对社会的管理，实际上在现代社会里，我们更多地强调政府提供公共服务的一种义务。

（三）国家保证间接供给的有效性及保护社会公众公共物品权的责任

从与其他制度安排的互动角度分析，政府在公共物品供给中的责任主要集中在以下几个方面：[③]

首先，政府要为公共物品的其他供给模式提供制度激励，这包括对公共物品产权的界定以及给予某些激励措施等，从而为其他供给模式提供公共物品创造良好的制度环境。而且，由于某些公共物品具有高成本、非营利性等特点，政府可对公共物品的其他供给模式给予补贴或其他优惠性政策。

其次，其他供给模式提供公共物品可能会出现某些负外部性问题，对此政府要

---

① ［美］E. S. 萨瓦斯著，周志忍等译：《民营化与公私部门的伙伴关系》，中国人民大学出版社2002年版，第87页。

② ［美］戴维·奥斯本、特德·盖布勒：《改革政府：企业精神如何改革着公营部门》，上海译文出版社1996年版，第6~7页。

③ 席恒："公共物品供给机制研究"，中国博士学位论文全文数据库。

进行必要的规制。具体来说，正如政府提供公共物品会产生垄断等负外部性一样，其他供给模式提供公共物品也可能会产生垄断等负外部性问题。其他供给模式取得某一公共物品的产权后，可形成某些垄断优势。其他供给模式凭借这种优势，可能会提高公共物品消费的价格；还有可能不对消费者提供完全信息，从而欺骗消费者；再者此公共物品在使用过程中还可能产生环境污染等负外部性。另外，公共物品的其他供给模式，由于理性“经济人”的特点，由于制度约束的缺失，可能会作出某些有违公共利益的行为。而且，像政府提供公共物品会出现“政府失灵”一样，其他供给模式提供公共物品同样会存在低效率等情况。针对上述问题，政府有责任对公共物品的其他供给模式进行必要的规制，以切实保护消费者的权益。

最后，在其他供给模式提供公共物品的过程中，政府有必要给予公共物品的消费者某种支持。因为公共物品的消费者一般是分散的，而且同样由于“理性经济人”的原因，消费者容易陷入集体行动的困境，不太可能形成强有力的集体行动同公共物品的私人供给者讨价还价。这种情况下，政府有必要为消费者提供信息以及其他必要的支持。如组织消费者成立关于该种公共物品的协会等，以采取有效的集体行动，加大同私人供给者博弈的筹码，促使私人所提供的公共物品符合社会公共利益。

本章小结

为保障社会公众公共物品权的实现，公共物品供给主体应承担相应的责任，具体而言，有政治责任、法律责任和道德责任。由于公共物品的特性，国家负有供给公共物品的最终义务，政府允许其他供给模式提供某些公共物品，绝不意味着政府在此方面责任的让渡。因为无论是纯公共物品，还是准公共物品，其目的都是为了满足公共需求，实现某种公共利益，因而具有公益性质和某种普世取向。因此，出于公益的目的，政府对其他公共物品供给模式的干预行为是非常必要的，同时又是最终义务人，最大限度地实现公共物品权是其最终目的。

结　语：促进公共物品的有效供给，充分实现公共物品权

现代社会属于管理型社会治理模式，存在公共领域与私人领域、公共利益与私人利益的分化与对立。公与私的划分表现在公共利益与私人利益的划分上，这种分立对照人们消费的社会物品来说，就是公共物品与私人物品的划分。

由发展私人产品的阶段进入发展公共物品阶段，再到更高层次的私人产品发展阶段，是各国经济发展的普遍规律，也是社会及其成员发展的客观需求。然而我国公共物品供给方面存在诸多问题，消费公共物品没有作为权利对待，在公共物品供给制度方面的问题表现为制度不完善和非正式制度作用大。我国公共物品的供给不足和供需不匹配现象已成为大多数地区发展的经济“瓶颈”，利用公共物品的垄断地位损害社会公众利益行为大量存在。

人们消费社会所提供的物品，在法律上必然存在消费该物品的权利，否则就无权消费，或者说，就可能存在权利或权力阻止人们消费这种物品。人们在消费私人物品具有私人物品权，即民法上的物权。那么，人们在消费公共物品时也必然存在某种权利，在此，我们将这种消费公共物品的权利称之为公共物品权。公共物品权就是指公民、法人及其他组织依法享有的使用或消费公共物品的权利。

任何权利的提出要体现权利配置的正当性，而且要有相应的理论支撑。公共物品权形成的外部条件是公共物品消费的不均衡、不平等，而从其主体来说，公共物品的消费者可以说是广义上的消费者（狭义上的消费者仅指《消费者权益保护法》界定的消费者），具备提出权利的主体能力，所以法律应当配置公共物品消费者的公共物品权。从其学理基础来看，我们可以在天赋人权理论、社会契约理论、自然法学说和社会连带思想等理论殿堂中找到理论依据。

科学合理的公共物品供给模式是为了最大限度地实现公共物品权。由于公共物品的特征导致的“搭便车”和外部性问题以及私人供给公共物品造成的资源配置缺乏效率，而国家职能就是实现公共利益，且国家权力能够实现公共物品供给的公平和避免私人供给公共物品造成的资源配置弊端，故国家是应然的公共物品供给主

体。当然，国家作为公共物品供给主体并不否认其多元化的生产方式存在，相应地，公共物品生产主体多元化也不能否认国家作为供给主体的唯一性，多元化的生产模式是为最大限度地满足公共物品权的客观需求。国家利用市场供给公共物品模式是利用市场机制改变某些领域国家直接供给出现的低效率，而自愿合作和社会捐赠供给模式是弥补国家供给的空白和不足。为实现公共物品的有效供给和保障公共物品权的最大限度实现，就是如何用法律规制的手段实现不同供给模式的有机结合。

社会公众对公共物品需求的增长和地方政府官员的政治需求是公共物品非正式制度供给公共物品的主观动因，正式制度变迁不足是其外部环境。公共物品非正式制度供给虽然能增加公共物品供给的数量，从某种程度上也促进了公共物品权的实现，但是也产生了许多弊端，主要表现为造成公共物品结构不合理、成本分摊不均，甚至出现大量违法行为。所以，有效实现公共物品权，对公共物品非正式制度供给的法律规制就不仅要促进符合市场经济和发展要求的非正式制度变迁，更主要的是加快正式制度的变迁，完善公共物品供给的正式制度。

为保障社会公众公共物品权的实现，公共物品供给主体应承担相应的责任，具体而言，有政治责任、法律责任和道德责任。由于公共物品的特性，国家负有供给公共物品的最终义务，政府允许其他供给模式提供某些公共物品，绝不意味着政府在此方面责任的让渡。因为促进公共物品的有效供给，最大限度地实现公共物品权是其最终目的，因此，出于公益的目的，政府对其他公共物品供给模式的干预行为是非常必要的。

公共物品供给法律规制研究的目的在于理论的完善和制度的完善，其最终目的是为了促进公共物品的有效供给，充分实现公共物品权。由于任何物品在法律上均有一种产权归属，即使是产权不明的物品，法律也作出一种制度安排，要么归属于国家或集体，要么依先占原则归属于个体。从我国公共物品的类型来看，公共物品的产权分为三种：全国性的公共产权、地方性的公共产权和俱乐部的社团产权，故公共物品的产权主体有国家、地方政府和集体组织、社团组织三类。同时，要满足公共物权品权的实现，存在公共物品是其前提，所以，有效供给公共物品就是要发挥不同的供给模式的优势，设定不同供给和生产主体的义务和责任。

主要参考文献

一、著作

1. 曹刚：《法律的道德批判》，江西人民出版社 2001 年版。
2. 曹士兵：《反垄断研究》，法律出版社 1996 年版。
3. 车江洪：《改革公共部门》，华东师范大学出版社 2001 年版。
4. 陈建：《政府与市场：美、英、德、日市场经济模式研究》，经济管理出版社 1995 年版。
5. 陈晓春：《市场经济与非营利组织研究》，湖南人民出版社 2000 年版。
6. 陈新民：《德国公法学基础理论》（上册），山东人民出版社 2001 年版。
7. 陈秀山：《现代竞争理论与竞争政策》，商务印书馆 1997 年版。
8. 陈振明：《竞争型政府》，中国人民大学出版社 2006 年版。
9. 成思危：《政府如何管理企业》，民主与建设出版社 1998 年版。
10. 方福前：《公共选择理论》，中国人民大学出版社 2000 年版。
11. 方江山：《非制度政治参与》，人民出版社 2000 年版。
12. 葛洪义：《法理学》，中国政法大学出版社 1999 年版。
13. 顾培东：《法学与经济学的探索》，中国人民公安大学出版社 1994 年版。
14. 郭道晖：《法的时代精神》，湖南出版社 1997 年版。
15. 胡鞍钢：《中国战略构想》，浙江人民出版社 2002 年版。
16. 胡家勇：《政府干预理论研究》，东北财经大学出版社 1996 年版。
17. 姜明安：《行政法与行政诉讼法》，北京大学出版社 1999 年版。
18. 蒋晓伟：《法理学》，同济大学出版社 1999 年版。
19. 康晓光：《权力的转移——转型时期中国权力格局的变迁》，浙江人民出版社 1999 年版。
20. 孔祥俊：《反垄断法原理》，中国法制出版社 2001 年版。
21. 李昌麒：《经济法学》，中国政法大学出版社 1994 年版。
22. 李建华：《法治社会中的伦理秩序》，中国社会科学出版社 2004 年版。

23. 李有星：《公司规范运作法律研究》，浙江大学出版社2001年版。
24. 李珍刚：《当代中国政府与非营利组织互动关系研究》，中国社会科学出版社2004年版。
25. 梁慧星：《中国物权法研究》（上、下），法律出版社1998年版。
26. 梁小民：《经济学大辞典》，团结出版社1994年版。
27. 刘连煜：《公司治理与公司社会责任》，中国政法大学出版社2001年版。
28. 刘伟、梁钧平：《冲突与和谐的集合——经济与伦理》，北京教育出版社1999年版。
29. 刘心稳：《中国民法学研究述评》，中国政法大学出版社1996年版。
30. 刘云龙：《民主机制与民主财政——政府间财政分工及其分工方式》，中国城市出版社2001年版。
31. 柳卸林：《技术创新经济学》，中国经济出版社1993年版。
32. 卢代富：《企业社会责任的经济学与法学分析》，法律出版社2002年版。
33. 陆道生等：《非营利组织企业化运作的理论与实践》，上海人民出版社2004年版。
34. 吕忠梅、刘大洪：《经济法的法学和法经济学分析》，中国检察出版社1998年版。
35. 毛寿龙、李梅：《有限政府的经济分析》，上海三联书店2000年版。
36. 潘伟杰：《制度、制度变迁与政府规制研究》，上海三联书店2005年版。
37. 潘小娟、张辰龙：《当代西方政治学新词典》，吉林人民出版社2001年版。
38. 彭万林：《民法学》（修订本），中国政法大学出版社1999年版。
39. 漆多俊：《经济法基础理论》，武汉大学出版社2000年版。
40. 钱津：《特殊法人：公营企业研究》，社会科学文献出版社2000年版。
41. 秦晖：《政府与企业以外的现代化》，浙江人民出版社1999年版。
42. 仇保兴、王俊豪：《中国市政公用事业监管体制研究》，中国社会科学出版社2006年版。
43. 沈玉平等：《公共选择理论与地方公共财政制度创新》，中国财政经济出版社2004年版。
44. 沈宗灵：《法理学》，北京大学出版社1999年版。
45. 史际春、邓峰：《经济法总论》，法律出版社1998年版。
46. 史尚宽：《物权法论》，中国政法大学出版社2000年版。
47. 宋功德：《论经济行政法的制度结构》，北京大学出版社2003年版。
48. 宋立、刘树杰：《各级政府公共服务事权财权配置》，中国计划出版社2005年版。
49. 宋世明：《西方国家行政改革述评》，国家行政学院出版社1998年版。

50. 苏长和：《全球公共问题与国际合作：一种制度分析》，上海人民出版社 2000 年版。
51. 孙国华：《中华法学大辞典·法理学卷》，中国检察出版社 1997 年版。
52. 孙虹：《竞争法学》，中国政法大学出版社 2001 年版。
53. 孙同鹏：《经济立法问题研究》，中国人民大学出版社 2004 年版。
54. 孙宪忠：《德国当代物权法》，法律出版社 1997 年版。
55. 孙笑侠：《法的现象与观念》，山东人民出版社 2001 年版。
56. 孙笑侠：《法理学》，中国政法大学出版社 1996 年版。
57. 汤维建：《美国民事司法制度与民事诉讼程序》，中国法制出版社 2001 年版。
58. 陶广峰：《法理学》，兰州大学出版社 1998 年版。
59. 陶广峰：《比较侵权行为法》，兰州大学出版社 1999 年版。
60. 陶广峰：《文明的脚步：丝绸之路繁荣与法律文化研究》，兰州大学出版社 2000 年版。
61. 陶广峰：《经济法原理》，中国政法大学出版社 2005 年版。
62. 陶广峰：《金融创新与制度创新》，中国政法大学出版社 2006 年版。
63. 陶广峰：《经济全球化与中国经济法》，中国检察出版社 2006 年版。
64. 陶广峰：《经济法学》，中国检察出版社 2007 年版。
65. 陶广峰：《金融法》，中国人民大学出版社 2009 年版。
66. 田凯：《非协调约束与组织运作——中国慈善组织与政府关系的个案研究》，商务印书馆 2004 年版。
67. 汪习根：《法治社会的基本人权——发展权法律制度研究》，中国人民公安大学出版社 2002 年版。
68. 王传纶、高培勇：《当代西方财政经济理论》（上、下），商务印书馆 1995 年版。
69. 王成栋：《政府责任论》，中国政法大学出版社 1999 年版。
70. 王果纯：《现代法理学》，湖南人民出版社 1995 年版。
71. 王建芹：《第三种力量》，中国政法大学出版社 2003 年版。
72. 王俊豪、周小梅：《中国自然垄断产业民营化改革与政府管制政策》，经济管理出版社 2004 年版。
73. 王俊豪：《中国政府管制体制改革研究》，经济科学出版社 1999 年版。
74. 王利明：《物权法研究》，中国人民大学出版社 2002 年版。
75. 王梦奎：《改革攻坚 30 题：完善社会主义市场经济体制探索》，中国发展出版社 2003 年版。
76. 王名等：《中国社团改革——从政府选择到社会选择》，社会科学文献出版社 2001 年版。

77. 王名扬：《法国行政法》，中国法制出版社 1988 年版。
78. 王绍光：《多元与统一——第三部门国际比较研究》，浙江人民出版社 1999 年版。
79. 王仕元：《市场经济大辞典》，中国国际广播出版社 1994 年版。
80. 王泽鉴：《民法物权（1）通则·所有权》，中国政法大学出版社 2001 年版。
81. 文海兴、王艳林：《公平竞争法研究》，贵州人民出版社 1995 年版。
82. 文军、王世军：《非营利组织与中国社会发展》，贵州人民出版社 2004 年版。
83. 温世扬、廖焕国：《物权法通论》，人民法院出版社 2005 年版。
84. 吴大英、沈蕴芳：《西方国家政府制度比较研究》，社会科学文献出版社 1996 年版。
85. 吴东民、董西民：《非营利组织管理》，中国人民大学出版社 2003 年版。
86. 席恒：《公与私：公共事业运行机制研究》，商务印书馆 2003 年版。
87. 谢在全：《民法物权论》（上），中国政法大学出版社 1999 年版。
88. 徐显明：《公民权利义务通论》，群众出版社 1991 年版。
89. 许正中：《财政分权：理论基础与实践》，社会科学文献出版社 2002 年版。
90. 杨成铭：《人权法学》，中国方正出版社 2004 年版。
91. 杨汉平：《政府采购法律制度理论与实务》，西苑出版社 2002 年版。
92. 杨立新：《共有权研究》，高等教育出版社 2003 年版。
93. 杨培雷：《当代西方经济学流派》，上海财经大学出版社 2003 年版。
94. 杨紫烜：《经济法》，北京大学出版社、高等教育出版社 1999 年版。
95. 尹树生：《合作经济概论》，台湾地区三民书局 1980 年版。
96. 尹飞：《物权法·用益物权》，中国法制出版社 2005 年版。
97. 俞可平：《社群主义》，科学出版社 1998 年版。
98. 张军：《特权与优惠的经济分析》，立信会计出版社 1995 年版。
99. 张千帆：《宪政、法治与经济发展》，北京大学出版社 2003 年版。
100. 张曙光：《张曙光经济学书评集》，四川人民出版社 1999 年版。
101. 张文等：《刑事责任要义》，北京大学出版社 1997 年版。
102. 张文显：《法理学》，北京大学出版社、高等教育出版社 1999 年版。
103. 张文显：《法理学》，法律出版社 1997 年版。
104. 张文显：《法理学》，高等教育出版社、北京大学出版社 2002 年版。
105. 张文显：《法哲学范畴研究》，中国政法大学出版社 2001 年版。
106. 张文显：《二十世纪西方法哲学思潮研究》，法律出版社 1996 年版。
107. 张贤明：《论政治责任——民主理论的一个视角》，吉林大学出版社 2000 年版。
108. 张雪楳：《产业结构法研究》，中国人民大学出版社 2005 年版。

109. 赵秉志：《刑法学通论》，高等教育出版社 1993 年版。
110. 赵震江：《法律社会学》，北京大学出版社 1998 年版。
111. 郑国安：《非营利组织与中国事业单位体制改革》，机械工业出版社 2002 年版。
112. 郑鹏程：《行政垄断的法律控制研究》，北京大学出版社 2002 年版。
113. 周枏：《罗马法原论》，商务印书馆 1994 年版。
114. 朱晓鹏：《走向发展之路——合作社会主义研究》，当代中国出版社 2003 年版。
115. 卓泽渊：《法的价值论》，法律出版社 1999 年版。
116. 邹永贤：《现代西方国家学说》，福建人民出版社 1993 年版。
117. 《中国统计年鉴（2005）》，中国统计出版社 2005 年版。

二、论文

1. 雷晓康："公共物品提供模式的理论分析"，中国博士学位论文全文数据库。
2. 席恒："公共物品供给机制研究"，中国博士学位论文全文数据库。
3. 昂永生："试论我国公共行政观念"，载《中国行政管理》2000 年第 9 期。
4. 蔡放波："伦政府责任体系的构建"，载《新华文摘》2004 年第 12 期。
5. 蔡龙、陆一、袁汝年："城市建设举债适度规模研究"，载《城市研究》2000 年第 1 期。
6. 曹博："公用企业竞争与管制立法问题探讨"，载《法学》2002 年第 6 期。
7. 陈剑波："制度变迁与非正规制度"，载《经济研究》2001 年第 1 期。
8. 陈俐锦、蒲松林："关于建立公共财政框架的思考"，载《特区经济》2004 年第 10 期。
9. 陈凌、熊艳艳："从政府到市场：国外国有企业民营化文献综述"，载《经济社会体制比较》2004 年第 3 期。
10. 陈明森："市场进入不足与政府扶持政策选择"，载《东南学术》2002 年第 3 期。
11. 陈小安、陈玉闻："试论我国准公共产品的竞争性供给改革"，载《温州师范学院学报（哲学社会科学版）》2004 年第 3 期。
12. 程信和："公法、私法与经济法"，载《中外法学》1997 年第 1 期。
13. 褚东惠："我国公用事业民营化改革制度构想"，载《城市管理与科技》2006 年第 1 期。
14. 单飞跃、危薇："公共产品定价行为中的消费者权益透视——从春运铁路涨价谈起"，载《南京大学法律评论》2002 年春季号。
15. 邓保同："论行政垄断"，载《法学评论》1998 年第 4 期。
16. 丁煌、定明捷："西方国家民营化改革及其对我国的启示"，载《国际技术经济研究》2003 年第 3 期。
17. 杜钢建："'非典'事件呼唤加快体制改革"，载《中国党政干部论坛》2003 年第 5 期。
18. 多吉才让："积极推进社会福祉社会化进程，加快发展社会福祉事业"，载《中国社会报》2000 年 4 月 13 日。
19. 樊纲："作为公共机构的政府职能"，载贺卫方等：《市场逻辑与国家观念》，上海三联书店 1995 年版。
20. 樊继达、徐必久："政府职能转变：构建公共财政体制的必由之路"，载《现代经济探讨》2005 年第 4 期。
21. 樊启荣："社会保障立法观念的演进及其取向"，载《贵州警官职业学院学报》2004 年第 3 期。
22. 方家平："当前我国利用外资中存在的问题与对策"，载《鄂州大学学报》2001 年第 3 期。
23. 葛洪义、陈年冰："法的普遍性、确定性、合理性辨析"，载《法学研究》1997 年第 5 期。
24. 管爱国、刘惠译："合作社定义、价值和原则"，载《中国供销合作经济》1995 年第 12 期。
25. 郭道晖："论社会权力与法治社会"，载《中外法学》2002 年第 2 期。
26. 郭国庆："国外非营利组织的性质、分类与作用"，载成思危主编：《中国事业单位改革——模式选择与分类改革》，民主与建设出版社 2000 年版。
27. 郭红："市场经济下的公共财政定位分析"，载《沿海经贸》2003 年第 11 期。
28. 韩艾军："公共产品理论与市场化改革"，载《陕西师范大学学报（哲学社会科学版）》2003 年第 5 期。
29. 胡鞍钢："发挥政府在社会发展中的作用"，载胡鞍钢、王绍光：《政府与市场》，中国计划出版社 2000 年版。
30. 湖北省政府采购课题组："论政府采购制度的经济社会功能"，载《湖北财税（理论版）》2003 年第 12 期。
31. 胡旭晟："论法律源于道德"，载《法制与社会发展》1997 年第 4 期。
32. 黄健荣、梁莹："建构问责制政府：我国政府创新必由之路"，载《社会科学》2004 年第 9 期。
33. 黄黎若莲："'福利国'、'福利多元主义'和'福利市场化'探索与反思"，载《社会保障制度》2001 年第 1 期。
34. 黄渭梁："社会服务论"，载《上海大学学报》1991 年第 2 期。
35. 贾康、白景明："县乡财政解困与财政体制创新"，载《经济研究》2002 年第 2 期。

36. 江合宁："论经济法与行政法的区别"，载《现代法学》2000 年第 2 期。
37. 江群华："格式合同的法律规范之不足及对策"，载《湖南省政法管理干部学院学报》2002 年第 6 期。
38. 金红磊、王守宽："公共物品提供主体的多元化——兼谈政府职能的让渡与拓展"，载《浙江工商大学学报》2005 年第 6 期。
39. 金香兰、金花："试论当前我国政府采购所面临的问题及其监督机制的完善"，载《延边大学学报（社会科学版）》2003 年第 1 期。
40. 雷晓康、贾明德："公共物品公共性的变化及其有效提供"，载《长安大学学报（社会科学版）》2003 年第 2 期。
41. 雷晓康："公共物品私人提供的理论分析"，载《西安电子科技大学学报（社会科学版）》2003 年第 1 期。
42. 李军鹏："政府公共供给指标体系研究"，载《行政论坛》2003 年第 9 期。
43. 李军鹏："中国政府公共产品供给的国际比较研究"，载《中国行政管理》2003 年第 6 期。
44. 李俊彪："治道变革——公共利益实现机制的根本转变"，载《改革开放论坛》2000 年第 8 期。
45. 李世众："'公'与'私'的悖论——中国人'自私'行为的历史溯源"，载《学海》2003 年第 3 期。
46. 李颂银："从法律责任角度重新认识法学基础理论问题八议"，载《现代法学》1999 年第 5 期。
47. 林毅夫："诱致性变迁与强制性变迁"，载科斯等：《财产权利语制度变迁》，上海三联书店 1994 年版。
48. 刘彩丽："浅析政府职能与公共产品的关系"，载《科技情报开发与经济》2003 年第 11 期。
49. 刘大洪："我国反垄断立法问题研究"，载《中国法学》1998 年第 2 期。
50. 刘庆生、王欣荣："公共产品与公共财政——对我国财政体制的再认识"，载《佳木斯大学社会科学学报》1998 年第 2 期。
51. 刘瑞："关于我国公共部门效能的几点认识"，载《北京行政学院学报》2004 年第 4 期。
52. 刘宛晨、李芳："非正式制度对我国正式制度效率弱化机理分析"，载《湖南财经高等专科学校学报》2005 年第 2 期。
53. 刘亚平："试论我国公司的能力与责任"，载《政法论坛》1987 年第 3 期。
54. 刘作翔、龚向和："法律责任的概念分析"，载《法学》1997 年第 10 期。
55. 卢先明："公共物品与政府职能"，载《中南财经政法大学学报》2005 年第 1 期。

56. 陆建华："大陆民间组织的兴起"，载《中国社会科学季刊》2000年冬季号。
57. 吕凌："非正式制度对市场秩序建立的影响"，载《中国社会科学院研究生院学报》2001年第5期。
58. 罗能生、胡舜："制度、非正式制度与经济发展"，载《湖南财经高等专科学校学报》2001年第6期。
59. 麻宝斌："公共利益与政府职能"，载《公共管理学报》2004年第1期。
60. 马汉宝："自然法之现代意义"，载台大《社会科学论丛》第17辑。
61. 马桑："运行中的嬗变——公用事业的政府管制理论变迁"，载《学术探索》2003年第8期。
62. 马永庆："公共利益：行政伦理建设的根基"，载《山东师范大学学报（人文社科版）》2004年第5期。
63. 南香红："志愿者事业的软肋"，载《南方周末》2002年12月12日。
64. 潘荣伟："论公民社会权"，载《法学》2003年第4期。
65. 裴长洪："进一步完善外资利用的政策建议"，载《中国经贸导刊》2005年第3期。
66. 漆多俊："中国反垄断立法问题研究"，载《法学评论》1997年第4期。
67. 强雨、周刚："构建我国行政公益诉讼思考"，载《人民司法》2002年第9期。
68. 秦晖："既要WTO，也要NGO"，载《中国改革》2002年第6期。
69. 秦晖："权力太大而责任太小——从'医改失败'看我国公共服务部门的危机"，载《社会科学研究参考资料》2005年第19期、第20期。
70. 邱海菊、宋志杰："对我国目前捐赠现状之分析"，载《中国市场》2006年第4期。
71. 渠涛："日本国有、国营企业的变迁及其相关立法"，载《中日民商法研究》（第一卷），法律出版社2003年版。
72. 冉志、杨化："法治化视野下的社会捐赠"，载《法治论丛》2005年第5期。
73. 沈宗灵："论法律责任与法律制裁"，载《法学》1994年第6期。
74. 石培哲："论企业的社会责任"，载《经济师》2002年第1期。
75. 石喆、王辉："公共财政存在的问题及对策"，载《经济师》2006年第1期。
76. 史际春、陈岳琴："论从市民社会和民商法到经济国家和经济法的时代跨越"，载《首都师范大学学报（社科版）》2001年第5期。
77. 史际春、肖竹："公用事业民营化及其相关法律问题研究"，载《北京大学学报（哲社版）》2004年第4期。
78. 史际春："公用事业引入竞争机制与'反垄断法'"，载《法学家》2002年第6期。
79. 孙开："公共产品学说与分级财政理论"，载《山东财政学院学报》1999年第4

期。
80. 孙笑侠："论法律规范的社会渊源"，载《法律科学》1995 年第 2 期。
81. 孙钰、姚晓东："提供公共物品配置效率问题研究"，载《现代财经》2001 年第 2 期。
82. 孙钰："城市公共服务的市场化运营方式研究"，载《福建论坛（人文社科版）》2004 年第 8 期。
83. 唐绍欣："传统、习俗与非正式制度安排"，载《江苏社会科学》2003 年第 5 期。
84. 陶广峰："金融创新制度的制度机理"，载《现代经济探讨》2006 年第 12 期。
85. 陶广峰、李玉虎："从市场运行机制看经济法的形成"，载《烟台大学学报》2006 年第 1 期。
86. 陶广峰："全球化与中国经济法的发展进路"，载《南京大学学报》2005 年第 3 期。
87. 陶广峰、胡小红："公共经济法论略"，载《安徽大学学报》2005 年第 2 期。
88. 陶广峰、杨仕兵："知识经济与反垄断法的发展趋势"，载《甘肃政法学院学报》2001 年第 1 期。
89. 陶广峰、杨仕兵："从市场失灵看经济法的作用机制"，载《经济法学·劳动法学》2000 年第 4 期。
90. 陶红英："美国环境法中的公民诉讼制度"，载《法学评论》1990 年第 6 期。
91. 汪永成："公用事业市场化政策潜在的公共风险及其控制"，载《江海学刊》2005 年第 1 期。
92. 王海玲："西方公用事业价格管理"，载《价格月刊》2002 年第 5 期。
93. 王建玲："小城镇基础设施性质与多元化筹资思路"，载《福建师范大学学报（哲社版）》2002 年第 1 期。
94. 王金安："准公共产品市场提供的效率与公平分析"，载《财经论丛》1999 年第 3 期。
95. 王明华、房正国："论公共部门民营化改革的动因及其缺失"，载《新疆社科论坛》2002 年第 6 期。
96. 王绍光："变化的政府作用"，载胡鞍钢、王绍光：《政府与市场》，中国计划出版社 2000 年版，第 38 页。
97. 王文宇："公用事业管制与竞争理念之变革"，载台湾大学《法学论丛》第 29 卷第 4 期。
98. 魏杰、邵建云："发展公共产品，刺激市场需求"，载《南方经济》1997 年第 5 期。
99. 翁文刚："法律责任歧见剖析"，载《现代法学》2000 年第 2 期。

100. 席恒："公共物品多元供给机制：一个公共管理的视角"，载《人文杂志》2005年第3期。
101. 席恒："社区自治、社区互助、社区共享：浅论当代中国新型城市社区的功能定位"，载《西北大学学报》2002年第5期。
102. 熊必军："非正式制度变迁与社会主义市场经济体制的完善"，载《内江师范学院学报》2005年第3期。
103. 徐宗威："法国城市公用事业特许经营制度及启示"，载《城市发展研究》2001年第4期。
104. 严闻广："对公与私关系属性的探讨"，载《学术研究》1999年第6期。
105. 杨君、龚玉池："有效制度供给不足与中国经济增长"，载《经济学家》2001年第1期。
106. 杨瑞龙："论制度供给"，载《经济研究》1993年第8期。
107. 杨省世："关于政府采购制度的介绍"，载《交通财会》2003年第1期。
108. 杨仕兵："论知识经济时代反垄断法的竞争价值"，载《山西大学师范学院学报》2002年第3期。
109. 杨仕兵："对反垄断法中规制行政垄断的质疑"，载《经济法学·劳动法学》2002年第10期。
110. 杨仕兵："从经济法的价值论强化企业社会责任"，载《法治时代（理论版）》2002年第4期。
111. 杨仕兵："论政府采购中的行政垄断规制"，载《甘肃政法学院学报》2005年第4期。
112. 杨仕兵："论政府失灵与经济法的价值取向"，载《财贸研究》2003年第1期。
113. 杨仕兵："公用企业市场化改革法律规制"，载《江淮论坛》2003年第5期。
114. 杨仕兵："论经济法的价值取向与企业社会责任"，载《经济与法》2003年第11期。
115. 杨仕兵："论农村合作经济组织的社会责任"，载《经济问题》2005年第4期。
116. 杨寅："公共利益的法理之维：公共利益的程序主义考量"，载《法学》2004年第10期。
117. 余阳春："规范政府采购行为治理腐败现象源头"，载《中国政府采购》2003年第9期。
118. 袁静："城市建设举债的理论基础"，载《财经理论与实践》2001年第5期。
119. 袁曙宏："'公共利益'如何界定"，载《人民日报》2004年8月11日第13版。

120. 臧旭恒、曲创："从客观属性到宪政决策——论'公共物品'概念的发展与演变"，载《山东大学学报（人文社会科学版）》2002年第2期。
121. 曾国安："试论政府供应公共物品的范围"，载《武汉市经济管理干部学院学报》2002年第2期。
122. 张传良："中外企业慈善捐赠状况对比调查"，载《中国企业家》2005年第17期。
123. 张康之、王喜明："公共性、公共物品和自利性的概念辨析"，载《行政论坛》2003年第4期。
124. 张念瑜："国外市场经济国家公用事业价格规制的理论、实践与借鉴"，载《广西市场与价格》2001年第12期。
125. 张淑芳："行政垄断的成因分析及法律对策"，载《法学研究》1999年第4期。
126. 张曙光："个人权利与国家权力"，载贺卫方等：《市场逻辑与国家观念》，上海三联书店1995年版。
127. 张武扬："行政垄断的成因分析及法律对策"，载《安徽广播电视大学报》2002年第4期。
128. 张贤明："政治责任的逻辑与实现"，载《政治学研究》2003年第4期。
129. 赵维生："社会服务私营化：讨论与启示"，载《社会工作研究》1996年第1期。
130. 郑春燕："论民众诉讼"，载《法学》2001年第4期。
131. 郑贤君："论宪法社会基本权的分类与构成"，载《法律科学》2004年第2期。
132. 钟雯彬："公共产品法律调整模式分析"，载《现代法学》2004年第3期。
133. 朱高正："康德的自然法学——自由与和平的哲学"，载郑永流主编：《法哲学与法社会学论丛（二）》，中国政法大学出版社2000年版。
134. 朱卫东："公益性基础设施项目融资新方式"，载《中国投资》2002年第8期。
135. 左卫民："公民诉讼权：宪法与司法保障研究"，载《法学》2001年第4期。

三、译作

1. ［奥］凯尔森著，沈宗灵译：《法与国家的一般原理》，中国大百科全书出版社1996年版。
2. ［奥］休·史卓顿、莱昂内尔·奥查德著，费昭辉等译：《公共物品、公共企业和公共选择》，经济科学出版社2000年版。
3. ［德］哈贝马斯著，曹卫东等译：《公共领域的结构转型》，学林出版社1999年版。

4. ［德］马克斯·韦伯著，林荣远译：《经济与社会》，商务印书馆 1997 年版。
5. ［法］狄骥著，王文翰等译：《宪法学教程》，辽海出版社 1999 年版。
6. ［法］卢梭著，何兆武译：《社会契约论》，商务印书馆 1980 年版。
7. ［美］昂格尔著，吴玉章等译：《现代社会中的法律》，中国政法大学出版社 1994 年版。
8. ［美］埃莉诺·奥斯特罗姆：《公共事务的治理之道》，上海三联书店 2000 年版。
9. ［美］埃莉诺·奥斯特罗姆等：《制度激励与可持续发展》，上海三联书店 2000 年版。
10. ［美］埃里克·波斯纳著，沈明译：《法律与社会规范》，中国政法大学出版社 2004 年版。
11. ［美］奥尔森著，陈郁等译：《集体行动的逻辑》，上海三联书店、上海人民出版社 1996 年版。
12. ［美］贝克尔著，王业宇等译：《人类行为的经济分析》，上海三联书店 1995 年版。
13. ［美］博登海默著，邓正来译：《法理学——法律哲学与法律方法》，中国政法大学出版社 1999 年版。
14. ［美］道格拉斯·诺斯著，刘守英译：《制度、制度变迁与经济绩效》，上海三联书店 1994 年版。
15. ［美］德沃金著，信春鹰等译：《认真对待权利》，中国大百科全书出版社 1998 年版。
16. ［美］E. S. 萨瓦斯著，周志忍等译：《民营化与公私部门的伙伴关系》，中国人民大学出版社 2002 年版。
17. ［美］戴维·奥斯本、特德·盖布勒：《改革政府：企业精神如何改革着公营部门》，上海译文出版社 1996 年版。
18. ［美］杰斐逊：《杰斐逊文选》，商务印书馆 1963 年版。
19. ［美］罗伯特·达尔著，李柏光等译：《论民主》，商务印书馆 1999 年版。
20. ［美］罗纳德·科斯：《论生产的制度结构》，上海三联书店 1994 年版。
21. ［美］罗纳德·科斯等著，刘守英等译：《财产权利与制度变迁》，上海三联书店、上海人民出版社 1994 年版。
22. ［美］罗斯科·庞德著，陈林林译：《法律与道德》，中国政法大学出版社 2003 年版。
23. ［美］马斯洛著，成明译：《马斯洛人本哲学》，九州出版社 2003 年版。
24. ［美］乔治·萨拜因：《政治学说史》（上），商务印书馆 1990 年版。
25. ［德］乔治·恩德勒著，高国希等译：《面向行动的经济伦理学》，上海社会科学院出版社 2002 年版。
26. [美] 庞德著，沈宗灵等译：《通过法律的社会控制》，商务印书馆 1984 年版。
27. [美] 萨缪尔森、诺德豪斯：《经济学》，北京经济学院出版社 1996 年版。
28. [美] 斯蒂格利茨：《社会主义向何处去——经济体制转型的理论与证据》，吉林人民出版社 1998 年版。
29. [美] 斯蒂格利茨："参与和社会变革"，载胡鞍钢、王绍光：《政府与市场》，中国计划出版社 2000 年版。
30. [美] 斯蒂格利茨："新的发展观：战略、政策和进程"，载胡鞍钢、王绍光：《政府与市场》，中国计划出版社 2000 年版。
31. [美] 詹姆斯·布坎南、理查德·马斯格雷夫著，娄承曜译：《公共财政与公共选择》，中国财政经济出版社 2000 年版。
32. [挪威] A. 埃德："人权对社会和经济发展的要求"，载《"经济、社会和文化权利公约"研究》，中国法制出版社 2000 年版。
33. [日] 丹宗昭信、厚谷襄儿：《现代经济法入门》，群众出版社 1985 年版。
34. [日] 金泽良雄著，满达人译：《经济法概论》，甘肃人民出版社 1985 年版。
35. [日] 盐野宏：《行政法》，法律出版社 1999 年版。
36. [日] 原田尚彦著，于敏译：《环境法》，法律出版社 1999 年版。
37. [瑞士] 托马斯·弗莱纳：《人权是什么》，中国社会科学出版社 2000 年版。
38. 世界银行：《官办企业问题研究：国有企业改革的经济学和政治学》，中国财政经济出版社 1997 年版。
39. 世界银行：《1994 年世界发展报告：为发展提供基础设施》，中国财政经济出版社 1994 年版。
40. 世界银行：《1997 年世界发展报告：变革世界中的政府》，中国财政经济出版社 1997 年版。
41. 世界银行：《1998/1999 年世界发展报告：知识与发展》，蔡秋生等译，中国财政经济出版社 1999 年版。
42. 世界银行：《2004 年世界发展报告：让服务惠及穷人》，中国财政经济出版社 2004 年版。
43. [意] 彼得罗·彭梵得著，黄风译：《罗马法教科书》，中国政法大学出版社 1992 年版。
44. [意] 查士丁尼著，张企泰译：《法学总论》，商务印书馆 1993 年版。
45. [英] 边沁著，时殷弘译：《道德与立法原理导论》，商务印书馆 2000 年版。
46. [英] 费利德利希·冯·哈耶克：《法律、立法与自由》（第二卷、第三卷），中国大百科全书出版社 2000 年版。
47. [英] 哈耶克：《自由秩序原理》，上海三联书店 1997 年版。

48. ［英］尼古拉斯·布宁、余纪元：《西方哲学英汉对照辞典》，人民出版社2001年版。
49. ［英］托马斯·霍布斯：《利维坦》，商务印书馆1996年版。
50. ［英］威廉·韦德著，彦一等译：《行政法》，中国大百科全书出版社1997年版。
51. ［英］亚当·斯密著，郭大力等译：《国民财富的性质和原因的研究》，商务印书馆1972年版。
52. 罗结珍译：《法国新民事诉讼法典》，中国法制出版社1999年版。
53. ［挪威］艾德等著，黄列译：《经济、社会和文化的权利》，中国社会科学出版社2003年版。

四、外文文献

1. Amihai J. Glazer and Kai A. Konrad, A Signaling Explanation for Charity, *American Economic Review*, V. 86, p. 1019, 1996.
2. Benjamin Gidron, Ralph Kramer and L. M. Salamon, *Government and The Third Sector*, San Francisco, Jossey – Bass Publishers, 1992.
3. Breton, A Theory of Government Grants, *Canadian Journal of Economics and Political Science*, V. 31, pp. 175 – 187, 1965.
4. David N. Hyman, *Modern Microeconomics*, Times Mirror/ Mosby College Publishing, 1996.
5. Demsetz, The Private Production of Public Goods, *Journal of Law and Economics*, V. 13, pp. 293 – 306, 1970.
6. Donald Fisk, Herbert Kiesling and Thomas Muller, *Provision of Public Services: An Overview*, Urban Institute, 1978.
7. Eric A. Posner, The Regulation of Group: The Influence of Legal and Non – legal Sanctions on Collection Action, *Chicago Law Review*, 63U, p. 133, 1996.
8. Goldin, Equal access vs. selective access: A critique of public goods theory. *Public Choice*, V. 29, pp. 53 – 71, 1977.
9. James Douglas, *Why Charity? The Case for a Third Sector*, Sage Publications, 1983.
10. James M. Ferris, Coprovison: Citizen Time and Money Donations in Public Service Provision, *Public Administration Review*, No. 4, pp. 324 – 333, 1984.
11. James M. Buchanan, An Economic Theory of Clubs, *Economics*, V. 32, pp. 1 – 4, 1965.
12. L. M. Salamon, America's Nonprofit Sector, New York, The Foundation Center, 1992.
13. L. M. Salamon, *Partners in Public Service: Government Nonprofit Relations in the Modern Welfare State*, The Johns Hopkins University Press, 1995.
14. Logan Charles, *Private prisons: cons and pros*, Oxford University Press, 1990.

15. E. A. Marmolo, Constitutional Theory of Public Goods, *Journal of Economic Behavior & Organization*, V. 38, pp. 27 – 42, 1999.

16. Milton Friedman, *Capitalism and Freedom*, University of Chicago Press, 1962.

17. Milton Friedman, *Does Business Have Social Responsibility*? Bank Administration, 1971.

18. Richard Cornes and Todd Sandler, *The Theory of Externalities*, *Public Goods and Club Goods*, Cambridge University Press, 1995.

19. Roscoe Pound, Administration of Justice in the Modern City, *Harv Law Reviw*, V. 26 pp. 302 – 315, 1913.

20. P. A. Samuelson, Diagrammatic Exposition of a Theory of Public Expenditure, *The Review of Economics and Statistics*, V. 37, No. 4, pp. 350 – 356, 1955.

21. P. A. Samuelson, The Pure Theory of Public Expenditure, *The Review of Economics and Statistics*, V. 36, No. 4, pp. 387 – 389, 1954.

22. Todd Sandler, *Collective Action*, The University of Michigan Press, 1992.

23. Young Chool Choi, *The Dynamics of Public Service Contacting*: *The British Experience*, Bristol, The Policy Press, 1999.

后　记

法律的出现源于社会生活的需要。国家为了促进社会经济的发展，就必须矫正和弥补市场调节机制功能的缺陷与不足，经济法也正是基于国家自觉干预社会经济活动而产生。公共物品供给问题是市场调节机制功能缺陷的一种表现，用法律规制公共物品的供给也是经济法的任务之一。

呈现读者面前的这本小册子是由我的博士论文稍作修改而成，基本保持了论文的原貌。毕业近两年了，主要是自己的懈怠再加上琐事烦扰，以致文稿一拖就是一年有余。三年的博士阶段学习、一年多的埋头伏案，完成了《公共物品供给法律制度研究》书稿，然而自己心中却没有大功告成的喜悦与轻松，相反，倒是多了份不安。一方面，由于时间、资料有限，总有一种“书不尽言，言不尽意”的缺憾；另一方面，也是主要原因，由于本人的学术素养不高，使论文难免有所不足，害怕给南京大学厚重博大的学术氛围、恩师高屋建瓴的治学理念抹黑。

感谢我的导师陶广峰教授，在硕士研究生期间，导师对我学业上的指导就使我受益匪浅，而在博士学习期间，我更深切地感受到导师高尚的品格，导师的学术水平、高超的学术远见以及锲而不舍的研究态度使学生深深折服。

论文从选题、材料收集、结构安排到最后成篇、修改定稿，都是在导师的指导下完成的，可以说，论文的每一步进展都与导师的教诲分不开，导师的诸多指导和细致修改构成了论文的重要亮色。回想从事法学学习、教学和研究的过程，每一次微小的进步，都离不开导师的指导，导师对我在治学和做人方面的教诲使我受益终身。

在攻读博士学位期间，南京大学法学院范健教授、胡晓红教授的教诲使我受益匪浅，尤其是他们在本文的开题和答辩过程中，给我提出了许多建设性的修改意见。衷心感谢南京师范大学的李浩教授、李力教授和南京大学的赵娟教授，在论文答辩过程中的发问给我以启迪，成为我在该领域进一步思考和探索的动力。

本书的出版得到了安徽财经大学专著出版基金资助，特此感谢！同时，还要感谢安徽财经大学的领导和同事，感谢他们为我学习提供的帮助和支持。

感谢本书中注释和引用的学术成果的作者以及参考文献的作者，是他们的研究成果启发我构思论文框架和进行论文写作。

我还要特别感谢我年逾古稀的父母，是他们的辛苦和支持，使我完成学业。

杨仕兵

2009 年 2 月